우리 목사님은 때밀이

서임중 지음

우리 목사님은 때밀이

서임중 지음

신교횃불

차례

머리말 6

1. "그건 아닙니다!" 9
2. 지금도 세례요한을 찾습니다 45
3. 성령줄은 생명줄입니다 73
4. 예수나무, 고욤나무 117
5. 우리 목사님은 때밀이 139
6. "나는 너희의 봉이라" 165
7. 삶의 중심에 계시는 주님 181
8. 인생은 지우개가 없습니다 215

머리말

목사가 성도들과 더불어 살아가는 교회 생활에서 수많은 성도들은 자신의 감정과 자신의 생각으로 목사를 바라봅니다. 그래서 쉽게 이렇게도 정의하고 저렇게도 정의하여 목사의 모습은 천태만상으로 비쳐집니다. 어떤 이에게는 미가엘처럼 보여지고 어떤 이에게는 루시퍼처럼 보여지기도 합니다. 어떤 이에게는 선한 목자처럼 보여지고 어떤 이에게는 삯꾼처럼 보여지기도 합니다. 그러면서 성도들은 자신이 보는 대로 자신이 생각하는 대로 목사를 정의합니다. 그래도 목사는 말을 하지 않습니다. 아니, 하지를 않습니다. 그리고 그것이 아름답든 아름답지 못하든, 그것이 기쁨이든 아픔이든 그것을 표출하지 않습니다. 그러면서도 목사는 기쁨도 아픔도 속으로 관리할 뿐입니다.

목사도 한 인간입니다. 목사에게도 인간이 보편적으로 겪는 사생활의 희노애락이 있습니다. 그런데 그 희노애락을 목사 자신의 것으로 표출할 수 없다는 것이 성도와 다른 것일 수 있습니다. 왜냐하면 지도자는 그 표현 자체가 메시지가 되기 때문입니다. 이 자체를 두고도 어떤 이는 위장된 삶이라고 하기도 하고 어떤 이는 지도자로서 얼마나 힘든 삶이냐고 격려를 보내는 경우도 있습니다. 그리고 그것 자체를 지도자로서의 목사는 기쁨이든 아픔이든 또 속으로 관리해야 합니다.

언젠가 목욕탕에서 땀을 흘리면서 손님의 때를 밀어 주는 때밀이를 보면서 목회자를 생각하였습니다. 어쩌면 때밀이가 겪는 목욕탕의 희노애락이 목회자로서의 내 목회 현장과 흡사하다는 생각을 했습니다. 그리고 목욕탕의 운영이 어쩌면 교회의 목회 경영과 흡사하다는 생각도 했습니다.

이처럼 희비의 삶을 엮어 가는 목회 현장의 이야기를 글로 남기고 싶었습니다. 횃불선교센타 주최 전국목회자세미나에서 강의한 내용 가운데 목회 현장에서 있었던 이야기들을 정리해 많은 목회자들이, 그리고 성도들이 읽게 됨으로 성도는 목회자를 이해하고 목회자는 더욱 아름다운 목회 현장을 엮어갈 수 있기를 기도하는 마음입니다.

이 책이 출판되기까지 수고를 아끼지 않으신 도서출판 횃불 김수곤 부장님과 관계 임직원 여러분, 나의 목회 현장에서 때로는 어머니로, 누이로, 책망하는 은사로, 따뜻함을 나누는 친구로, 곁에서 기도하며 도와준 사랑하는 아내 황보 귀남에게 감사를 드립니다.

나의 나 된 것은 오직 하나님의 은혜임을 고백하며 오늘도 넉넉한 목회 현장이 되기를 소망하며 다시 무릎꿇고 기도합니다.

성실한 영적 때밀이가 되기를 소망하면서
1997년 9월, 포항중앙교회 목양실에서
信石 徐 任 重

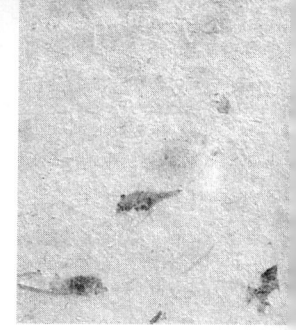

제 1장
"그건 아닙니다!"

제가 경험했던 한 순간, 그 한 순간이 있기 때문에, '그때부터 지금까지 하나님께서 나를 인도하셨다면 앞으로의 날도 아브라함같이 요셉같이 인도하시리라' 믿는 것입니다. 그러한 제 개인적 소명론이 확고하게 머리부터 발끝까지 채색되어 있기 때문에 선배 목사님이 돈을 모으라고 권하시는 말씀을 고맙게 받으면서도 제 마음으로 확신 있게 말씀드린 것이었습니다.
"그건 아닙니다!"

"그건 아닙니다!"

그건 아닙니다

하루는 어떤 교회의 장로님들과 집사님들이 찾아오셨습니다. 그래서 하시는 말씀이, 주변의 교회 목사님들이 그분들 교회의 목사님을 질투하신다는 겁니다. 그래서 걱정이 되어서 찾아왔다는 겁니다.

"여러분이 얼마나 자기 교회 담임 목사님을 사랑하시고 아끼시는지, '우리 목사님이야말로 대한민국에서는 더 이상 없는 최고 목사님'이라고 여기시는 정도면 그 교회는 더 이상 거론할 것도 없습니다. 아무 문제 없이 잘될 겁니다."

제가 이렇게 칭찬을 해주고나니 그분들 얼굴이 환해졌습니다. 그래서 제가 이야기했습니다.

"그러나 여러분, 주변에 있는 목사님들이 여러분 교회의 목사님을 시기하거나 질투하지는 않습니다. 그건 아닙니다."

제가 그분들의 말에 동의를 해줄 줄 알았는데 그렇지 않으니까 옆에 있던 장로님들이 입을 모아 말합니다.
"아닙니다. 분명히 시기하고 질투합니다. 우리 목사님은 흠도 티도 없는데 말입니다."
자기 목사님이 잘하니까 옆에 있는 목사님들이 시기를 한다는 이야깁니다. 제가 아니라고 두 번씩이나 강변하니까 그 주변 상황이 자세히 쏟아져 나왔습니다. 그것은 그 장로님들만이 갖고 있는 견해가 아니라 이미 그 지방의 모든 교회 평신도들이 갖고 있는 견해였습니다. 참으로 안타까운 일이었습니다.

목사가 목사 욕을 하면 욕한 목사가 먼저 죽습니다. 한국교회는 이것을 모르는지, 목사가 목사 비판을 먼저 더 많이 하고 그래서 목사가 목사를 많이 죽입니다. 이것은 소명과 전혀 관계없는 일입니다. 목사는 그 직임을 통해서 하나님의 교회가 유익하게 해야 하는데도 불구하고, 오히려 목사 때문에 하나님의 교회와 하나님의 백성인 성도가 윤택하지 못하게 된다는 것입니다.
이론적 소명이나 신학적 소명이야 달달 외울 수 있습니다. 그러나 막상 삶의 현장에 들어가서 내가 목회자로서 소명받은 자인가를 생각해 볼 때는 자기도취에 빠져 생활하고 있지는 않은가 하는 의문을 갖게 됩니다.
21세기를 바로 앞에 두고 있는 시점에서 이 개인적 소명의 중심을 빨리 깨닫는 자가 21세기에 살아남는 자가 될 수 있습니다. 아니면 지치고 스트레스를 받고 스스로 몰락할 수밖에 없는 목회가 되어 갈 것입니다.

62세 되시는 선배 목사님께서 저를 찾아오신 적이 있습니다. 그

"그건 아닙니다!"

목사님이 이렇게 말씀하셨습니다.
"서 목사, 내 나이가 벌써 예순 둘이야."
62세라는 말씀만으로도 그 앞에서 저는 고개가 숙여졌습니다.
"목회 생활 30년이 넘었어…"
뭔지 잔잔하게 아픔이 느껴져 왔습니다. 줄곧 농촌교회에서 시무하시면서 이제 딸을 시집 보내야 하는데 돈 한푼이 없다는 이야기를 하셨습니다. 둘째 아들 대학 못 간 이야기 등 30년 목회 이야기를 울면서 하셨습니다.
"서 목사… 젊을 때 돈 좀 모아 둬."
제가 속으로 외치듯 말했습니다.
'그건 아닙니다. 목사님, 그래도 저는 돈 모으지 않습니다.'

그것은 분명하게 대답할 수 있는 것이었습니다. 17년 목회를 하면서 저는 통장 하나 없습니다. 제가 우리 교회에서 받는 사례비는 대한민국에서 어느 누구 못지 않게 많습니다. 부흥회 강사로 다니면서 받는 사례비를 저축하면 꽤나 돈을 모을 수 있습니다. 그러나 오늘날까지 사례비를 개인적으로 한 번 사용해 본 일이 없습니다. 신학생들 등록금으로, 농어촌 교회 개척 교회 교역자들의 눈물겨운 목회 현장을 돕는 것으로 사용했습니다. 그렇게 사용할 상황이 없으면 선교 헌금으로 전부 헌금을 했습니다.

10여 년 전 이야기입니다.
한 번은 큰 아이가 침대를 사 달라고 한 이야기가 있습니다.
"아빠, 침대 하나 사 주세요. 내 친구들은 다 침대에서 잔대요."
"돈이 있어야지?"
"아빠는… 부흥회 다녀오시면 사례비 받으시는 것 있잖아요?"

나는 마음속으로 '아하, 이제는 이 아이들이 중학생이 되었으니 알 아들을 만한 나이가 되었겠구나' 생각하면서 큰아이, 작은아이 둘을 앉혀 놓고 이야기를 시작했습니다.

"아빠가 부흥회 인도하고 받은 사례비를 우리 가정을 위해 사용하면 하나님 앞에 정직한 목사가 못 된단다. 왜냐하면 부흥회를 인도하는 것은 우리 교회 목회를 한 주간 쉬고 다른 교회에 가서 목회를 하는 것, 즉 한 주간 목회 하는 장소가 옮겨지는 것뿐이란다. 내가 우리 교회 목회를 한 주간 쉬고 다른 교회 부흥회 인도한다고 우리 교회에서 사례비를 삭감하고 주는 것이 아니잖니? 우리 교회에서도 한달 사례비를 받고 다른 교회에 가서 부흥회 해서 사례비 받고 그러면 이중적인 돈을 받는 것이 아니겠니? 그러니 아빠가 받는 사례비를 우리 위해 사용하는 것이 좋겠니? 하나님 뜻대로 사용하는 것이 좋겠니?"

"……"

마음속으로는 침대를 갖고 싶었지만 내가 하는 이야기를 듣고 난 아이들은 이해가 된다는 듯 고개를 끄떡였습니다.

"만약 하나님이 보시기에 너희들에게 침대가 꼭 필요하다면 하나님은 어떻게 해서라도 너희들에게 침대를 주실 것이다. 때가 되면 하나님이 주신다는 말이다."

"네, 잘 알겠어요."

그런데 놀라운 것은 얼마 후에 기적 같은 일이 일어났습니다.
금요 기도회 시간에 이 이야기를 하였는데 금요일 집회 설교 테이프가 전국으로 나가는 중에 부산에 계시는 어떤 권사님이 이 테이프를 들으시고 성령의 감동을 입으시고 짧은 편지 한 장과 함께 전신환으로 헌금을 보내 왔는데 그 편지 내용을 보고 웃기도 하고 울기도

"그건 아닙니다!"

했습니다.

"존경하는 목사님, 나는 목사님을 뵌 적도 없지만 항상 설교 테이프를 통해서 목사님을 잘 알고 있습니다. 작은 금액이지만 헌금을 보내오니 아드님 침대를 꼭 사주시기 바랍니다. 만약 침대를 사지 않고 다른 곳에 사용하시려면 돌려 보내 주시기 바랍니다."

하나님의 정확하신 응답과 많고 많은 사람 가운데 그 권사님을 통해서 일하시는 하나님의 섭리에 가슴이 벅찼습니다. 침대를 사서 아이들 방안에 들여다 놓고 좋아하는 아이들 앞에 나는 한마디하는 것을 잊지 않았습니다.

"침대에 들어가 잠을 잘 때, 일어날 때 권사님을 위해 기도하고 너희들도 나중에 자라서 훌륭한 사람이 되어 보다 고난받고 어려운 사람들을 위해 좋은 일을 많이 할 수 있는 사람이 되기를 기도해야 한다."

그 이후로 아이들은 기도하는 습관을 그대로 지금은 간직해 청년이 되었지만 침대 위에 올라가 궁둥이를 하늘로 올리고 머리를 침대 시트에 박고 무릎꿇고 기도하는 습관이 생겼습니다.

그렇습니다.

제가 경험했던 한 순간, 그 한 순간이 있기 때문에, '그때부터 지금까지 하나님께서 나를 인도하셨다면 앞으로의 날도 아브라함같이 요셉같이 인도하시리라' 믿는 것입니다. 그러한 제 개인적 소명론이 확고하게 머리부터 발끝까지 채색되어 있기 때문에 선배 목사님이 돈을 모으라고 권하시는 말씀을 고맙게 받으면서도 제 마음으로 확신 있게 말씀드린 것이었습니다.

"그건 아닙니다!"

4등에게 박수를…

캐나다가 낳은 세계적인 미국의 경제학자 갈브레이드가 1977년에 지은 「불확실의 시대」라는 책이 있습니다. 경제공황의 현실을 보고 예견을 한 책인데 경영학을 공부하신 분들은 읽어보셨을 것입니다.
 저는 이 책을 20년 전에 읽고 글을 하나 쓴 적이 있습니다. 그 글에서 저는 "이것은 세계경제 이론이 아니라 내 조국 대한민국을 두고 예언한 갈브레이드의 말이다"라고 했습니다. 그것은 당시 우리나라가 정치적, 경제적, 도덕적, 종교적, 윤리적으로 불확실한 시대였던 까닭이었습니다. 그런데 어찌된 일인지 우리 조국 대한민국은 그 책을 읽은 지 20년이 가깝도록 이 불확실의 상황이 계속되고 있습니다.

 "인간은 근본적으로 권력의 의지"라고 니이체는 말한 바 있습니다. 이 정치학설의 영향을 받은 히틀러가 이 원리에 따라서 독재자가 됩니다. 이 독재 원리가 대한민국에 들어와서 이승만, 박정희 대대로 독재라는 정치권을 이루게 됩니다. 정치하는 분들은 그런 책을 많이 읽고 다 그쪽 노선을 걷곤 합니다.

 그뿐 아닙니다. "인간은 근본적으로 성적인 존재"라고 외쳤던 프로이드의 '정신분석학'은 지금 온 세계인들의 의식 속에 섹스 바이러스를 번지게 해놓았습니다. 때문에 무섭고도 무섭고 놀랍고도 놀랍게 하나님의 교회까지 프로이드의 사상이 파고 들어왔습니다.
 우리가 신학교 재학시절 선배님들은 "목사는 돈, 명예, 여자만 조심하면 성공한다"고들 했습니다. 이제는 아닙니다. 별별 모함으로 그 사람의 인격과 생김새와 가문과 학벌까지 도마 위에 올려놓는 시

"그건 아닙니다!"

대가 되었습니다. 그런 것들에 가치를 두는 이 무서운 논리가 온 인류의 가슴에 채색되었습니다. 그러나 교회만은 그것에 등을 돌려야 하지 않습니까?

저는 전국 교회를 다니면서 집회를 인도하는 시간이 많습니다. 그 교회가 크든 작든 저의 목회에 적용할 수 있는 전국 지역지역의 상황들을 배우고 내 목회현장에 도입합니다. 이 과정에서 제가 발견한 것은, 우리가 보는 기독교 계통의 신문이나 일반 언론에서 나오는 그런 이야기보다 훨씬 심각한 교회의 상황입니다. 우리는 겸허하게 이 사실을 인정해야 합니다.
 "인간은 근본적으로 허무다. 무목적이다"라고 갈파했던 까뮈나 싸르트르 같은 사고에 맞서서 목적적이고 긍정적 사고를 가진 사람이 몇이나 됩니까? 목사가 무슨 말을 하면 "저건 무엇 무엇 때문에 하는 말일 거야"라는 계산으로 듣는 것이 오늘날 성도의 현실입니다. 이상하게도 교인들은 비판적으로만 생각을 합니다.
 그래서 저희 교회 '목회단상'에 이런 허무주의와 무목적적인 의식에 대한 항변처럼 이런 글을 실어보았습니다.

 '따져보면 올림픽경기에서 세계랭킹 1,2,3위는 백지 한 장 차이에 불과하며 그들이 쏟은 땀도 그와 다르지 않다는 것을 우리가 안다면 우리는 모든 선수들에게 박수를 보낼 수 있어야 합니다.
 '96년 애틀란타 올림픽의 경우를 봅시다. 언론부터 시작해 금메달만 너무 내세우고 은메달, 동메달은 고사하고 4등은 아예 기억을 못하지 않습니까?
 김태연이라는 역도 선수를 기억하십니까? 모르실 것입니다. 왜냐면 4등이기 때문입니다. 그러나 금메달 딴 선수 일곱은 다 외우실 겁니다. 언론에서 체육계에서 그렇게 몰아 가기 때문입니다. 세상의 언론이, 그들의 방향성이 무의식적으로 신앙세계의 상황을 끌어갑니다.

저의 목회 철학은 바로 올림픽에서 금,은,동을 A,B,C급이라 하고 4등을 D급이라 한다면 D급에 해당하는 성도들을 아끼고 사랑하고 격려하는 것입니다. 교회의 발전과 부흥을 위해서 바로 몇몇 금메달감의 A급 교인들도 필요하지만 그보다 더욱 중요한 것은 보일 듯 보이지 않으면서 하나님의 영광을 위해 사는 D급 성도들이며 그들이 교회에서 존귀히 여김을 받아야 한다는 것입니다.

신앙생활에서조차 올림픽의 금메달만을 강요하는 소위 엘리트체육을 지향하듯 한다면 교회는 교회로서의 본질을 잃어버리는 것이기에 이런 올림픽을 통해 신앙적 교훈을 얻을 수 있기를 기도합니다.'

교회에 들어온 허무주의와 무목적주의는 우리가 잠깐 눈을 감은 사이에 우리 교인들의 의식을 빼앗아 버립니다. 이것을 빼앗기지 않기 위해서 우리 교회가 얼마나 깨어 있어야 합니까? 그러기 위해 얼마나 기도하고 연구를 해야 합니까? 우리의 소중한 성도를 지키기 위해 얼마나 눈을 크게 떠야 합니까?

말로만 푸른 초장이 되고 말로만 쉴 만한 냇가가 되는 것이 아니란 점을 깊이 인식해야 합니다.

일곱 가지 敵

인도의 위대한 성인 간디는 우리를 파멸케 하는 일곱 가지의 적이 있다고 했습니다.

첫째는 원칙 없는 정치라고 했습니다.

노회를 가 봐도 그렇습니다. 몇몇 어른들이 자기 주장을 세워놓고 법이 있어도 자기 주장에 따라 그 법을 주장합니다. 이걸 후배들이 가만히 보고 있다가 배웁니다. 그 가운데 한 사람이 소명자로서 그게 아니라고 했다가는 당장에 타박을 받습니다. 노회에서 한 번 두 번 고개를 끄덕이고 앉아 있는 사이에 나도 모르게 내 의식이 그렇게 채색됩니다. 나도 크면 그 어른같이 됩니다.

소명받은 자가 어떻게 이럴 수가 있습니까? 이건 나르시시즘입니다. 교회는 원칙이 바로 서 있어야 합니다. "내 목에 칼이 들어와도 아닌 것은 아니다"라고 할 수 있어야 합니다. 만약 우리가 어떤 일에 이래도 좋고 저래도 좋다고 한다면 그것이 우리를 파멸케 할 것입니다.

둘째, 근로 없는 소득입니다.

땀을 흘리지 아니하고 많은 소유를 가지려고 하는 것이 현대인의 의식구조에, 평신도들 의식구조 속에 굉장히 깊게 배어 있습니다. 무섭게도 이와같은 정신이 교회 안에까지 파고 들어 기도하지 않고, 봉사하지 않고, 수고하지 않고 자기가 원하는 것을 얻으려는 잘못된 행태가 나타납니다.

항존직분자 피택 선거가 있었는데 놀라운 것은, 교회를 위하여 아무것도 수고하지 않은 사람이 낙선되어 오히려 원망 불평을 하는 경우와 열심히 충성하고 헌신하여 모든 사람들의 귀감이 되어 피택된 사람은 오히려 겸손히 미안해 하고 몸둘 바 몰라 하는 경우를 보면서 참으로 아이러니하다는 생각을 많이 했습니다.

셋째, 양심 없는 쾌락입니다.

내 것이라고 해서 마구 쓰고, 마구 먹고, 마구 놀면서 곁에 있는 사람들을 전혀 돌아보지 않는 것입니다.

우리 교회 장로님들과 줄곧 의견 차이가 있었던 부분이 그것입니다. 2,000명 성도에 일 년 예산이 수십 억이면 얼마나 방대한 것입니까? 그런데 제가 부임해서 보니까 일 년에 선교비가 4천만 원밖에 안됩니다. 그 외의 그 많은 돈을 교회 안에서 다 씁니다.

2년 동안 개선을 시도해왔는데 이제 좀 자리가 잡혀갑니다.

제가 부임할 때 이런 이야기를 했습니다. "서임중 목사가 이천 명 모이는 교회에서 목회하다가 주님 앞에 선다고 했을 때, 천 명은 진짜 하나님을 위해 죽을 수 있는 군대이고 천 명은 오합지졸이라면 얼마나 부끄러운 일인가?"라고 말입니다.

만약 시골 농촌교회에 전교인이 10명인데 그 교인들이 모두 주님을 위해 죽을 수 있는 자로 훈련되었다면 나는 그 교회 목사님 앞에 고개를 들 수 없는 사람이 되는 겁니다. 늘 좋은 차를 타고, 비서가 있어서 시중을 들어주고, 부목사님들까지 협력해 주시는 가운데 자기 자신의 모습을 잊게 되면 하루 아침에 모든 걸 잃게 될 것입니다.

양심 없는 쾌락은 그런 것입니다.

지난번에 사모 세미나가 있었습니다. 그곳에서 제가 큰 대형교회 사모님들에게 부탁을 했습니다. 제발 좋은 옷 좀 입고 오지 말라고 했습니다. 시골 농촌 교회에서 일 년에 옷 한 벌도 못해 입다가 오신 전도사님의 사모님들을 배려하라는 것입니다. 또 보조받는 교회 사모님들이 보조해주는 교회 사모님들에게 고개를 푹 숙이고 죄 지은 사람처럼 인사하게끔 하는 분위기도 옳지 않다고 했습니다.

넷째는 인격 없는 지식입니다.

아무리 공부 많이 하면 무슨 소용입니까? 인격을 닦지 아니한 상태에서 쌓아올린 지식은 아무 소용이 없는 것입니다.
「논어」(論語) '위정편'에 보면 "學而不思則罔, 思而不學則殆"(학이불사즉망 사이불학즉태)란 말이 있습니다.
배우고 생각하지 않으면 거만하게 될 뿐 아니라 또한 생각하고 배우지 않으면 그 인격적 삶에 있어서 부끄럽게 된다는 뜻입니다.
인격없는 지식이란 바로 그런 것입니다.

다섯째는 인간성 없는 과학입니다.
요즈음 복제인간에 대한 논란이 보통이 아닙니다.
복제양 '돌리' 탄생 소식은 전 세계를 순식간에 경악과 흥분의 도가니로 몰아 넣었습니다. 원숭이 복제에 성공한 보도가 나온 이후 인간 복제에 대한 가능성에 대한 관심과 윤리적 논란이 뜨거워지고 있습니다.
원숭이 복제에 성공한 미국의 '울프' 박사는 아직은 일반의 기대와는 달리 인간 복제는 불가능하다고 단언했지만 그러면 그럴수록 인간복제도 가능하다는 사실을 누구도 굳이 부인하지 않는 상황에 이르게 되었습니다.
이렇든 저렇든 중요한 것은 과학이 인간생활에 기여하는 바는 부인할 수 없지만 우리를 파멸케 하는 과학이란 인간성 없는 과학이라는 사실을 일찍이 간디는 지적했던 것입니다.

여섯째는 도의 없는 기업입니다.
대기업들이 앞다투어 온갖 정력제를 수입한다는 언론의 보도는 한 국민의 얼굴을 뜨겁게 하는 이야기입니다. 돈을 벌기에 좋다는 것이라면 그것이 국가 경영에 어떤 영향을 미치며 도덕성에 어떤 의미가 있는가는 우선 생각지 않는 기업의 행태를 봅니다.
 국제수지가 적자라는 보도에 가장 민감해야 할 기업이 개인기업 치부에 눈이 어두워 온갖 사치제를 수입한다는 보도는 아직도 이 나라는 멀었구나 하는 자괴지심에 빠지게 하는 일들입니다.
 구멍가게 하나라도 도의없는 상행위는 일종의 죄악입니다. 이런 것들은 나라를 망치고 우리를 파멸케 하는 것일 뿐입니다.

 간디가 말한 세상의 적 마지막, **일곱째는 희생 없는 신앙**입니다.
 저는 목사 세미나나 장로 세미나에 많이 갑니다. 부끄럽고 창피한 이야기지만 다 내놓으라 하는 분들이 모이는 곳이어서인지 모두 '대접받고 섬김을 받는 데' 잘 훈련이 되어 있습니다. 때문에, 휴지가 떨어져도 줍는 사람이 없고, 앞에서 사회자가 말을 해도 집중을 안하고 흘려버립니다. 긴긴 날 동안 자기도 모르게 몸에 그렇게 밴 것입니다.
 희생 없는 신앙은 우리를 망하게 합니다. 간디가 말한 적들을 이겨내는 우리가 되고, 교회가 되기 위해서는 희생이 필요합니다. 그 희생은 그리스도께서 하셨던 것과 같은 희생이어야 합니다.

"네가 政治를 아느냐?"

제가 목사 안수를 받는 날이었습니다. 저희 아버님께서 저를 부르셨습니다. 제가 방에 들어가니까 방석을 앞에 놓고 앉아계셨습니다. 제가 무릎을 꿇고 앉으니 아버님이 말씀하셨습니다.
 "오늘만 지나면 나는 집사고 너는 목사인데 내가 이래라 저래라 할 수가 있겠느냐? 아무리 내가 육신의 아비라 할지라도 내가 지금까지 배우고 아는 바로는, 목사는 하나님의 부름받은 종이다. 내가 육신으

"그건 아닙니다!"

로 너를 낳았지만 이제부터 너는 하나님의 사람이다. 그래서 네가 목사가 되기 전에 내가 아비로서 할 말을 해야겠다."

그리고 제일 먼저 묻는 말씀이 "너는 政治를 아느냐?" 입니다.

제가 "압니다" 하고 대답했습니다.

"정치에는 정암 조광조 스타일이 있고, 방촌 황희의 스타일이 있고, 퇴계 이황의 스타일이 있습니다."

"그럼 목회정치는 어떻게 해야 하느냐?"

"저는 정암의 스타일도, 퇴계의 스타일도 목회정치에 참고할 만하지만 방촌의 스타일이 제 개인적으로 바람직하게 여겨져서 좋습니다."

"왜 방촌의 정치론이 좋은지 이유를 대보거라."

"예, 우리가 이미 알고 있거니와 정암의 정치론을 직선적입니다. 정암의 정치론을 목회 현장에 쓰시는 분들이 있습니다. 그분들에게는 장로도 필요없고 집사도 필요없습니다. 말이 그분 입에서 떨어지면 딱 해야 합니다. 목회를 어떻게 그렇게 할 수 있습니까?"

저는 계속해서 아버님께 이렇게 말씀드렸습니다.

퇴계의 정치론은 자신의 정론(政論)을 절대시하지 않습니다. 나의 정론을 내놓고도 상황에 따라서 그것을 관철하지 않고 다른 사람의 정론 앞에 나의 정론을 버릴 줄도 아는, 좋게 표현하여 예수의 정신과 똑같은 겁니다. 그러나 그것은 잘못하면 하나님의 거룩하신 뜻을 이루어 나가는 일에 인간적인 방법론을 앞세워 그것이 옳다고 잘못된 정론을 제시할 때 아무리 나의 정론이 하나님의 뜻이라 할지라도 상황에 밀려 버리는 스타일이라 할 수 있습니다. 퇴계의 사상이 그런 것은 아니었지만 굳이 목회정치론을 이야기하자면 그렇습니다.

목회는 민주주의 상황이 아니라 전적으로 하나님의 뜻을 이루어

나가는 거룩한 사역입니다. 하나님의 일에는 타협이 있어서는 안됩니다.

방촌의 정치는 정암과 퇴계의 정치를 조화시킨 정치입니다.

예를 들자면 이렇습니다. 어느날 방촌의 집에 노비 둘이 싸움이 붙었습니다. 누가 잘했는지 해결이 안 납니다. 방촌의 조카가 두 사람을 데리고 방촌에게 왔습니다. 한 노비가 죽 얘기를 했습니다. 다 듣고난 방촌이 말하기를 '네 말이 옳다' 했습니다. 그러자 다른 노비가 이야기를 합니다. 이번에도 방촌은 '네 말이 일리가 있다' 했습니다. 그러니까 조카가 '두 사람 중에 누가 옳은지 가려주는 게 지도자 아닙니까?' 하니깐 '네 말도 맞다' 고 했습니다. 바로 이런 목회를 해야겠다는 것입니다."

이 정치 원리가 목회현장에 들어가면 굉장한 힘을 발휘합니다. 처음에 저는 제 성격 때문에 정암의 정치론을 사용했습니다. 목사가 무서우니까 교인이 앞에 다 엎드립니다. 그러나 그 뒤에 후유증이 얼마나 따르는지 모릅니다. 자고 나면 목회에 대한 비판이 나옵니다. 앞에서 말을 못하고 뒤에서만 계속 말을 합니다.

퇴계의 정치론을 목회에 적용했더니만 우유부단하고 힘없는 목회라고 또 뒷말이 많았습니다.

그래서 얻은 결론이 방촌의 정치론입니다. 어느 장로 어느 집사 어느 권사도 교회를 망치려고 제안하지 않는다는 것을 알았습니다. 나름대로는 다 똑똑하고, 나름대로는 다 이해가 되고, 나름대로는 다 옳다 싶고 이해가 되어서 하는 얘기임을 알았습니다.

정암의 스타일은 언제나 한 쪽의 불만을 남깁니다. 퇴계의 스타일은 분쟁은 없지만 하나님의 뜻을 이루는 쪽으로는 해결 방법이 없습니다. 그때 방촌의 정치론을 씁니다. 방촌의 정치론에 의하면 아무리

"그건 아닙니다!"

틀린 것 같은 사람도 열 가지 중에 한 가지는 옳은 게 있습니다. 그 좋은 것 하나를 딱 뽑아내는 겁니다.

그것이 一理입니다. 너의 一理, 너의 一理를 도출해 내서 大理에 순응시키면 이것이 順理가 됩니다. 이건 성경에서 배운 것도 아니고 신학에서 배운 것도 아니고 한국의 정치를 연구하다가 보니까 알게 된 것입니다.

"그러면 政의 正 자 옆에 文의 뜻이 뭐냐?"

아버님이 물으셨습니다. 제가 듣고자 하니까 아버님이 저를 깨우쳐주셨습니다.

"政이란, 正자와 文자의 결합으로서 文은 손에 회초리를 들고 있는 상형문자인데, 곧 政이란 손에 회초리를 들고 백성들이 똑바로 가도록 뒤에서 톡톡 치는 것이다."

그리고 治에 대하여 말씀하셨습니다.

"治는 水와 台의 결합인데 台의 마늘모는 호미 괭이의 상형문자로서 백성들이 호미나 괭이로 일을 열심히하여 입을 채우는, 즉 자활의 의미가 있는 것으로서 그와 같은 것이 물흐르듯 다스리는 것이 治의 원리이다"라는 것입니다.

아버님께서 목사가 되는 날 들려주신, 그리고 물어오신 그 말씀을 목회 현장으로 가져오면 이렇습니다.

첫째는 목회도 정치라는 것입니다. 그리고, 하나님의 종들이 하나님의 말씀의 회초리를 들고 하나님의 백성들을 똑바로 가도록 톡톡 쳐서 가게 하되, 스스로 기도하게 하고, 스스로 전도하게 하고, 스스로 말씀 보게 하여 스스로 일어서서 하나님께 영광 돌리도록 하는 게 목회정치라는 것입니다.

이렇게 되면 목회가 재미있고 보람있습니다. 이때 교회는 푸른 초장이 됩니다. 시냇물이 흐릅니다. 시냇물 소리도 안 들릴 만큼 잔잔하게 흐릅니다. 성도들이 거기서 쉼을 얻고 평안을 누리며 함께 놀고 사랑으로 떡을 나누는 것입니다.

제 처녀 목회지였던 교회는 장로님과의 갈등 가운데 목회자들이 몇 년을 시무하지 못하고 떠나는 유명한 교회였습니다. 그 교회를 떠날 때는 모든 목회자들이 대부분 눈물 흘리고 떠나게 되었다는 것입니다. 저는 그 교회에서 7년 동안 사랑받고 기쁨과 감사함으로 충만하여 목회를 하고 나왔습니다.

또 안동 Y교회에 오니까 그곳 장로님들의 의식 구조는 '목사가 3년만 되면 타성이 붙으니 3년쯤 되면 갈아야 된다' 는 것입니다. 제가 그 말을 듣고 "안동 Y교회는 목사님 갈아치우기를 누에 뽕 갈 듯이 한다"고 했습니다. 전 거기서 8년 석달 동안 사랑받고 온 교우들과 더불어 아름다운 목회의 기쁨을 경험하고 나왔고, 교회를 사임할 때는 온 성도들이 한달이 넘도록 눈물 흘리며 헤어짐을 안타까워 했고 섭섭해 했었습니다.

대한민국에서 저만큼 교회에서 대접받는 사람이 없습니다. 저희 교회 장로님들은 다 유명한 분들입니다. 그런데 왜 그분들이 이전과 다르게 전적으로 제 목회를 돕게 되었는지 아십니까? 그것은 방촌의 정치론 때문입니다.

제가 안동 Y 교회에 부임할 때 저를 아는 분들이 입을 모아 부임을 만류했습니다.
"'서 목사, 거기 가면 죽어. 가지 마.'
그 교회는 목사님들이 많은 수난을 겪은 교회였기에 아마 그렇게

"그건 아닙니다!"

충고했는지 모릅니다.

그러나 부임해서 방촌의 정치론으로 보니, 그 교회 장로님들도 열 가지 중에 적어도 네 가지는 좋았습니다. 저는 나쁜 것을 일단 뒤로 가져다 놓고 좋은 것은 계속 이야기를 해 주었습니다.

한국 사람들은 그렇습니다. 칭찬하는 데 인색한 면이 없잖아 있습니다. 교회 생활이란 서로 이해하고 관용하고 용서하면서 사랑을 나누고 칭찬을 하는 가운데 아름다운 생활이 이루어지는 것입니다. 속된 말로 잘한다 잘한다 하면 다 좋아하는 습성이 인간이라면 누구에게나 있습니다. 나는 그 교회에 부임해서 교인들도 항존직분자들도 잘하는 것을 자꾸 칭찬하고 좋은 말하는 훈련을 실천했습니다. 그러다 보니 점점 교인들의 입에서 상대방을 칭찬하는 말이 많아지게 되었고 칭찬하는 일이 많아지는 교회가 되다 보니 교회는 날로 은혜로 충만했습니다.

그러나 교인들의 생활이 모든 것이 다 좋은 것이 아닙니다. 분명 잘못된 부분들이 많았습니다. 한 가지씩 잘못된 것들을 말씀과 사랑으로 교정을 시작했습니다. 교정이 잘 되었습니다.

제가 떠난 이후에도 그분들은 그 다음 목사님에게 너무 너무 잘하고 계십니다. 한 교회는 7년 동안, 한 교회는 8년 동안 훈련하다 보니까 자기도 모르게 변화되어 버린 겁니다. 지금은 모두 좋으신 장로님들로 열심히 주님을 섬기고 계십니다.

이러한 것을 제대로 우리 삶에 적용할 수 있는 길은 무엇입니까? 그것은 통감(通鑑)입니다. 역사는 지나간 사실(史實)의 기록에 불과하지만 통감(通鑑)은 지나간 일들을 거울(鑑)에 반사(通)시켜 내일에 조명하는 것을 말합니다.

이 '政治'의 의미와 방법의 교훈을 목회 현장에 '通鑑' 할 수만 있다면, 지금까지 우리가 어떻게 목회를 해 왔든지 간에 다시금 푸른 초장이 될 수밖에 없고, 잔잔한 시내가 될 수밖에 없습니다.

주님의 소나무 되어, 뿌리째 주님 것 되어

제가 주님의 부름을 받았던, 소명을 발견했던 간증을 해보겠습니다.

저는 이곳 저곳에서 세상적으로 살다가 청년기에 고향으로 돌아와서 교회에 다니게 되었습니다. 현재는 안동서부교회 원로목사님이신 김원진 목사님이 젊으셨을 때 저희 시골 교회에서 부흥회를 하신 일이 있습니다. 제가 그 부흥회를 통해 인생의 전환점을 갖게 되었고 오늘이 있게된 출발점이 되었습니다.

그 집회가 있기까지 제가 고생스럽게 살았던 일은 이루 다 말할 수 없을 정도입니다. 그 집회를 하는데 어르신네들 늘 하시는 말씀대로, "신학교를 가려거든 소나무 뿌리 몇 개를 뽑으라"고 하셨습니다.

"신학교를 가려면 소나무 뿌리를 몇 개는 뽑아 봐야지 그렇게 눈이 맹숭맹숭해서 어떻게 목회를 하겠나!" 하시는데, 예전에는 부흥사 하시는 말씀이면 진짜 말 그대로가 법이었습니다.

목요일 밤으로 기억하는데 강사 목사님이 "오늘은 집회를 마치고 예배당에 남아 있지 말고, 집에도 가지 말고 전부 뒷산으로 올라가서 소나무 뿌리를 뽑아 가지고 내려와라!" 하시는 겁니다. 그것은 기도를 훈련시키려는 강사 목사님의 말씀이었습니다.

그 때 제가 스무살이었는데 얼마나 순수했는지 그 말씀을 그대로 받았습니다. 이왕 올라갈 바에는 제일 꼭대기에 올라가자 싶어서 계속 올라갔습니다. 그리고 소나무를 뽑을 때 큰 인물은 큰 나무를 뽑고, 작은 인물은 작은 나무를 뽑는다 하셨던 목사님 말씀이 생각났습니다. 그래서 이왕 뽑을 바에는 굵은 것을 뽑자 해서 적당한 것을 골라 붙잡고 기도했습니다.

세 시간을 기도하니까 소나무가 흔들리기 시작했습니다. 처음에 2,30분은 소나무가 흔들리나 안 흔들리나만 신경이 쓰였습니다. 그러다가 1시간 넘고 2시간 넘어 가니까 기도가 깊어졌습니다.

"주여- 나를 도와주소서, 이제까지 나는 세상에서 주먹 쓰고 살았고 나쁜 짓 하면서 살았는데 주여 이제 나를 버리겠사오니 주여, 나를 도우소서. 주여!" 하고 산이 떠나갈 정도로 울부짖으면서 기도했습니다. 그랬더니 소나무가 막 흔들리고 뽑혔습니다.

산을 내려와보니 소나무 뿌리를 가져온 사람은 나 하나뿐이었습니다. 그것이 제 개인적인 하나님과의 교제가 된 겁니다. 새벽 3시 40분이 되어 교회로 들어가니까 모두들 웃습니다.

"저 등신 같은 게 진짜 소나무를 뽑아왔네" 하는 소리가 들립니다. 그래도 나는 하나님께 감사했습니다. 그때 제 심정이 지금도 있다면 아마 세계를 움직이고도 남았을 겁니다. 새벽기도가 4시 30분에 시작인데 그때까지 소나무를 앞에 놓고 "주여 주여-!" 하면서 찬송하고 기도했습니다. 그 순간에도 하나님이 확신을 주시는데 마치 온 세계가 내 손 안에 다 있는 것 같았습니다.

기도를 하는 중에 금요일 밤 시간이 되었습니다. 그런데 서른 중반쯤 된 몸도 굵은 남자분이 술에 만취되어 교회에 올라와 하필이면 예배당 안에서 거품을 품고 정신을 잃어 쓰러지게 되었습니다. 갑작스러운 상황에 집회 분위기가 흐트러졌습니다. 예배를 한참 드리다가 말고 벌어진 일이어서 무척 당황을 했습니다. 지금 생각하면 그게 간질인 것 같습니다. 턱 소리와 함께 거품을 품고 쓰러진 것입니다.

강사님이 가만히 두라고 하셔서 두고 보는데 20분이 지나도 안 일어나는 겁니다. 날은 밝아오고 교회에 큰 시험이 들겠다 싶으니까 전도사님이 일어나셨습니다. 그리고는 저보고 등에 업으라는 것입니다. 지금 생각하면 그때 제 모습을 회개하게 됩니다만 불과 3,40분 전에 소명을 받았다고 하고 전세계를 손 안에 넣을 것처럼 넘치던 확신은 어디로 가고, 덩치가 좀 크고 거품을 물고 있는 사람이라고 해서 업을 엄두가 나질 않는 겁니다.

그래서 석림이라는 제 친구를 보고 말했습니다.

"니가 업어라."

"와 내가 업노? 니가 업어라."

그때도 저는 작고 말랐었습니다. 그래서 말했습니다.

"니가 내보다 힘이 더 안 있나? 니가 업어라."

그랬더니 친구가 하는 말이 "야, 아까 니 주여- 안했나? 그 힘은 다 어데 갔노?" 합니다.

둘이서 미루고 미루다가 둘이 함께 들어도 안되고 결국 여럿이 붙들고 교대를 하면서 이웃마을 구 의원님께 다녀왔습니다.

심각한 문제가 제 안에 고개를 들고 일어났습니다.

'어제 소나무 뿌리를 뽑았을 때 소명이, 그때 전세계를 맡겨 주신 것 같은 소명이 뭐였던가? 이거야말로 진짜 나르시시즘이구나' 하는 생각 때문이었습니다. 그래서 소명과 자기 도취가 얼마나 구분하기 어려운지를 생각하게 되었습니다.

그러나 그날 그 새벽은 저는 소나무를 뿌리째 뽑고, 주님은 저를 뿌리 깊은 데까지 뽑으셔서 주님의 것으로 쓰시기로 말씀하신 제 생애 첫날이었습니다.

"그건 아닙니다!"

자신을 안다는 것

만인의 생활 철학을 들라고 하면 곧잘 인용되는 말이 있습니다. "너 자신을 알라"(Gnothi Seauton; Know yourself).

희랍 델포이 아폴로 신전 대리석 벽에 새겨진 이 글귀는 소크라테스가 한 말로 알려져 있지만, 정확하게는 이 말을 누가 했는지 모릅니다. 어떤 사람은 쏠론이 했다고 하고, 어떤 사람은 탈레스가 말했다고 하는데 소크라테스는 이 말이 좋아서 자기 철학에 적용을 시킨 것으로 보입니다. 그리고 이 말은 그의 말로 전해지고 있습니다. 자기 자신을 알라는 이 말, 얼마나 좋습니까?

인도의 교육학자 케리 여사가 말했습니다. 인간에게는 정신적인 세 가지 악이 있다고 합니다.

'첫째, 모르고도 배우려고 하지 않는 것. 둘째, 알고도 가르치려고 하지 않는 것. 셋째, 할 수 있는데도 하지 않는 것.'

현대 목회자들이 이 케리 여사의 교육적인 이 지적을 예리하게 보아야 합니다.

중국의 철학자요, 교육자인 손문은 '先知先覺者는 後知後覺者를 깨우쳐야 할 責務가 있고 後知後覺者는 不知不覺者를 깨우쳐야 할 責務가 있다' 고 했습니다. 이것이 다 소명에 관한 말들입니다.

우리가 하나님 앞에 바로 부름을 받았다면 아직도 부름을 받지 못한 사람들에게 부름받은 자의 삶이 무엇인지를 보여주어야 합니다. 그런데 보여주는 것은 부름받은 자의 삶이 아니고 자기도취의 삶뿐이니 문제가 아닐 수 없습니다. 또 우리가 먼저 아는 것이 있다면 깨우쳐 주어야 합니다. 그런데 우리가 해야 할 그 일을 게을리하고 있지는 않습니까?

90년도 들어와서 상향곡선을 그었던 기독교 성장 속도가 이미 막 떨어지고 있습니다. 이 책임을 어떤 목회자들은 시대 상황으로 돌립니다.

시대는 하나님의 주권 아래 있습니다. 하나님의 사람들이 하나님이 주신 소명 위에 굳게 서 있다면 속된 말로 그 사람은 모래밭에 갖다 놓아도 하나님의 사람을 만들 수 있다는, 예수님의 논리와 엇비슷한 철학을 가질 수 있다는 말입니다.

오늘 우리가 이 세상을 살면서 자기를 안다는 것은 얼마나 어려운 일인지 모릅니다. 내가 나 자신만 제대로 안다면 우리의 삶은 분명한 방향으로 나아갈 수 있습니다. 우리의 소명은 아주 신나게 당당하게 펼쳐질 수 있습니다.

나는 누구입니까?

세 부류의 사람- 동그라미, 세모, 네모

영국이 낳은 세계적인 역사학자이며 철학자인 프란시스 베이컨이 유명한 말을 했습니다.

"세상에 사는 사람은 세 종류가 있는데 한 사람은 거미 같고, 한 사람은 개미 같고, 한 사람은 꿀벌 같다."

덴마크의 실존주의 철학자 키에르케고르도 실존주의적 입장에서 인류를 세 등분 했습니다. 즉 '미적 실존, 윤리적 실존, 종교적 실존에 속한 사람' 이라고 나누었습니다.

가슴앓이를 하면서 일생이 끝났다 싶었을 때 불후의 명작을 내었

"그건 아닙니다!"

던 파스칼의 '팡세', 그 책에는 인간의 3대 질서에 대해서 나오는데 '육체의 질서, 정신의 질서, 사랑의 질서' 등입니다.

여기까지는 철학적인 이야기이고 성경으로 돌아가 창세기 19장에 세 종류의 인간이 나옵니다.

하나님의 말씀을 농담으로 들은 롯의 사위가 나오고, 말씀을 듣고 끝까지 지키지 않은 롯의 아내가 나오고, 말씀을 끝까지 지킨 롯과 두 딸이 나옵니다. 이것은 오늘도 교회 안에 현존하는 사람들의 모습입니다.

누가복음 10장에도 강도 같은 사람이 있고, 강도 만난 사람을 나 몰라라 하는 제사장과 레위인이 있고, 강도 만난 사람을 끝까지 돌보아준 사마리아인 같은 세 부류의 사람이 있습니다.

오늘 우리 교회 안에 언제나 이 세 분류가 존재하고 있습니다. 이것을 바울이 신학적으로 고린도전서 2:14,15 그리고 3:1에 정리했습니다.

2:14 말씀을 보면 육에 속한 사람이 나옵니다. 이 말은 '프쉬키코스 안드로포스'인데 이 말의 뜻은 사람은 사람인데 동물적인 사람을 말합니다.

3:1에 나오는 육신에 속한 사람은 '싸르키노이스 안드로포스'인데 이 말은 사람은 사람인데 자라지 못하는 사람입니다. 집사가 되고 장로가 되도 십일조할 줄 모르고 주일 성수할 줄 모르는 사람 같은 부류입니다.

그리고 2:15의 영에 속한 사람은 '프뉴마티코스 안드로포스'로서 문자 그대로 하나님의 영을 가진 하나님의 사람입니다.

우리가 하나님의 모양과 형상을 닮았다고 할 때 신학적인 설명은 하지 않겠습니다. 여러분이 더 잘 아시니까 굳이 말할 필요가 없습니다.

제가 창세기 1:26-27의 말씀으로 가장 쉽게 '나는 누구인가' 라는 것을 깨우칠 수 있는 하나의 원리를 생각했습니다.

이제까지 말씀드린 철학적인 내용의 사람들과 성서적인 내용의 사람들이 세 가지 유형으로 나뉘어진 것처럼, 저는 사람을 동그라미와 세모와 네모의 모양으로 그 유형을 표시하려고 합니다.

저희 형제들을 통해서도 세 가지 모양을 발견합니다.
큰 형님의 성격은 맏이답게 성격이 □ 모양이십니다. 저희 둘째 형님은 ○ 모양입니다. 제 생전에 저희 둘째 형님이 아버님에게 말대꾸하는 것을 보지 못했습니다. 언제나 "예, 아버님. 예, 어머님" 하고 대답하며 저를 부를 때는 "서 목사, 이 사람아" 그러십니다. 그런데 큰 형님은 저를 부르실 때 "야!" 그러십니다. 우리 아버님께서도 "이 사람아" 그러시는데 말입니다. 성격상 그렇습니다.

그런데 저의 성격은 △ 입니다. 급하고 모가나서 항상 못된 성격이라고 주위로부터 많은 핀잔을 들으면서 자랐습니다.

어느날 어머니께 여쭤봤습니다.
"어머니, 우리 큰 형님은 남자답게 씩씩하게 넙적하게 잘 만드시고 우리 둘째 형님은 동글동글하게 만드셨으면서 왜 저는 이렇게 못되게 만드셨습니까?"
"애야, 내가 만들었나? 태어나서 자라는 거 보니까 그렇더라."
그렇구나. 어느 어머니가 자식을 잉태하여 "너는 □성격으로, 너는 ○성격으로, 너는 △성격으로 되어라"고 기도하는 어머니가 있습니까? 태어나서 자라는 것을 보면 각각 성격이 다르다는 것을 발견할 수 있을 뿐입니다.

사람을 만드신 이는 하나님이시지 사람이 아니라는 사실을 처음 신앙생활을 할 때 깨달은 것입니다. 말할 것 없이 나를 만드신 이는 나의 아버지 어머니가 아니라 하나님이라는 사실을 확인한 사건이었습니다.

이 사실은 나의 목회에 엄청난 깨달음과 도움이 되었습니다.

교인들 역시 이렇게 세 부류로 나뉘어져 있습니다.

목사가 설교를 하고 나면 꼭 꼬집어서 되씹고 되씹는 사람은 주로 세모난 성격의 사람입니다. 설교를 듣는지 안 듣는지도 잘 모르겠고 예배 후에 별 인사도 없이 지나가는 네모꼴 교인도 있습니다. 목사 사택의 문지방이 닳도록 드나드는 사람은 동그라미의 교인입니다. 네모 교인은 그런 일에 별 관심이 없습니다. 세모 교인은 주로 그런 일을 좋은 눈으로 곱게 바라보지 않습니다.

어쨌든 우리 목회 현장에는 이런 부류의 사람들이 존재하고 있습니다. 말씀을 들으면서도 어떤 분은 세모꼴 마음을 갖고 '그래 그 다음에 무슨 말을 하는가 보자. 저 말을 하는 이유는 뭔가?' 그러실 것입니다. 어떤 분은 말씀을 들을 때 듣는 대로 '그래 맞아 바로 그래!' 하면서 스폰지처럼 흡수하고 계실 것입니다.

사람들에게 묻습니다.

"어느 성격, 어느 모양이 좋습니까?"

그러면 십중팔구는 다 동그라미라고 말합니다. 그러나 이 대답은 옳지 않습니다. 그것은 비교론입니다. 하나님께는 비교론이 없습니다. 마귀에게 있는 비교론입니다. 하나님께는 창조론만 있을 뿐입니다.

예를 들어, 교회에서 예배를 드리는 중에 깡패가 들어와서 목사에게 시비를 건다고 합시다. 목사가 싸움도 할 줄 모르고 덜덜덜 떱니다. 앉아 있는 교인들 중에도 목사랑 똑같이 떠는 사람이 있습니다. 그 사람은 동글동글한 성격의 사람입니다. 그 시간에 네모꼴 성격의 사람은 '무슨 일이고 터질려면 터져라' 하는 자세로 가만 앉아 있습니다.

그러나 세모꼴 사람만이 가장 먼저 자리에서 일어납니다. 깡패에게 두들겨 맞아 온몸이 만신창이 될지언정 덤벼보는 게 세모꼴 사람의 특징입니다. 세모꼴은 참 귀한 성격입니다.

저는 목회를 하면서 세모꼴 성격의 교인을 귀히 여깁니다. 때때로 목사를 괴롭히기도 하고 목회를 힘들게 하는 경우도 없지 않지만, 목사가 힘들고 어려울때 그래도 목사를 위해 선뜻 나서서 일을 자기 일처럼 선 뜻 돌봐줄 수 있는 사람이 세모꼴 성격이라는 것을 경험했습니다.

여러분 주변에 이런 사람이 있다면 감사하시기 바랍니다.

그럼 네모꼴 성격은 어떤가? 그 또한 하나님이 만드신 귀한 성격입니다.

1992년 10월 28일은 이장림 씨가 말한 휴거가 부도난 날입니다. 저의 처남이 목회를 하다가 이장림 씨의 잘못된 논리에 빠졌습니다.

제가 가장 존경하는 목사를 꼽으라면 저는 언제나 저의 처남 H목사님을 꼽았습니다. 그 마음은 지금도 변함이 없습니다. 그만큼 H목사님은 신실한 그리스도인이었고 성실한 목회자였습니다. 곁에서 지켜본 처남은 정말 목사였습니다.

그런데 그처럼 신실한 처남이 이장림 씨의 교리에 빠진 것입니다.

"그건 아닙니다!"

안타까운 일이었습니다. 지금은 물론 잘못된 교리에 대한 반성과 회개를 하고 건전한 목회를 잘 하고 있습니다.

1992년 10월 28일을 앞두고 처남 매부가 마주앉아 울면서 논쟁을 벌였던 일이 있었습니다.

"매부, 믿어야 되네."

"뭐를 믿나요?"

"주님이 오시네."

"언제 오시는데요?"

"10월 28일 자정이네."

"그걸 뭐하려고 믿나요?"

"믿음은 실상이 아닌가."

"그래, 나도 아는데 나도 한 마디만 하지요."

"해 보게."

"처남, 내가 99.999%를 믿을테니 처남도 나를 0.001%를 믿고 내 말을 들어 주셔요."

"0.0001% 그것조차도 내가 자네를 믿는 것이 아니라 주님을 믿어야 하네."

"물론 우리 모두 주님을 믿기에 목사가 되었지요. 그러나 그렇게 처남 말씀만 고집하지 말고 내가 처남 말씀 99.999%믿을 테니 처남도 나의 말을 0.0001%만 믿어 달라는 부탁입니다."

처음엔 그것조차 양보를 않고 제 얘기를 들을 생각을 않더니 자꾸만 조르니까 대답을 합니다.

"그래, 자네의 논리대로 0.001% 믿어 줄께."

"처남, 10월 28일에 주님이 안 오시면 어떡할래요?"

"10월 28일에 100% 오시게 되어 있어. 내가 자네에게 속았구만, 내가 0.001%를 왜 믿는다고 했는지…"

"그렇게 섭섭하게만 생각하지 말고 내 생각이 중요하다면 남의 생각도 중요하게 생각할 수 있는 것이 진정한 그리스도인의 마음자세입니다. 처남 말씀만 고집하지 말고 예수님이 10월 28일 자정에 재림하지 아니하시면 어떻게 할래요?"

"글세 100% 믿어야 하네."

"압니다. 나도 100% 믿는다고 말씀 드리겠습니다. 그러나 가정하여 0.001% 확률로 안 오시면 어떻게 할래요?"

"안 오실 리 없지만 안 오시면 내 두손 들고 항복하고 깨끗하게 자네 말대로 전과 같이 목회하겠네."

이야기는 끝났습니다. 그 날이 넘어갔습니다. 모든 게 거짓임이 판명되었습니다.

그때 우리 처남 교회의 성도들을 분석해 보았습니다. 목사가 속임수에 넘어가니까 따라서 좇아간 사람들이 있습니다. 동그라미 교인들입니다. 다 넘어갔습니다.

남아 있는 교인은 다름아닌 네모꼴 교인이었습니다. '갈테면 다 가라, 나는 내가 알고 배운 대로만 신앙 생활을 할 것이다' 라고 앉아 있었던 것입니다.

이런 면에서 네모꼴 성격의 교인들, 얼마나 귀한지 모릅니다.

목회를 하면서 당회원들의 성격이 네모꼴이었으면 좋겠다는 생각을 종종 합니다. 무슨 말인가 하면 당회를 하고 난 후 결정 사항을 교회 앞에 당회장이 공포하기 전에 벌써 당회 결의사항이 온 교회에 퍼져서 일을 그르치는 일들이 종종 있기 때문입니다. 당회원은 공인으로서 결정 사항을 당회장이 공포하기 전에 발설해서는 안되는 것입니다.

특히 당회원이 개인적으로 성격이 가벼우면 교회일을 처리하는 데

"그건 아닙니다!"

얼마나 힘이 드는지 모릅니다. 다시 말하면 인격적 소양이 갖추어지지 않고 지도자가 될 때 그 지도의 지도를 받는 사람들은 그만큼 모든 면에 힘들어 하게 되는 것입니다. 그래서 목사와 장로는 직분을 받기 전에 먼저 인격적인 면으로 존경받을 수 있어야 하는 것입니다.

그러면 동그란 성격의 사람은 어떤가?
말할 것 없이 좋은 신앙인의 생활을 하게 됩니다. 목회자에게 있어서 이런 성격의 성도가 없다면 너무 삭막하고 피곤해서 힘들 것입니다. 이해를 잘하고 용서를 잘하고 위로하고 관용하고 아름다운 성격의 소유자입니다.

이 모두는 우리 하나님께서 만드신 작품인 것입니다. 그럼 왜 이렇게 다르게 만드셨으며, 왜 좋지 않아 보이는 성격까지 만드셨을지를 생각해 봅니다.
하나님께는 목적이 다 있었습니다. 그것은 당신께서 영광을 받으시려는 것입니다.
이러한 창조론으로 생각할 때, 어느 한 사람도 버려지지 않고 언젠가는 하나님을 위해서 크게 쓰임받을 때가 있다라고 믿을 수 있는 것입니다. 관계의 실패는 이런 저런 사람을 걸러내기 때문에 옵니다. 열 가지 중에 일곱 가지가 나쁘고 세 가지가 좋은 사람이 있을 때 이 세 가지가 언젠가는 그 일곱 가지보다도 훨씬 더 승화되어 역사할 날이 있다는 것입니다.
동그랗고 세모와 네모란 것이 다를 뿐, 다 좋은 모양입니다.

장로님의 눈물

처녀 목회를 하던 교회에서의 일입니다. 으레 그렇듯 강단 옆이 장로석이었습니다. 한참 설교 도중인데 이 장로님이 노트에다 뭘 쓰시더니 뒤로 넘기십니다. 그 뒤에 있던 안수집사님이 가방을 뒤지더니 이번엔 뭔가 앞으로 옵니다. 그 다음에는 책장 넘기는 소리가 요란하게 납니다. 신경이 자꾸 쓰였지만 교회 부임한 지 석달밖에 안된 것을 생각하며 꾹 참았습니다.

그런데 또 계속 그러는 겁니다. 또 뒤로 넘기고, 앞으로 받고, 얘기하느라 설교는 안 듣습니다. 만약에 제 성격이 동글동글했으면 끝까지 잘 참았을 것입니다. 그런데 저는 참지를 못했습니다.

제가 강대상을 탁 치면서 말했습니다.

"장로님!"

"아, 예!"

"지금 뭐 하는 짓입니까? 이 예배가 나를 위하는 겁니까? 하나님 앞에 예배드리는 장로가 설교 시간에 뭘 하시는 겁니까?"

성도들은 쥐죽은 듯이 앉아 있습니다. 나중에 안 일인데 모두들 내심 '저 전도사 끝났다' 라면서 앉아 있었답니다.

설교가 끝났습니다. 광고시간이 되었습니다. 시골교회고 제가 전도사였고 그 교회 예배 순서 전통이 그랬고 그래서 장로님이 나와서 광고를 하십니다. 그 장로님이 나오셨습니다. 전 같으면 마이크를 그냥 놓고 말씀하시는데 그날은 웬일인지 마이크를 탁 뽑으십니다. 그 장로님이 목회자 울리기로 명성이 워낙 높았던터라 앉아 있던 교인들이 '이젠 진짜 끝났다' 그랬답니다.

한 30초가 지났을까? "흐흐흑…" 하는 울음 소리가 났습니다. 돌발사태가 터진 것입니다. 그냥 웁니다.

"그건 아닙니다!"

한참 울더니만 하시는 말씀이 "여러분, 나는 오늘 죄를 지었습니다. 장로가 되어서 양무리의 본이 되어야 하는데 그러기는커녕 죄를 짓고 말았습니다. 오늘 제직회가 있어서 장부가 어떻게 됐는지 갑자기 궁금해서 뒤에 있는 회계 집사님에게 장부를 보여달라고 해서 보고, 또 보내고 했습니다. 전도사님이 추상같은 말씀으로 '무엇하는 짓이냐' 고 했을 때, '그렇구나 이게 일이 아니고 짓이로구나' 그랬습니다. 말씀 듣고 설교 듣고 이 시간까지 울면서 내가 회개했기 때문에 하나님께서 내 죄에 대해 용서해 주신 것은 확신하지만, 여러분이 용서를 해주셔야 하지 않겠습니까?"

이 돌발 사태에 어느 누구 하나 입을 떼지 못하고 가만히 있습니다. 장로님은 용서 안한 줄 알고 용서하라고 하십니다. 그때 제가 내려갔습니다.

"장로님, 용서받을 일이 뭐가 있고 용서할 일이 뭐가 있습니까? 이게 사람 사는 것 아닙니까?" 하니까 그 크신 어른이 나를 덥썩 끌어안고 우는 겁니다. 온 교인이 울어서 울음바다가 되었습니다.

그 날 그 장로님의 말씀과 눈물이 설교 20분보다 더 교인들을 감동 시켰습니다. 놀랍고 흐뭇한 것은 그날부터 교인들이 그 장로님을 높이는 것이 눈에 보일 정도였습니다. 만약에 그 어른이 마이크 앞에서 자기 행동을 긍정하거나 변호했더라면 그 교회도, 저도 지금과는 전혀 다른 방향으로 가게 되었을 것입니다.

그날로부터 그 교회를 7년 담임했는데 나는 그 장로님과 부자지정(父子之情)으로 지냈습니다. 그리고 지금까지 나는 그 장로님을 아버지라 부를 정도로 존경하고 장로님은 나를 아들처럼 여기면서 비록 몸은 멀리 떨어져 있지만 날마다 그런 마음으로 오늘까지 지내고 있습니다.

목회자가 분명한 소명을 가지고 행한다면 그의 나쁜 성격까지도 사용하신다는 것, 내가 하는 것도 아니고 네가 하는 것도 아니고 다름아닌 성령께서 하신다는 것을 깨닫습니다.

니무이무티불

목회를 하면서 날마다 좋은 일만 있는 것은 아닙니다.
때때로 사람들의 말 때문에 목회가 피곤하고 힘들 때가 한 두 번이 아닙니다.
설교를 가지고도 자기 중심으로 이해하고 생각하고 평가해서 시험 드는 일도 종종 있습니다.
처녀 목회했을 때 전도사의 직분으로도 열심 하나만으로 순수하게 목회를 하던 어느날 새벽기도회를 마치고 사택에 돌아왔는데 전화벨이 울렸습니다.
"전도사님, 오늘 새벽기도회 설교 나보고 했지요?"
너무 어이없어서 대답할 말도 잊어버리고 가만 있었습니다.
"사람 그렇게 보면 안돼요. 설교한다고 다 되는 것 아닙니더."
목소리로 보아 K집사였습니다. 마음을 가라 앉히고 조용하게 되물었습니다.
"아니 도대체 누구신데 다짜고짜 그렇게 말씀하는가요?"
"내 목소리도 모르고 목회 하니꺼?"
찰각 하고 끊어지는 전화기의 여음을 들으면서 수화기를 내려놓은 그 시간부터 하루는 엉망이 되었던 기억이 있습니다. 물론 나쁜 기억으로도 남고 있지만 그 사건은 내 설교를 더욱 성서적으로 준비할 수 있는 동기 부여가 되기도 한 것은 틀림없는 사건이었습니다.
평소에 전도사뿐 아니라 많은 교인들에게 아픔을 주는 K집사가

"그건 아닙니다!"

틀림 없었습니다.

어느 목회자가 교인 한 사람을 대상으로 해서 설교를 합니까?
그런 목회자는 아무도 없습니다.
모든 삶과 신앙의 기준이 자기로 잣대를 갖고 있으면 모든 것이 아름답지 못합니다. 모든 것이 불평스럽습니다. 그럼에도 불구하고 우리는 끊임없이 모든 것은 '내 기준'으로 살아가는데 훈련되어 있는 듯 합니다.
복된 말씀의 설교도 저주로 듣는 이가 있습니다.
아름다운 말도 거리끼는 말로 듣는 이가 있습니다.
그런가 하면 좋은 말을 할 수 있어야 하는데도 거치는 말 남의 마음을 상처내는 말을 하는 사람이 있습니다.
그리스도인은 바른 말을 할 수 있어야 하고 바르게 들을 수 있어야 합니다.
지식은 자기 노력에서 얻어질 수 있지만 지혜는 하나님이 주시는 것입니다.
우리는 지혜자가 되어야 합니다.

어느 마을에 걱정 근심이 가득찬 가정이 있었습니다. 내용인즉 아들이 하나 있는데 그 아들이 장성하여도 말을 어눌하게 했기 때문에 부모에게는 근심 걱정이 되지 않을 수 없었습니다.
무엇보다도 이 아들은 'ㅏ' 발음이 안되어 'ㅏ' 발음을 할 때마다 'ㅣ' 발음을 하는 것입니다. '아버지'를 '이버지'로, '가라'를 '기리'로 발음을 하게 되니 보통 근심이 아니었습니다.
어느날 문밖에서 목탁 소리가 나서 어머니가 나가보니 스님 한 분이 시주를 와서 말합니다. 그 말에 어머니는 귀가 번쩍 뜨였습니다.

"이 집에 근심 걱정이 있구만."
"아 그럼요. 스님 용하시기도 해라. 걱정이야 이루 말할 수 없지요."
"무슨 걱정인지 말해보시오."
"아들 하나 있는데 말이 어눌하여 그렇습니다요. '아' 하지를 못하고 '이' 라고 하니 이런 바보가 어디 있습니까."
"부처님에게 시주를 하시면 아들의 말을 고쳐주겠소."
그리하여 그 가정에서 아들의 말을 온전하게 하도록 해 준다는 스님말을 믿고 절에 시주를 많이 하고 아들을 스님따라 절에 보내었습니다.
그리고 세월이 흘러 약속한 한달이 지난 어느날 그 부모가 절에 올라갔습니다.
아들이 말을 어떻게 할까 궁금해서 견딜 수 없었습니다.
절에 도착하니 아들이 마당을 쓸다가 아버지 어머니가 올라오시는 것을 보고 황급히 뛰어 내려와 손을 합장하고 인사를 합니다.
"나무아미타불 관세음보살"
이게 웬일입니까? 'ㅏ' 발음이 정확하게 되는 것입니다. 전 같으면 "니무이무티불 괸시음보실"이라고 했어야 할 발음이 정확하게 "나무아미타불 관세음보살"이라고 하는 것입니다.
어머니가 너무 좋아서 아들의 손을 잡고 야단스럽게 기뻐했습니다.
"애야, 부처님께 시주하고 너를 스님께 맡겼더니 이제는 말을 정확하게 하는구나. 어이구 좋기도 해라" 하면서 아들을 얼싸안을 때 아들도 좋다고 화답을 합니다.
"엄미, 띠봉!"
"……?"

"그건 아닙니다!"

그 아들은 스님이 매일처럼 가르친 "나무아미타불 관세음보살"은 훈련되어 잘 발음되었지만 다른 것을 적용할 줄 몰랐던 것입니다.

오늘 그리스도인들은 날마다 주님의 복된 말씀을 듣습니다.
그러나 한 가지 우리가 깨달아야 하는 것은 그 말씀을 우리의 삶에 적용할 줄 아는 지혜가 있어야 하는 것입니다.
바른 말을 사용할 줄 아는, 남을 칭찬할 줄 알고, 이해하고 관용하는 말을 잘 할 수 있을 때 그리스도인의 삶을 더욱 복될 것입니다.

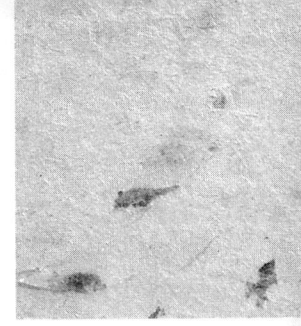

제 2장
지금도 세례 요한을 찾습니다

개인적 이기주의적인 욕심에 꽉 차서 '너야 죽든지, 하나님의 영광이 어찌 되든지' 상관하지 않고 은 30에 예수를 팔았던 유다 같은 이땅의 그리스도인은 만날 수 있을지라도, 잠깐 성질 급한 바람에 주님을 모른다고 세 번 부인하다가 닭이 울고 난 이후에 자기를 발견하고 가야바의 담벼락에 머리 부딪히면서 울고 울었던 베드로가 오늘 우리 목회 현장에 얼마나 되겠습니까?

지금도 세례요한을 찾습니다

목사가 무릎을 꿇는 까닭은?

이웃 교회의 성도님이 저를 찾아오셨습니다. 그분의 남편은 항존직분자이고 그분은 집사님이셨는데 저와 장장 세 시간을 상담하셨습니다. 그분도 울고 저도 울었습니다. 내용인즉, 자기 교회 목사님 이야기입니다. 한마디로 말하면, 어떻게 목사가 그럴 수가 있느냐는 이야기입니다.

그분의 이야기를 다 듣고 난 다음에 저에게서 그분에게 나간 반응이 덥석 손을 잡는 것이었습니다. 그리고 그 앞에 무릎을 딱 꿇었습니다. 나도 모르게 한 일이었습니다. 보여주기 위한 것도 아니었습니다.

'내가 목사가 왜 되었던가? 내가 앞으로 어떻게 목회를 할 것인가? 그리고 내 울타리 안에도 이와 같은 성도가 없다고 어떻게 보장할 수가 있겠는가?'

우리 목사님은 때밀이

그런 질문들이 쏟아지면서 무릎을 꿇게 된 것입니다.
"집사님, 용서하십시오."
"아니 목사님, 왜 이러십니까?"
그분을 억울하게 한 것은 동역자였습니다. 때문에 그 이야기를 긍정해주기도 어려운 일이었고, 그분의 이야기 내용을 긍정하지 않을 수도 없었습니다. 그러나 일단 긍정을 해버리면 그분의 의식 속에는 저를 비롯한 이땅의 수많은 목회자들을 향한 불신이 완전하게 배어버릴 것이 뻔했습니다. 때문에 긍정할 수도 안할 수도 없어서 순간적으로 취한 태도가 용서를 구하는 것이었습니다.
"그 목사님도 목사고 나도 목사인데 잘못은 다 똑같습니다. 집사님 교회의 목사님만 목사님이 아니고 나도 집사님의 목사입니다. 집사님은 하나님이 맡겨주신 내 양이라고 생각합니다. 그러니 집사님께 저도 용서를 구합니다."

소명받지 않고 목회자가 된 사람은 없습니다. 그럼에도 불구하고 우리 자신이나 우리 목회 현장을 보면 과연 내가 목회하는 것이 소명 받은 자로서의 목회인가 하는 자괴지심에 빠질 때도 없지 않아 있다는 것을 인정합니다.
목회자로서의 그 소명과 사명을 다시 한번 생각하게 하는 일이었습니다.

세 가지 발견

성경의 구약에서 '소명'을 받은 사람들은 소명의 다음 단계로서 '사명'을 받습니다. 이 사명을 인식하는 데 있어서 소명을 받은 구약 신약의 인물들과 그 내용을 살펴보면 공통점이 나타나 있습니다.

모세의 사명

출애굽기 3:10을 보겠습니다.

"내 백성 이스라엘 자손을 애굽에서 인도하여 내게 하리라."

이것이 모세가 소명을 받은 이후에 모세에게 주신 하나님의 사명이었습니다. 애굽에 있는 하나님의 백성을 인도해내는 일을 너에게 준다는 말입니다. 언제 이것을 주셨는가 하면 소명을 인식한 후였습니다.

여기에 모세의 반응이 나타납니다. 3:11에 "내가 누구관데"라는 말은 사명받은 자가 공통적으로 나타내는 반응입니다. '내가 누구관데', 말할 것도 없이 여기에는 겸손의 모습으로 돌아감을 뜻합니다. 당당했던 40대 모세의 모습이 전혀 없습니다. "내가 누구관데"라고 제일 먼저 반응이 나타납니다.

그리고 4:13의 말씀을 보면 "보낼 만한 자를 보내소서"라고 합니다. '내가 내 민족을' 하고 손을 불끈 쥐었던 모세가 진짜 소명을 발견한 후에 정작 일거리를 주니까 나타내는 반응이 "내가 누구관데… 나는 할 수 없으니 보낼 자를 보내소서" 합니다. 그래도 하나님은 모세를 보내십니다.

이것이 사명입니다. 사명이라고 하는 것은 하기 싫다고 안하는 것이 아닙니다. 하나님의 시간표 안에서 시작되면 싫든 좋든 해야 하는 것이 사명임을 알아야 합니다.

제가 신학을 공부하다 말고 교수가 되겠다고 바깥에서 10여 년 동안이나 세상 학문을 열심히 공부했지만, 결국에는 뒤늦게 또다시 부름을 받고 나이 40에 목사 안수를 받아야 했습니다. 동기들은 30대 초에 다 안수를 받았는데 말입니다. 그래서 노회에 가게 되면 아직도 목회 초년병, 목사 햇병아리입니다. 나이는 중견인데 마냥 어린애 취급을 받습니다. 하기 싫다고 해서 안하는 것이 아니라 하기 싫어도 해야 한다는 것을 모세를 통해 깨달을 수 있었습니다.

사무엘의 사명

사무엘이 소명 이후에 사명을 받는 장면이 사무엘상 3:11 이하에 나옵니다.

"보라 내가 이스라엘에게 한 일을 행하리니 그것을 듣는 자마다 두 귀가 울리리라."

제사장 엘리를 향한 하나님의 심판의 말씀입니다. 이것은 엘리 제사장 한 가정을 향한 심판이 아니라, 직설하면, 오늘 저와 여러분에게 하는 말입니다. 사무엘보다 먼저 소명을 주었는데 그 일거리를 제대로 수행하지 못한 엘리에게 "듣는 자마다 두 귀가 울리리라" 한 것입니다. 성경 말씀 가운데 이렇게 무서운 말씀도 찾기가 어렵습니다. 하나님의 부름받은 우리들이 그 주신 일거리를 제대로 하지 아니할 때 하나님은 그 다음 사람에게 일거리를 주어 그 사람을 통해서 나를 징치하신다는데, 무서운 말 아닙니까? 엘리의 가정은 이렇게 패망되어 가는 겁니다.

사무엘의 첫 반응은 도저히 두려워서 엘리에게 이 말을 하지 못하는 겁니다. 하나님 말씀을 전해야 하는데 말을 하지 못하니까 엘리가 눈치를 채고 "다 말하라" 합니다. 사무엘이 그대로 이야기합니다. 하나님이 그에게 주신 복은 "여호와께서 그와 함께 계셔서 그 말로 하나도 땅에 떨어지지 않게 하니라" 는 말씀에 들어있습니다.

오늘날 우리에게도 사무엘에게 임한 하나님의 축복이 있기를 바랍니다. 입에서 나온 말이 땅에 떨어지는 일 없이 어디에선가 다 열매를 맺게 된다는 원리가 여기에 나옵니다. 이것을 수용하는 마음자리에서 힘이 납니다.

다윗의 사명

다윗이 소명 이후에 사명받은 것을 살펴봅시다. 사무엘상 16:7의 말씀입니다.

"나의 보는 것은 사람과 같지 아니하니 사람은 외모를 보거니와 나 여호와는 중심을 보느니라."

이 말씀이 다윗을 선택하시는 배경입니다.

"나의 보는 것은 사람과 같지 아니하니…"라는 것은 외모, 객관적 조건들과 소명과는 전혀 관계없다는 것입니다. 사도행전 13:21-22에 보면 보충 설명이 나옵니다.

"내가 이새의 아들 다윗을 만나니 내 마음에 합한 사람이라 이는 내 뜻을 다 이루게 하리라."

이것이 다윗이 받은 사명입니다. 내가 하는 일을 다윗을 통해 하게 하리라는 것인데 이것은 사명을 주신다 하는 것이 전적으로 내 어떤 객관적 요건과는 관계없이 하나님이 힘을 주시면 할 수밖에 없고 하게 된다는 것입니다.

이사야의 사명

이사야가 소명 이후 사명을 받는 사명론이 그 유명한 이사야 6:8에 나옵니다. "내가 누구를 보내며 누구를 위하여 갈꼬" 하고 하나님이 말씀하셨을 때 이사야의 대답이 "내가 여기 있나이다, 나를 보내소서" 합니다.

이것은 이상한 이야기 아닙니까? 이미 이사야는 웃시야 왕 때부터 시작해서 선지자로서의 사명을 수행하고 있었습니다. 웃시야 왕이 죽던 해라고 표현한 것은 왕궁 출입 선지자라는 뜻입니다. 왕궁 출입 선지자로서 정치적인 배경이 누구보다도 더 강했던 이사야가 '웃시야가 죽던 해에' 경험한 것은 무엇입니까? 그것은 소명의 재인식이었고, 소명에 대한 응답이었던 것입니다.
그럼, 이제까지 이사야가 해온 일은 무엇입니까?

21세기를 앞둔 이땅의 그리스도인들이 새롭게 자신의 소명을, 새롭게 자신의 사명을 재인식하는 분기점에 이르지 아니한다면 우리 스스로 피곤해하며 이 세상에 나가서 아무것도 영향력을 끼칠 수 없는 삶을 지속할 수밖에 없다는 결론에 이르게 됩니다.
모세의 사명, 예레미야의 사명, 이사야의 사명, 다윗의 사명, 사무엘의 사명이 각각 나름대로는 다른 것 같은데 전체를 통합해보면 한 가지 소명이고, 이 소명을 받은 자에게 주어지는 사명이 각각 있습니다. 이사야의 사명은 말씀대언의 사명입니다. 하나님께서 주신 말씀을 있는 그대로 대언해야 합니다. 감하지도 채색시키지도 않고 그대로 전해야 합니다.

과연 그러면 현대를 사는 우리에게 이런 소명과 사명 수행의 역사가 있습니까? 하나님께서 주신 소명 이후에 엄청나게 그 시대 역사를 움직였던 수레바퀴의 사명을 수행한 믿음의 조상들과 같은 경험이 혹 일거리가 우리에게 그대로 적용되고 있느냐는 것입니다.

'목회자신문'에 "도둑이 아니란 말인가"라는 제목으로 안동 동안교회의 이천우 목사님이 쓰신 글이 있었습니다. 안동에서 목회를 할 때 진정 목회자다운 정직하고 타협이 없는 목회철학을 갖고 계셨던 분인데 역시 귀한 글을 기고하셨습니다.
내용인즉, 장로고시를 보는데 장로님들이 컨닝을 하더라는 겁니다. 이 목사님은 심각하게 딜레마에 빠졌습니다. 장로님들이 컨닝을 한다는 사실이 놀라웠습니다. 다른 목사님들은 못 본 척하고 지나가고 하는데 이 목사님은 전혀 용납을 못했습니다.

 그래서 다른 목사님이 감독을 본 과목은 80, 90점이 나왔는데 이 목사님의 과목은 평균 10, 20점이었습니다. 철저하게 감독을 하니 시험 점수가 나올 수 없었습니다. '하나님 앞에 소위 항존직분자로서의 양무리의 본이 되어야 하는 출발 선상에서 이러한 사실을 묵과해야 할 것이냐 밝혀야 할 것이냐' 고민하다가 그분은 이사야의 사명을 생각했다고 합니다. 그리고 "이것은 아닙니다"라고 하나님이 이 목사에게 준 말씀 그대로를 그들에게 전하여 주었습니다.

 그 다음에 이 목사님에게 나타난 일은 이사야가 고난을 받듯이 고난받기 시작한 것이었습니다. 동역자 사이에서는 "너 혼자만 목사냐?" 하는 말들에 휩싸였고, 특히 장로님들의 반발은 이루 말을 할 수가 없었습니다. 견디다 견디다 못한 그는 '죽으면 죽으리라' 하고 목회자신문에 여과없이 그분이 겪은 일을 써낸 겁니다.

 저는 이 신문을 붙들고 펑펑 울었습니다.

 '하나님, 이 목사님이 죽어도 괜찮습니다.'

 이 목사가 죽으면 또 다른 이 목사가 틀림없이 이땅에는 있게 마련입니다. 이 목사가 안 죽고 동화되어 버리면 하나님은 사무엘을 세워서 엘리를 징치하듯이 뒤에서 오는 누군가에게 징치당할 날이 온다는 것입니다.

 지금까지 보아온 구약의 위대한 인물들의 소명 이후의 사명은 세 단계로 나타납니다.

 맨 처음이 **하나님 발견**이었습니다.

 이것은 굉장히 중요한 첫 단추입니다. 먼저 하나님을 발견하라고 하면 '그럼, 우리가 하나님을 발견하지도 아니한 사람들이라는 말인가?' 라고 반문할 것입니다.

그러나 과연 참으로 우리는 하나님을 발견했습니까?

이사야는 적어도 웃시야 죽던 해, 그 해에 하나님을 발견했습니다. 하나님의 사람으로 왕궁을 출입하며 주의 일을 수행하면서도 발견하지 못했던 하나님을 발견한 것입니다. 웃시야가 죽던 그해에 말입니다.

그리고 두 번째가 **자기의 발견**입니다.

하나님을 발견하고 나니까 자기를 발견하게 됩니다. 하나님의 진실을 보고 나니까 하나님의 눈으로 나의 진실된 모습이 보이는 겁니다.

세 번째가 **하나님의 일을 발견**하는 것입니다.

하나님이 내게 맡기신 그 일이 무엇인지 알 수 있게 된다는 것입니다. 그러므로 지금 하나님의 일이라 여기면서도 그 일을 제대로 하지 못하는 사람은 참 자기를 발견하지 못한 사람이고, 자기를 발견하지 못한 사람은 하나님을 발견하지 못한 사람입니다.

요한복음 19장 1절 이하의 말씀에는 하나님이 주신 소명과 사명을 분명히 인식하고 멋지게 출발시킨 세례 요한이 나옵니다. 사람들이 와서 묻습니다.

"너는 예레미야냐?"

"아니요."

"선지자냐?"

"아니요."

"너는 그리스도냐?"

"아니요."
"너는 너를 대해서 무어라 하느냐?"
그는 자기에 대해서 분명하게 알았습니다.
"나는 광야의 외치는 자의 소리로라."

세례 요한은 자기를 분명히 알았기 때문에 자기 할 일거리를 분명히, 목숨을 다해 행할 수 있었습니다.
하나님 발견, 자기발견, 하나님의 일 발견입니다.

being과 becoming의 논리

신학적 인간론에서 우리 인간을 'being'이라고 하지 않는다는 것은 널리 알려진 사실입니다. 'being'은 '존재'(存在)라는 말입니다. 우리는 '존재화'라는 말도 알고 있습니다. 그리고 우리는 교회에서 늘 배우고 있습니다.

인간이란 무엇입니까? 그 대답은 인간은 "being이 아니고 becoming이다"라는 겁니다. "존재가 아니고 존재화다"라는 것입니다. "되었다가 아니고 되어져 간다"는 것입니다.

하나님께서 우리가 무엇을 하느냐를 먼저 보시는 것이 아니라 어떤 사람인가를 먼저 보시고, 우리가 얼마만큼 만들어져 있는가를 보시는 것이 아니라 되어질 모습을 기대하신다는 사실을 마음 중심에 새기지 못한 채 신앙 생활을 할 때 결국 힘겹고 어려운 것은 나 자신입니다.

저는 여러 집회에 가서 목회자들과 상담을 하는데 목회자들에게 가장 고난스러운 것이 이구동성으로 당회와의 관계라고 합니다. 그리고 사실 당회와의 관계만 제대로 이루어지면 목회는 신이 납니다. 그야말로 재미있습니다.

당회와의 관계가 삐걱삐걱 하면 그 목회는 목회를 단지 연명하는 게 되고, 당회원들도 마지 못해 섬기고 있는 것을 보게 됩니다. 그 틈바구니에서 교인들은 목사 눈치, 장로 눈치 보느라고 피곤해 하며 그것이 쌓여 있는 교회는 집회를 가보면 다 보일 정도입니다.

그런 자리에서 제가 도움을 줄 수 있는 게 있다면 바로 'being과 becoming의 논리' 입니다. 이 논리를 가지고 하나님의 은혜의 도움을 입지 못하면 아무것도 되지 않습니다. 그 한 가지 논리만 세워지면 하나님과의 관계, 당회원들과의 관계를 교인들 서로 간의 관계를 돌려놓을 수 있습니다.

가장 좋은 교육이 이것이기도 합니다. '되었다' 가 아니고 '되어져 간다' 라는 것입니다.

목회자가 노회에서 목사 안수를 받습니다. 목사 안수를 받았기 때문에 목사가 된 것입니까? 그렇지 않습니다. 절대 아닙니다. 목사가 노회에서 안수를 받는 그 시점에서부터 목사가 되어져 가는 것입니다. 끊임없이 목사가 되어져 가다가 그 목숨 끊어지는 날 주님께서 '너는 참 목사였다' 하고 말씀하셔야 진짜 목사입니다.

목사는 임직받으므로 목사가 아니고 임직받음으로 목사가 되어져 갑니다. 목사님들조차 목회의 시발점부터 이 논리를 자기의 것으로 체득하지 못하기 때문에 실패가 되는 것입니다.

더욱이 전도사님과 당회의 행정관계는 매우 엄격합니다. 전도사님이 당회의 지도를 받게 되어 있습니다(통합측의 경우는 그렇습니다). 당회원들이 앉아서 전도사님에게 "언권회원으로 드립니다"라고 기록해야 당회에서 전도사님의 발언이 가능합니다.

　장로님들은 심지어 전도사가 교회에서 담임 목회를 한다고 할지라도 자기들 아래 있는 것으로 간주해버립니다. 전도사님들도 마찬가지입니다. 으레 그러려니 간주합니다. 당당하게 목회를 못합니다. 그렇게 전도사님들의 대부분이 당회에 대해 중압감을 갖고 무의식적으로 시간이 흘러가는 사이, 모든 훈련 과정을 다 마치고 노회에서 부름이 옵니다. 목사 안수를 받고 교회에 돌아옵니다.

　아침에 노회에 갔다가 오후에 교회에 돌아왔는데 노회에 갈 때와 돌아올 때가 하늘과 땅 차이로 변해 있습니다. 그 다음 주일이 마침 마지막 주일이어서 당회를 하게 됩니다. 항상 "언권회원으로 드립니다" 해야 입을 떼던 전도사가 이제 어디에 앉습니까? 당회장의 자리에 앉습니다.

　바로 이때에 넘어지는 자가 있고 남아 있는 자가 있습니다. 제 선배들 후배들이 무수하게 넘어졌는데 꼭 여기서 넘어집니다. '나는 이제 당회장이 되었다' 라고 여기자 자기도 모르게 말이, 자기도 모르게 언어 구사가, 자기도 모르게 행동반경이 전도사 때의 자세가 나오지 않습니다.

　장로님들도 마찬가지입니다. 안수집사 때와 장로 임직하고 난 뒤가 다릅니다. 그런 다음에 나오는 말이 "집사 때는 허리가 잘 굽었는데 장로 되니까 목이 굳어버렸더라"고 합니다. 이건 우리들이 가슴 아파해야 할 일입니다. 되지 못하고 된 줄로 아는 데서부터 시작된 일입니다.

　평생에 한 번 있게 될 노회장의 경우도 마찬가지입니다. 온 노회원이 추대해서 노회장이 됩니다. 노회장 임직이 되면 그때부터 노회장이 되는 것이 아닙니다. 좋은 노회장으로 되어져 가야 일 년이 지난 다음에 그가 참 노회장이었다라는 결과를 얻는 겁니다.

문서상의 직무야 누구라도 받을 수 있습니다. 그러나 본질적인 직무 수행은 아무나 완수할 수 있는 것이 아닙니다.

저는 나이 40에 목사 안수를 받았습니다. 나이 늦게 목사 안수를 받다 보니까 전도사 생활을 한 10년 가까이 하게 되었습니다. 같은 전도사 때 저보다 나이가 네 살 적은 전도사가 있었는데 저보고 늘 '형님, 형님' 했습니다. 저는 늘 '아우님'이라고 불렀습니다. 참 잘 지냈습니다.

제가 일반대학 과정 공부를 하는 동안 이 친구는 계속 신학 수업을 하여 일찍 목사 안수를 받았습니다. 후에 제가 신학을 공부하는 기간에 그는 벌써 목사가 되었습니다.

그런데 이상한 일이 벌어졌습니다. 같이 전도사일 때는 '형님, 형님' 하다가 노회에서 목사 안수를 받고 나니까 저를 부르는 말투가 '형님'이 아니고 '서 전도사님'으로 바뀐 것입니다. '형님'은 낙동강 물에 갔다가 내버렸습니다. 저는 속으로 '그럴 수도 있지. 나이가 차이는 있어도 목사가 전도사보고 형님이라고 하기는 좀 그런 게 있겠지' 싶었습니다.

한 달 반이 채 못 되어서 그 아우님은 '전도사님'의 '님' 자를 또 떼어 낙동강에 던져버린 겁니다. 엄청난 충격을 받았습니다.

"서 전도사 밥 먹었어요? 서 전도사 왔어요?"

그러더니만 이제는 경어 사용이 전혀 없게 되어갔습니다.

"서 전도사 가자. 밥 먹었어?"

그렇게 자기도 모르게 언어구사가 달라지는 겁니다. 자기는 무의식적으로 말하지만 저는 의식적으로 보고 있었습니다.

창세기 4:15에 "가인을 죽이는 자는 가인의 벌을 칠배 받는다"고

했습니다. 가인은 마땅히 벌받을 짓을 해서 벌을 받고 있지만, 마땅히 받을 벌을 받고 있는 사람에게 해를 입히면 내가 가인의 벌받는 일곱 배의 벌을 받는다고 하신 것입니다. 그래서 내 입으로 그를 비판하거나 미워하거나 욕하고 싶지 않았습니다. 해봐야 나만 손해이고, 그것이 성경 가르침이기 때문에 그렇습니다. 그래서 그 친구의 변화도 그때까지 참을 수 있었습니다.

어느날 이 친구가 우리집에 왔습니다. 전에는 집사람을 보고 늘 '형수님, 형수님' 하면서 따랐습니다. 그런데 그날은 전과 전혀 다른 태도였습니다. 이 친구가 들어오더니만 의자에 다리를 턱 꼬고 등쪽으로 기대어 팔을 걸치고 앉았습니다. 집사람이 과일을 깎아오니까 왼손을 번적 쳐 들더니만 "사모님 고생 많네. 괜찮아요?" 하는 겁니다. 그 말을 들으니 참 참기가 어려웠습니다.

"야, 너 참 나쁜 녀석이구나!"

"서 전도사, 와 이카노?"

"서 전도사? 우리, 얘기 좀 하자. 너 일 년 전에 목사 안수받기 전에는 내게 '형님 형님' 했는데, 형님이라는 말을 버리고 '서 전도사님' 하다가, 한 달 반 두 달 못 되어서 '님' 자 떼어버리고, 일 년 지나더니만 이젠 나한테 말을 그렇게 함부로 그렇게 해도 되는거냐? 그리고 네가 평소 우리 집사람한테 형수님, 어머님 같은 사랑을 받지 않았냐? 니가 그렇게 대단하냐? 나는 괜찮다. 하지만 너 같은 녀석 의지하는 교인들이 불쌍하다."

"아, 서 전도사. 정신이 빠졌나? 돌았다, 미쳤어!" 하더니 휙 가버렸습니다.

그리고 일 년 반 정도 제가 노회에서 애를 많이 먹었습니다. 버르장머리 없는 전도사라고 소문이 난 것이지요. 목사는 뭐고 전도사는 뭡니까? 전도사 거치지 않고 목사 된 사람이 누가 있습니까?

그리고 나이 40에 제가 목사 안수를 받았습니다. 그러니까 대뜸 부르는 말이 달라집니다. "형님!" 그러는 겁니다. 목사 안수받고 9년째인데 그 친구는 벌써 교회를 7번이나 옮겼습니다. 17명, 20명 채 안되는 시골 교회에 있으면서 해마다 11월만 되면 저한테 편지를 씁니다. '올해도 보조 끊지 말고 보내주세요. 형님' 하는 편지입니다. 물론 그런 동생을 둔 일이 없다고 속으로는 되뇌지만 도움을 드립니다. 아니 오히려 더 사랑하고 아껴드립니다.

무엇이 이런 행동과 언어를 자아내겠습니까? 그것은 신학적 인간론에 들어가지 않은 까닭입니다. 신학적 인간론에서처럼, '된 것' 이 아니고 '되어져 가는 것' 에서 기본적 출발 선을 갖는다면 우리의 일은, 우리의 삶은 내가 만드는 게 아니라 하나님이 전적으로 만드시는 것이 됩니다.

우리는 그분을 따라가기만 하면 푸른 초장되고 시냇물가가 될 수 있습니다.

禮 위에 세우는 교회

저희 교회에 부임을 하고 두 달이 채 못되었을 때입니다. 1부 예배가 7시 30분인데, 1부예배가 끝나면 한 150명이 아침식사를 합니다. 1부 성가대원들이 있고 당회원들이 있고 2부예배 연습을 나온 성가대원을 합해서 식사를 합니다. 제 옆에 선임 장로님이 앉아계셨습니다. 제가 그때 부임한 지 얼마되지 않아 기온도 잘 안 맞고 피곤하고 정신이 없어 왼손으로 아픈 허리를 움켜쥐고 식사를 계속했습니다.

그런데 옆에 있던 장로님께서 제 허리를 두들겨주시면서 "목사님이 건강하셔야 되는데…" 하십니다. 식사하다 말고 제가 장로님을 돌아보니까 67세 되신 이 어른 눈에 눈물이 그렁그렁합니다. 제가 마음속으로 '그래 이런 분이 계신다면 목회할 만하다.' 그런 마음으로 '장로님 열심히 하겠습니다' 하면서 제 건강치 않은 모습을 보이지 않으려고, 바로 앉으려 애를 썼습니다.

그때 기가 막힌 일이 벌어졌습니다. 한 식탁 건너 저쪽에 앉아있던 집사님이 장로님을 부릅니다.

"장로님."

"왜?"

"목사님한테 아부하지 마세요."

저는 현기증이 났습니다. 이것이 우리들의 의식의 현주소입니다. 눈에 눈물 글썽이면서 아직은 자식 같은 목사의 아픈 데를 두드리며 격려하시는 그 어른의 행위를 아부로 본다면 이건 보통 문제가 아닙니다.

'禮身之幹 國之幹也' 라는 말이 「예기」에 나옵니다. 예라고 하는 것은 사람의 몸의 뼈와 같습니다. 척추가 고장난 사람은 모양은 사람이지만 사람 노릇을 전혀 못합니다. 이 등뼈와 같은 것이 인간에게 있어서 예의라고 하는 겁니다.

또 그것은 나라의 등뼈와 같다고 했습니다. 비록 이 말이 아무것도 아닌 것 같아도 오늘날 이와 같은 의식이 성도들의 의식 속에 박혀있지 않으면 교회 역시 등뼈를 잃은 모습이 될 것입니다. 철저하게 예의를 가르쳐야 합니다.

저희 교회에 딱 부임을 해서 보니 중고등부 학생들 인사하는데 "목사님, 안녕하세요?" 하는데 전혀 예가 없는 인사법이었습니다. 허리 굽히는 법 없고, 걸음을 행보하면서 고개만 까딱하는 인사였습니다.
"애야, 이리 와 봐라."
"와요?" 포항 지방의 사투리는 왜?라는 말을 와?로 표현합니다.
"와요라니? 비둘기도 어미가 나뭇가지에 앉으면 새끼는 두 가지 세 가지 밑에 앉는다는데 하물며 사람의 자식이 되어가지고 어른 보고 인사를 그렇게 하노? 다시 해봐라."
여섯 번이나 연습을 시키고 난 다음에 하는 인사도 그대롭니다.
"안녕하세요?"는 간신히 하고 고개는 숙이지 않고 허리만 굽어지고 얼굴은 삐딱합니다.

저는 안동에서 25년을 자랐습니다. 예에 대해서는 몸에 배인 사람입니다. 아버님이 서울 집에서 내려오시면 아버님 방에 들어갔다가 나올 때 제 기억으로는 엉덩이를 아버지 앞에 보여드린 적이 없습니다. 말씀을 드리고 나올 때 항상 뒷걸음으로 물러서서 문고리 앞에서 돌아나왔지, 아버지 앞에서 훌쩍 하고 엉덩이가 보이고 나온 적이 아직 제 기억에는 없습니다.
고리타분하게 19세기를 살라는 것은 아닙니다. 우리에게 예가 필요하다는 것입니다. 중요한 가르침이라는 것입니다.
청년들도 마찬가지입니다. 저희 교회 관리 집사님 사택 앞에는 벤취가 있습니다. 청년들이 커피를 뽑아가지고 다리를 꼬고 벤취에 앉아 있다가 목사관에서 나오는 저를 보고 그저 앉은 채로 고개를 까딱하며 "목사님, 안녕하세요?" 하는 겁니다. 기가막힙니다.
제가 교회에 부임해서 제일 먼저 가르친 게 이것입니다. 이제는 애들이고 어른이고 제가 **나타났다** 하면 "목사님, 안녕하십니까?" 하고 소리를 높입니다. 보는 어른들도 좋아하시고 그렇게 훈련되니까 어른에게 함부로 말대꾸도 안합니다. 그뿐 아닙니다. 장로님은 장로님대로 집사님은 집사님들대로 이 禮를 잊지 말아야 합니다.

진실한 태도와 사랑이 자연스럽게 배어 있는 교회, 그리스도의 향기가 나는 곳, 얼마나 아름답습니까?

지금도 세례 요한을 찾습니다.

아주 단적인, 그리고 극단적인 일이지만, 총기를 사용해서 예배당을 건축하겠다고 했던 목사님을 우리는 기억합니다. 음주운전하다가 어린 아이를 치어 놓고 뺑소니하다가 붙잡혀서 신문에 크게 보도된 목사님도 계십니다.

이것은 수많은 부끄러운 이야기 중에 몇 가지일 뿐입니다. '이런 이야기가 하나님의 일인가?' 라고 할 때 '아니' 라는 답이 나옵니다. 그것은 자기를 모른다는 것이고 하나님을 발견하지 못한 것입니다. 결론은 하나님을 발견도 못한 사람이 목회를 한다는 것입니다.

장로도 마찬가집니다. 국민이 낸 세금을 보조받아 복지원 같은 시설을 건립하여 많은 사람들에게 사랑과 존경을 받으면서 운영하는 장로가 실상 내용은 자기 자식들을 위해서 자식들 명의로 다 등기해 놓고 원생들을 고생시킨 사실이 신문에 났습니다. 외화 도피에 자살 사건을 일으킨 분들도 장로님이라고 알고 있습니다.

이 나라에 정치사에 획을 긋게 만들었던 이승만 대통령, 그분으로 말미암아 이땅에 독재의 씨가 뿌려졌고 그분으로 말미암아 많은 젊은이들이 죽어갔습니다만 그분도 장로님이었습니다.

박정희 대통령 당시에 하늘을 나는 새도 떨어뜨린다는 권세를 가졌던 가장 측근 참모, 그분도 집사님이었습니다. 미국 집회에 갔었을 때, 소개를 하는데 보니까 그분의 누님이셨습니다. 그분이 제 손을 잡고 "맞습니다. 하나님의 일이 뭔지를 모르고 하나님의 이름을 갖고 사는 오늘 이땅의 사람들이 얼마나 많습니까?" 하십니다.

전두환 대통령 당시에 대단한 권세를 지녔던 측근의 사람들도 기독교인이었습니다. 곤지암에서 제가 집회를 할 때 그분이 참석을 하셔서 참 눈물을 흘리면서 그리스도인의 본분을 재확인하는 아름다운 장면도 보았습니다.

인생에는 지우개가 없습니다. 내가 사는 날은 그대로 기록이 됩니다. 그걸 지울 수 있는 지우개가 있으면 얼마나 좋겠습니까마는 하나님은 우리 인간에게는 그런 지우개를 주신 일이 없습니다. 때문에, 지나온 날이 어떠했든지 간에, 웃시야 죽던 해에 하나님을 발견하고 자기를 발견해서 멋지게 남은 날들을 살았던 이사야처럼 되어야 합니다.

'이사야' 하면 위대한 사명론자라고 하지 않습니까? 그러나 이사야의 앞을 보면 추하고 더럽고 하나님 앞에 자랑할 것은 아무것도 없습니다.

우리가 어디에 이르렀든지 '지나온 날이 소명과 사명에 불탄 삶이었느냐?'를 묻는 것이 아니라 양심으로 '우리가 소명받은 자인가, 사명 수행자인가?'를 재인식하는 그 분기점이 이사야가 이사야서 6장을 통해서 자기 발견하고 진짜 하나님이 맡기신 일을 수행할 수 있었던 그런 출발선이 될 수 있습니다.

저는 목회를 하면서 여러 사람들을 봅니다. 자기 분수를 모르고 경거망동하다가 문둥병이 생겨서 왕위에서 쫓겨나 별궁에서 살다가 죽게 된 웃시야 같은 사람을 우리 주변에 많이 볼 수 있습니다.

그러나 자기가 지은 죄를 나단으로부터 지적받고 왕좌에서 내려와 무릎을 꿇고 머리 조아리며 내가 여호와께 범죄했다고 자백하는 다윗과 같은 그런 지도자를 만나기가 어려운 시대에 우리가 살고 있습니다.

자기 자식을 위해서는 자비를 베풀고 관용도 하면서 하나님 앞에서는 직무를 제대로 수행하지 못하다가 결국 두 아들 홉니와 비느하스가 전쟁에 나가서 죽고, 그 며느리가 해산하다가 몸이 구푸러져서 죽고, 자기 자신도 성전 앞에 앉아 있다가 비보를 듣고 의자에서 떨어져 목이 부러져 죽은 엘리 같은 목회 지도자는 있을지 몰라도, 예레미야와 같이 나라와 민족을 위해서 울고 또 울고 자기를 위해서는 아무것도 하지 아니하고, 그리고 죽고 나서는 페스탈로찌의 '모든 것은 남을 위하여'라는 묘비명처럼 '모든 것은 주를 위하여' 했고 자기를 위해서는 아무것도 아니했다고 평가되는 이런 사명자는 이땅에 보기가 어렵습니다. 이런 사람이 하나가 되고 둘이 될 때에 역사는 바뀌어질 수 있는데 말입니다.

개인적 이기주의적인 욕심에 꽉 차서 '너야 죽든지, 하나님의 영광이 어찌 되든지' 상관하지 않고 은 30에 예수를 팔았던 유다 같은 이 땅의 그리스도인은 만날 수 있을지라도, 잠깐 성질 급한 바람에 주님을 모른다고 세 번 부인하다가 닭이 울고 난 이후에 자기를 발견하고 가야바의 담벼락에 머리 부딪히면서 울고 울었던 베드로가 오늘 우리 목회 현장에 얼마나 되겠습니까?

제사장과 레위인은 만나기 쉬워도, 자기 모든 것을 내놓아 끝까지 이웃을 돕는 사마리아인은 만나기가 얼마나 어렵습니까? 발람 같은 지도자는 우리 교회 안에 있어도, 정말로 엘리야 같은 지도자가 어디에 있겠는가 말입니다.

삼손같이 말년에 자기 사명을 잊어버리고 한 여자의 무릎을 좋아하다가 두 눈을 잃고 다곤 신전 앞에서 죽임을 당하는 지도자는 있을지언정, 기드온같이 소명과 사명을 마지막까지 수행한 사람은 어디 있는가 말입니다.

꼭 한 번뿐인, 그리고 지우개가 없는 우리의 인생이 전자가 아닌 후자의 사람들의 삶을 좇아 살 수 있다면 참 좋겠다는 그런 생각을 해봅니다.

주의 심부름꾼

우리가 어떤 믿음의 자리에 와 있고 어떤 소명과 사명 위에 살아가고 있는지 그 정직한 모습은 우리 자신만이 압니다. 우리만이 이야기할 수 있고 하나님께 내놓을 수 있습니다. '내가 하나님의 부름받은 자인가, 정말 내가 하나님의 일을 하는 것인가?' 아니면 '나는 먹기 위해, 살기 위해 존재하고 있는가?' 를 생각해야 합니다.

우리가 이 세상을 살아가는 날 동안에 받아서 행해야 하는 것이 使命입니다. 여기서 使는 심부름한다는 使자입니다.

누구의 심부름입니까? 하나님의 심부름입니다. 따라서 사명은 하나님께서 말씀하신 것을 그대로 하는 것입니다. 이 사명이라는 것은 목숨을 걸고 수행하는 것입니다.

사명감을 sence of mission이라고 합니다. 사명적 인간은 men of mission이라고 합니다. 사명감을 가지지 못한 사람이 어떻게 사명적인 삶을 사는 사람이 될 수가 있습니까? 그러니 먼저 중요한 것은 사명감이라는 것입니다. 사명감을 가져야 우리는 사명적 인간이 될 수가 있습니다.

회사의 조그만 심부름을 하는 사람을 우리가 '소사'(小使)라고 합니다.
가만히 보낸 심부름을 우리가 '밀사'(密使)라고 부릅니다.
하나님의 심부름을 맡은 사람을 우리가 '천사'(天使)라고 부릅니다.
급한 심부름을 보낸 자를 '급사'(急使)라고 부릅니다.
임금이 보낸 심부름꾼을 '칙사'(勅使)라고 합니다.
공적인 심부름을 맡은 사람을 우리가 '공사'(公使)라고 합니다.
임금의 일을 맡아 하는 사람을 우리가 '사신'(使臣)이라 합니다.
심부름받은 제자가 사도(使徒)입니다.
그러면 목회자를 일반 교인들이 무엇이라고 합니까? '하나님의 사자'(使者)라고 합니다. 하나님의 사자라는 말은 하나님의 일거리를 맡아 가지고 수행하는 자를 말하는 것 아닙니까? 교우들이 그렇게 기도해 줍니다. 하나님의 사자라고요. 저는 강단 위에 설교하기 전에 앉아서 앞서 기도하시는 권사님 장로님들에게서 이런 기도가 나오면 오금이 저립니다. 제가 지금 하나님의 일을 하고 있는가 돌아보게 됩니다.

사명이란 세 가지 요소가 있습니다. 심부름 보낸 자와 심부름을 받은 자, 심부름의 내용이 있습니다.
목사는 하나님에게 부름받았습니다. 하나님의 일거리를 수행해야 합니다. 심부름 내용은 말할 것도 없이 양을 먹이고 입히는 것입니다.

칼 힐티는 "인간 생애에 가장 최고의 날은 자기 생애의 사명을 장악하는 날"이라고 했습니다.

춘원 이광수는 1931년에 「동광」(東光)지에 "조선 청년은 자기를 초월하라"는 제하에 이런 글을 썼습니다.

"사람이란 약한 동물이지만 사욕(私慾)을 잊은 때에는 무서운 힘을 발휘하는 것이다. 더구나 생명을 잊은 때에는 천지를 흔들만한 대력(大力)을 발휘하는 것이다."

저는 이글을 읽으면서 외람되게 이 말을 외치고 싶었습니다. "한국의 목회자는 자기를 초월하라"라고 말입니다. 춘원이 그 당시에 열악한 국내 정세 가운데서도 가장 먼 미래를 보고 한 이야기입니다. 사람이란 자기를 초월할 때, 자기를 잊을 때 가장 위대한 힘이 나온다는 것입니다.

저는 하나님의 일을 맡은 목회자가 가장 강하게 사역할 수 있는 힘은 자기를 초월하는 데서 나온다고 봅니다. 목회자만이 아닙니다. 우리 그리스도인 모두가 그렇습니다. 자기를 잊고 그리스도만이 드러나실 때, 자기 사욕을 초월할 때 힘 있는 삶과 사역이 가능하다고 봅니다.

키에르케고르가 코펜하겐 대학 신학부 2학년, 22살 때 일기를 썼는데 그 일기 내용 가운데 전해지는 것 하나가 있습니다.

"온 천하가 다 무너질지라도 내가 이것만은 꽉 붙들고 놓을 수가 없다. 내가 이것을 위해 살고 이것을 위해 죽을 수 있는 그것이 무엇인가?"

17년 전에 이것을 읽고 펑펑 쏟아지는 눈물 속에서 '하나님 나에게 이것은 무엇입니까?' 하고 기도했습니다. 저는 말할 것도 없이 그것이 바로 하나님의 일거리라고 생각했습니다.

그렇게 마음을 정하는 순간부터 지금까지 17년입니다. 외람되게도 저는 어느 목사, 어느 장로, 어느 정치, 어느 권력에 대한 두려움이 아직까지 전혀 없습니다. 지금 죽어도 눈도 깜짝 하지 않습니다. 이 사명 하나를 확인하고 나니까 먹는 것도 죽는 것도 사는 것도 아무 두려움이 없습니다.

그래서 바울이 말한 "죽어도 주를 위하여, 살아도 주를 위하여"라고 고백했음을 알았습니다. 그것을 몸소 직접 체험을 하고 나니까 힘이 납니다. 그 다음부터는 내 자신이 내가 아닙니다. 전적으로 하나님이 인도하시고 나는 그분을 따라서 가기만 하게 되었습니다. 이론이 아닙니다.

사람의 살아가는 방법에는 여러 가지가 있습니다.

어떤 이는 유생(遊生)으로 어떤 이는 기생(欺生)으로 어떤 이는 도생(盜生)으로 어떤 이는 탈생(奪生)으로 어떤 이는 자생(自生)으로 살아갑니다.

그리스도인의 삶은 자생적 삶이어야 합니다.

그것이 사명받은 자의 삶입니다.

감사로 입는 옷을 입고

우리가 사명을 받는 것이 전부가 아닙니다. 그 사명을 수행해야 합니다. 사명을 잘 수행하기 위해서는 몇 가지 조건이 요구됩니다.

첫째, 영적 실력이 있어야 합니다.

영적 실력이 없이 사명 수행은 어렵습니다. 영적 실력은 기도하면 병자가 벌떡 벌떡 일어나는 게 아닙니다. 제가 짧은 목회 생활을 돌이켜보건대 그것이 영적 실력은 아닙니다. 진짜 영적 실력은 지금 말씀하시는 기록된 하나님의 말씀을 해박하게 이해하고 그것을 주의 백성들에게 먹여서 그들이 주님 곁으로 가까이 가게 하는 것, 그 이상 없는 것입니다.

　이 영적 실력을 소유하기 위해서는 기도가 필요합니다.
　빌립보서 4:6,7의 말씀처럼 "기도와 간구를 무시로 하되 감사함으로 하나님께 아뢸 바를 아뢰는 것"입니다.
　기도는 '프로슈케'라는 말입니다. 그것은 하나님을 향해서 늘 열려 있는 마음입니다. 속된 표현으로 화장실에 앉아서도 기도할 수 있는 것입니다. 누워서도 차를 타서도 기도할 수 있다는 것은 하나님을 향해 우리 마음이 늘 열려 있는 것, 그것이 기도입니다.
　이 기도만으로 끝나는 것이 아니고 '간구', 즉 '데에세이'라는 것이 있습니다.
　이것은 내쪽에서만 하나님께 열려지는 것이 아니라 주님쪽에서도 내쪽으로 열려져서 내가 필요한 것을 주님께로부터 받을 수 있는 통로가 개설된다는 것이 데에세이의 내용입니다. 즉 하나님이 허락하시기까지 기도하는 자세입니다.
　기도와 간구를 그럼 언제 하느냐 하면 '무시로' 한다는 것입니다.
　그리고 중요한 한 가지는 '감사함으로' 입니다. 이 말은 '메타 유카리스티아스' 인데 기도와 간구에 반드시 수반되어야 할 내용입니다. 그런데 오늘을 살아가는 우리들은 이 세 번째를 늘 잊어버리기도 하고 무관심하게 지나버리기도 합니다.
　이 세 가지 날실과 씨실들이 옷이 되어 우리의 현실 속에 나타난 것이 '감사' 라는 옷입니다.
　너무나 많은 사람들이 여기에 걸려 넘어집니다. 긴 세월을 목회하신 어른들이나 저를 따라오는 후배들이나 또 제가 아는 그리스도인들을 살펴보니까 이 '감사함으로'에 다 걸려 넘어집니다. 참으로 아이러니한 이야기지만 감사함이 제일 많이 있어야 할 것 같은 교회에,

지금도 세례 요한을 찾습니다

목회 현장에 감사함이 없습니다.

저희 부교역자님이 아홉 분이 계시는데 부교역자들을 모시고 매일 아침 조회를 합니다. 제 귀에 권사, 집사들을 통해서 이야기가 들어옵니다. 이제 30대 초반이나 40대도 안된 젊은 목사님들 입에서 나오는 말이 "정말 힘들어서 못하겠다"라는 것이랍니다. 나는 가슴이 철렁 내려 앉는 기분이었습니다. 그리고 권사님들에게는 부목사의 입장에서 이해를 시키고 오해하지 않도록 하고 부교역자들에게는 같은 목회자의 입장에서 일러준 말이 있었습니다.

"이 사람들아 금방 서럽다고 듣지 마라. 내가 여러분만 할 때는 내가 연구한 것을 잔뜩 프린트해서 각 노회로 교회로 다니면서 행정론 강의를 했다. 물론 지금 생각하면 웃기는 이야기지. 그런데 그때 벌써 나를 초청하는 사람이 있었어. 전도사면서 그렇게 많은 행정 서식 자료를 가진 사람이 없었고, 전국 교회의 행정 서식을 종합해서 우리 교회에 맞게, 그리고 농어촌 교회에 맞게 정리를 해서 강의를 하고 다녔다. 그때는 내가 제정신이 아니었다. 아는 것도 없으면서 그러고 다녔으니 말야. 그리고 내가 목회를 하는 동안 새벽기도를 안 나간 적이 없다.

직장 생활 해봤나? 우리 교회에 포철에 나가는 직원이 많다. 3교대를 하는데 얼마나 고생이 많은지 모른다. 토요일까지 죽도록 일하고 그래도 주의 종들은 충성하라고 해서 주일날 1부 성가대부터 밤까지 봉사하고 차량정리하고 교사하고 집에 돌아가면 파김치가 되지. 그래도 그 사람들은 월요일에 출근하지 않나? 우리는 월요일이면 목회자의 날이라 해서 놀러가고 말야.

어디서 피곤하다고 하고 어디서 못 해먹겠다고 하나? 하나님 앞에 양심도 없나! 그런 정신을 가지고서 우리 교회의 수천 명 양떼를 먹이겠다고 나서느냐 말이지? 나하고 있을 때는 그래도 괜찮아. 단독 목회 나가봐, 그런 정신으로 어떻게 목회하겠어? 교인들 수고하고 고생하는 것에 비하면 우리 고생은 아무것도 아니야."

저는 17년 목회하면서 월요일에 놀아본 적이 없습니다. 이것을 처음부터 알았기 때문입니다. '월요일은 연구하고 공부하자' 라고 마음을 먹은 겁니다. 그래서 " 어디 등산가자 놀러 가자" 하는 동역자들, 사람들에게 오해도 많이 받습니다. 월요일에 어디 세미나가 있다고 하면 미친 듯이 다녔습니다. 그런 게 없으면 대 선배 목사님께 점심 한 그릇 사달라고 찾아가서 목회 이야기를 듣고 돌아왔습니다.

물론 월요일에 쉬지 않는 것이 좋다는 이야기는 아닙니다. 그건 절대 아닙니다. 기도와 간구를 감사함으로 해야 하는데 그 감사의 옷을 우리가 스스로 못 입고 있다는 말입니다. 사실 얼마나 감사합니까? 감사할 일이 얼마나 많습니까?

두 번째, 지적 실력을 가져야 합니다.

호세아 4:6을 보면 "내 백성이 지식이 없어 망하는도다"라고 했습니다. 공부해야 합니다.

제가 아는 안동의 어떤 목사님은 큰 성경책을 가방에 넣을 수도 있는데 자전거 뒤에 묶어두고 그걸 타고 하루에 안동 시내를 보통 세 바퀴를 돕니다. 처음에는 이상한 별별 비판의 소리가 높았지만 나중에 그 목사님은 '심방에는 안동에서 최고' 라는 말을 듣게 되었습니다. 그분이 일부러 시각적인 효과를 얻고자 했는지 어떤 건지 잘 모릅니다. 그러나 결과는 성도들이 그 목회자를 보고 심방을 잘하는 목사님이라고 소문이 난 것이고, 그 자체가 나쁜 것은 아닙니다.

배우기를 포기하면서 성장을 기대하는 것은 말이 되지 않는 이야기입니다. 목사든 성도든 배워야 합니다. 알아야 합니다.

세 번째, 삶의 실력이 있어야 합니다.

소명론과 사명론은 우리가 신학적으로 무수하게 정리하고 있고 또 서점에 나가면 그에 관한 책이 무수하게 많습니다. 저희 집에 가면 전국 유명 강사의 세미나 테입이 다 있습니다. 다 들어보았습니다. 제 개인이 소장한 것으로 책이 6천 권이 있습니다. 거의 다 읽었습니다.

그런데 중요한 것은 '내 것이 무엇이냐?' 하는 것입니다. 그 책과 테이프가 내 것은 아닙니다. 내 삶에 적용된 것만큼만이 내 것입니다.

삶의 실력은 지식이 삶 속에서 살아 움직일 때 강해지는 것입니다.

베푸신 주님의 사랑에 대한 감사가 헤아릴 길이 없습니다. 눈을 감아도 주님의 은혜뿐입니다. 눈을 떠도 주님의 사랑뿐입니다. 날마다 그 주님의 사랑을 옷 입고 사는 우리여야 합니다.

물론 우리 삶의 현장은 가슴 아픈 일들이 얼마나 많은지 모릅니다. 얼마나 어려운 일이 많은지 모릅니다. 한치 앞을 알 수 없는, 엘리야가 로뎀나무 아래 쓰러져 있는 것과 같은 상황이 얼마나 많은지 모릅니다. 그러나 우리에게 주신 그 엄청난 부르심에 주신 일거리가 있다는 것을 확인한다면 그 일거리 위에서 죽을 수도 있고 살 수도 있기에 날마다 감사함으로 주님 앞에 응답할 수 있는 삶이 될 줄로 믿습니다.

우리의 걸음이 비틀거리지 아니하도록 도와주시기를, 성령님이 우리 안에 내주하셔서 바라보는 것들이 우리 귀에 들려지는 것들 아름답게 하시길 기도합니다. 우리 삶의 현장이 그렇게 되기를 기대합니다.

제3장
성령줄은 생명줄입니다

우리가 21세기에 생명력 있는 그리스도인으로 살아남기 위해서는 예수의 심장으로 사는 믿음만을 우리의 삶에 구하고 적용하지 않으면 안됩니다. 다른 방법은 없습니다. 이 원리를 가지고 내 목회 현장에 적용했을 때에 성령이 함께하시고 성령이 함께하시는 목회 현장이 될 때에 성공하는 목회가 되는 것입니다. 다른 방법은 없습니다.

성령줄은 생명줄입니다

거꾸로 돌지 않는 시계

제가 목회자 세미나 강사로 갔을 때에 저를 가르치셨던 은사들이 많이 참석을 하셨습니다. 지금은 하늘 나라로 가셨습니다만, 안동에 계신 P 목사님이라고 계셨습니다. 그분이 이 자식 같은 젊은 목사를 품에 안고 얼마나 우시는지 마음이 아팠습니다.

그분이 울면서 그때 남기신 말씀이 제 머리속에 늘 남아 있습니다. "서 목사, 나 10년만 돌려줘. 10년만…"

벌써 은퇴를 하시고 기도원에서 원장으로 사역하시면서 집회의 말씀에 은혜를 받으시고 자식 같은 어린 목사를 품에 안고 당신의 생애를 10년만 돌려달라고 그렇게 우셨던 그때 음성이, 그때 모습이 영 잊혀지지 않습니다. 저는 그분을 제 믿음의 아비 같은 심정으로 존경하고 '목사라면 저 정도는 되야 하지 않겠는가?' 했었던 그런 분이었는데도 불구하고 새파란 아들 같은 저를 보고 울 수밖에 없는 그분의 심정이 어떤 것이었는지 짐작이 갑니다.

그분이 지나온 날을 돌아보고 말씀을 받고 보니 '내가 진정 목회를 잘한 것인가?' 하는 회한에 차서 그런 말씀을 하시게 된 것입니다. 제가 하나님이 아닌데 얼마나 답답하셨으면 저를 붙들고 그렇게 이야기를 하셨겠습니까?

인생의 시계는 거꾸로. 돌지 않습니다. 하나님이 주신 시간에 최선을 다합시다.

눈치보면서 삽시다

저희 교회의 예배 시간에 생긴 일입니다. 부목사님이 설교를 하셨습니다. 제가 앞에 앉아서 성도의 입장에서 듣고 있었습니다. 그런데 설교 27분 가운데 도저히 들을 수 없는 내용이 네다섯 군데씩 계속 나왔습니다.

'이건 아닌데…' 하면서 듣고 있다가 설교 끝나고 난 다음 광고 시간에 인정사정없이 몰아붙였습니다. "그게 설교라고 하느냐?"고 말입니다. "주일 이후에 한 주간 동안 일터에서 직장에서 무수하게 땀 흘리고 영혼의 양식, 즉 하나님의 말씀을 듣고 힘을 얻으려고 예배에 참석한 주의 백성들에게 그걸 설교라고 하느냐" 말입니다. 제가 생각해도 좀 심할 정도로 호되게 꾸짖었습니다.

저녁에 사택에 들어가니까 전화가 다섯 통이 왔는데 "목사님, 광고 시간에 참 속 시원한 말씀 주셨습니다. 설교 시간에 듣지 말고 뛰쳐 나갈려고 하다가 겨우 참고 있었는데 목사님이 그렇게 해주시니 시원합니다" 하는 분들이 있고, "목사님, 아무래도 그렇지 공중예배 시간에 부목사님을 그렇게 야단할 수가 있습니까? 목사님은 그렇게 설교를 잘하십니까?" 하는 분도 있습니다. 물론 그분은 저를 반대하거나 미워하는 분이 아니라 저를 너무나도 사랑하시는 분입니다.
 그때 제가 농담스럽게 "닭이 어찌 봉의 생각을 알리요?" 하면서 웃어 넘기고 자질구레하게 이유를 설명하지는 않았습니다. 다른 변명이나 설명이 필요없었습니다. 그 집사님은 그 나름대로 옳다고 여기는 생각을 말씀하신 것입니다. 어떻게 목사님이 같은 목사님을 성도들 앞에서 망신을 주느냐는 것이지요. 똑 같은 상황을 "망신"으로 이해하는 사람이 있는가 하면 "깨우침"으로 이해하는 것은 각자의 생각이기 때문입니다. 제가 허허 웃으면서 농담하듯 대꾸를 했더니 그분도 거기서 그만 두었습니다.

 그 다음날 오후였습니다. 그 부목사님이 저를 찾아왔습니다. 제 방에 오더니 무릎을 딱 꿇습니다.
 "목사님 기도해 주십시오."
 "야, 너 와 이라노?" 하니까 이 목사가 울면서 하는 말이, 주일에 저한테 꾸지람을 듣고 나니까 마음이 상해서 잠이 안와 꼬박 새웠답니다. '오냐, 나도 당회장 되면 보자. 부목사 설움이 이런 건가?' 했답니다.
 그러다가 '절대 나한테 그럴 분이 아닌데, 나를 너무너무 키우려고 애를 쓰고 사랑하는 분인데 왜 그랬을까?' 하는 것이 마음에 걸려서 계속 기도하는 중에 하나님의 은혜로 자기를 발견한 겁니다.
 '첫째, 목사님은 나를 미워하지 않는다. 둘째, 목사님이 아니면 나에게 이렇게 말씀해 줄 분도 없다. 이건 분명히 나에게 유익한 일이 될 것이다. 셋째, 나는 우리 교회에 부목사지 당회장이 아니다.'
 이렇게 정리가 되니까 감사가 떠오른 것입니다. 그래서 예배 전에 들어와서 기도해달라고 한 겁니다. 우리 둘은 부둥켜 앉고 같이 기도하고 펑펑 울었습니다. 하나님께서 그런 생각을 정리하게 하시지 않앉다면 그분의 목회는 계속해서 참으로 어려웠을 것입니다.

　제가 안동에서 목회를 하다가 그 부목사님은 포항 중앙교회까지 다시 데리고 왔습니다. 그런데 놀라울 만큼 이제는 설교를 잘합니다. 성도님들이 은혜를 엄청나게 많이 받습니다. 그 부목사님이 그때 일 이후로는 설교준비를 하다 말고 '이 정도면 목사님에게 지적당하지 않겠지?' 라고 묻곤 한답니다.
　그러다가 '이게 목사님에게 지적을 안 당하는 게 문제가 아니고, 하나님이 맡겨주신 양들에게 생명을 줄 수 있느냐 없느냐 하는 것이 문제' 라는 것을 생각하게 되더랍니다. 그 질문을 안고 준비를 하니 설교가 생명력이 있을 수밖에요. 당회장 눈치보기가 아니고 하나님 눈치보기에 민감해진 것입니다.

못 말리는 할머니 시리즈

　제가 목회하면서 가르쳤던 제자 중에 목사님이 된 제자가 있습니다. 지난 5월에 장장 세 시간을 차를 타고 올라와서 상담을 했습니다. 내용이 뭐냐 하면 그 목사님 교회에 다섯 분 장로님이 계시는데 그 중에 두 분의 갈등이 심화되어 있으니까 나머지 세 분이 갈피를 못잡고 있다는 것입니다. 이제 나이가 31살 된 젊은 목사가 어떻게 이 문제를 처리해야 할지 답이 안 나와서 고민을 하다가 저를 찾아온 겁니다.
　제가 「ㅇㅇ별곡시리즈」란 책을 읽어보았느냐고 하니까 모른다고 합니다. 경희대학교 서정범 교수가 쓴 별곡시리즈가 있습니다. '수수께끼별곡', '너스레별곡', '이바구별곡' 등 열네 권이 있습니다. 대학생들에게서 주워 모은 너스레한 이야기들을 편집했는데 그 중에 할머니 시리즈가 그때 기억이 나서 다른 이야기는 필요없고 이 이야기만 듣고 돌아가라 했습니다.

할머니 시리즈 1탄입니다.
할머니가 택시를 탔습니다. 기사가 "어디 가시나요?" 하고 물었습니다.
그러니까 할머니가 "와, 이놈의 자슥아. 경상도 가시나다 와?" 그랬습니다.
"아니, 할머니. 왜 화를 내십니까?" 하니까
"이놈의 자슥이 늙은이 보구 어디 가시나냐니?"
"내가 언제 그랬습니까? 어디를 가시느냐고 했죠."
"니가 아까 가시나 안 그랬나?"
택시 안에서 출발도 안하고 싸움이 붙은 겁니다.

할머니 시리즈 제 2탄입니다.
집에서 나오는데 손주가 당부를 합니다.
"할머니 택시 기사들이 미터기를 속일지 모릅니다. 그러니 잘 보고 가세요."
할머니가 택시에 턱 타자마자 미터기를 똑바로 쳐다 봤습니다. 기본요금 700원 할 때입니다. 1000원이 나왔습니다. 내릴 때까지 한시도 미터기에서 눈을 떼지 않은 할머니는 "다 왔다" 하면서 치마를 걷어올리고 고쟁이에서 300원을 꺼냅니다.
"할머니, 천 원 나왔는데 300원을 내시면 어떡합니까?"
"아까 700원부터 시작 안했나? 집에서 나올 때 우리 아이가 메타기를 똑바로 보라고 그래서 타자마자 내가 봤다, 이놈아."

할머니 시리즈 3탄입니다.

할머니가 택시를 탔습니다. 미터기 요금이 2000원 나왔습니다. 또 치마를 걷어 올리고 돈을 꺼내는데 1000원을 냅니다.

"아니, 할머니 2천 원인데 왜 천 원을 내십니까?"

"야, 이놈의 자슥아. 니하고 내하고 둘이 안 타고 왔나?"

이쯤 되면 기사는 속된 말로 미칠 지경입니다.

할머니 시리즈 4탄.

할머니가 열차 안에서 천안 호도과자를 팝니다. 청년 하나가 한 봉지 2천원 주고 사먹었습니다. 봉지를 열고 하나 먹어도 호도가 안 나오고, 둘을 먹어도 호도가 안 나오고, 한 봉지 털어서 다 먹어도 안 나옵니다. 저쪽에 갔던 할머니가 돌아옵니다.

"할머니, 이게 호도과자라 했는데 왜 호도가 한알도 없습니까?"

"야 이놈의 자슥아, 니는 붕어빵에 붕어 든 것 봤나?"

이런 일들이 교회 안에도 얼마든지 있습니다. 이 두 사람의 싸움을 어떻게 말릴 것입니까? 객관적 입장에서 그 기사도 할머니도 틀린 게 없습니다. 할머니는 그분에게 인식된 수준에서 그 이상도 그 이하도 생각을 못하는 것입니다. 둘 다 잘못한 게 없기 때문에 극과 극을 달리고 있는 것입니다.

이런 의사소통의 문제는 오늘날 교회의 당회원들에게 비일비재하게 일어나는 일이기도 합니다. 누구 편을 드시겠습니까? 누가 옳다고 하시겠습니까?

상담을 왔던 목사는 환한 얼굴로 고개를 끄떡이면서 돌아갔습니다.

목회란 그처럼 생각대로 원리대로 되어지는 것이 아닙니다.

가르치는 자의 바로서기

어떤 사람이 참된 지도자일 수 있을까를 생각하다가 이당 선생님의 말씀이 생각났습니다.

첫째, 가르치는 자는 가르침받는 자 앞에서 권위가 있어야 한다고 합니다.

이것은 교사는 제자들 앞에, 목사는 교인들 앞에 권위가 있어야 한다는 말입니다. 권위가 떨어진 리더는 리더가 될 수 없다는 것입니다.

제가 부흥회를 인도하러 갔습니다. 그 교회 장로님과 담임 목사님 사이에 이야기가 오고 가는데, 내용이 숫제 농담입니다. 나는 얼굴이 뜨거워서 앉아 있을 수 없는 자리였습니다. 가만히 들어보니까 목사님을 향한 장로님의 뼈있는 농담입니다. 그런데 이 목사님은 그런 것도 모르고 허허 웃으면서 농담을 농담으로 다시 되받아 이야기를 합니다. 대단히 미안한 말이지만 그 목사님은 장로님의 언변에 놀림을 당하고(?) 있었습니다.

쉽게 농담만을 나누는 그런 자리를 통해 권위는 실추되고 맙니다. 그 장로님이 평소에 얼마만큼 그 목사님의 설교를 하나님의 말씀으로 듣겠는가 싶은 회의적인 생각이 들었습니다.

권위 없는 곳에서 아무런 역사도 안 일어납니다. 권위는 생명줄과 똑같습니다.

그러나 권위라고 하는 것이 내가 세운다고 되지 않습니다. 권위에는 두 가지가 있습니다. 인격적, 정신적 권위와 학문적, 지식적 권위가 있습니다.
　인격적 권위는 신의(信義)에서 나옵니다. 쉽게 말해서 끝으로 메주를 쑨다고 해도 그 사람의 말이라면 신뢰감을 가질 수 있을 때 가르치는 자는 힘을 가질 수가 있습니다.
　학문적 지식적 권위는 실력에서 나옵니다. 책을 손에서 떨어뜨리면 안됩니다. 요즘들은 모두 학력이 높고, 서점에만 나가면 만날 수 있는 너무나 좋은 책들에 젖어 있고, 성경 주석을 사다놓고 설교를 듣고 가서 펼쳐서 확인해보는 사람들이 대부분입니다. 그러니까 대부분 그리스도인들이 머리만 자꾸 좋아지고 가슴은 점점 싸늘해지는 추세입니다. 때문에 지식적 학문적 권위가 없으면 정말 가르치는 자가 되기 어렵습니다. 이건 학위를 말하는 게 아닙니다. 내용을 말하는 겁니다. 어떤 이야기가 나와도 그에 대한 기초적인 내용이라도 알 수 있어야 한다는 것입니다.

　제가 안동대학의 교수님들을 성경 공부 가르치러 갔을 때에 있었던 일입니다. 교수님들은 다 박사 아닙니까? 그때 저는 박사도 아니었습니다. 가니까 전부 자세부터가 제멋대로입니다. 성경 공부를 하러 온 사람들이 목사가 들어와도 그대로 여전히 제멋대로입니다. 자아가 굉장히 강한 사람들이니 그럴 수밖에요.
　'이 사람들을 어떻게 하나? 이래서 되겠나? 시작부터 안 잡으면 안되겠다' 하고 생각하고 물었습니다.
　"교수님, 무슨 박사시지요?"
　"영문학 박삽니다."
　"아, 영어에는 도사겠네."
　"교수님은 무슨 박사십니까?"
　"경영학 박사입니다."

성령줄은 생명줄입니다

"아, 돈 많이 벌겠네."

모두 웃고 야단입니다. 웃거나 말거나 계속했습니다. 실컷 다 묻고 난 다음에 제가 말했습니다.

"나는 무슨 박삽니까?" 하니까 다들 허허허 웃습니다. 왜냐면 제 이력서는 벌써 다 읽어본 다음인데 제가 아무 박사도 아니었기 때문입니다. 그런데 하나님은 그때 그때 은혜를 베푸셨습니다.

우리 교회 집사님이 거기 계셨는데 "성경박사 아닙니까?" 하시는 겁니다.

제가 유도한 답이긴 하지만 그 말이 안 나오면 제 입으로 얘기해야 할 상황이었습니다. 내 입으로 하기 전에 교수님 가운데서 말해주니까 얼마나 권위가 섭니까?

"그렇습니다. 저는 성경박삽니다. 영어도 잘 못하고 경영도 잘 모릅니다. 하지만 성경을 가지고 가르칠 때는 여러분보다는 내가 전문가입니다. 오늘 모임은 성경을 배우는 모임이기 때문에 여러분은 오늘 성경박사의 말을 잘 들어주시고 존중해 주시고 그리고 성경을 배우시려면 배우는 자세부터 똑바로 하셔야 합니다."

그때서야 꼼짝 못하고 자세를 고칩니다. 그 뒤에 농담 또 해서 풀어주고 다시 자세 한 번 고치고 해서 공부를 했습니다. 그래서 우리 교회에 안동대학 교수님들이 제일 많이 출석했습니다.

성경을 가르치려면 성경에 대해서 해박해야 합니다. 오죽하면 시 23편을 읽으신 어떤 목사님이 "내 원수 앞에 상(床)을 베푸시고"를 잘못 이해하여서 "여러분 믿음 생활 잘하면 내 원수 앞에서 상(賞)을 주시는 것입니다" 했다지 않습니까? 그래서 앉아 있던 집사님이 예배 끝나고 목사님에게 가서 "목사님, 그게 賞이 아니고 床 아닙니까?" 하니까 이 목사님 말씀이 "평신도가 무식하면 입 다물어. 주의 종이 가르치는 대로 받는 거야" 했다니 기가 막힐 노릇 아닙니까? 이런 일은 옛날에는 통용되는 일이었는지 모르지만 지금은 어림없습니다.

인격적 정신적 권위와 학문적 지식적 권위를 갖지 않으면 안됩니다.

두 번째는 사랑입니다.

예수님 마음을 가지면 안될 게 뭐가 있습니까? 예수님에게는 사랑이 전부였습니다. 가르침의 내용이 사랑이었고 내용이 사랑이었습니다.

가르치는 자가 사랑이 있을 때에만 그 가르침에 능력이 있습니다. 가르침을 받는 자 앞에서 반드시 갖추어야 할 내용입니다.

저는 늘 교회에서 사랑에 대하여 강론할 때 "너의 유익을 위한 행동하는 나의 삶"으로 사랑을 정의합니다. 고맙게도 우리 교회 성도님들은 이 사랑의 원리를 기뻐하면서 실천하고 있는 것을 봅니다.

세 번째가 중요한 내용입니다.

세 번째, 가르치는 자는 제자의 천분 즉 하나님이 주신 몫, 하나님이 맡겨준 달란트를 발견하고 육성하는 지혜가 있어야 합니다.

제가 저희 교회에 와 보니 한 사람이 무려 여섯 가지의 교회 일을 맡아서 주일날만 아니고 평일에까지 교회에 열심을 다하면서 생활하시는 분들이 있었습니다. 그 봉사정신은 아름다운 것이지만 저는 그것을 불가피하면 두 가지를 하되 일인일역만 하도록 정리했습니다.

A라는 성도에게도 피아노 칠 능력을 주셨는데 앞에 있는 사람이 교회에서 몇 가지를 봉사하면서 그일까지 잡고 있으니 A성도는 자기의 달란트를 발휘할 기회가 없는 겁니다. 가르치는 자가 가르침을

받는 자들의 몫을 알고 육성시킬 때에 성공으로 가는 길로 접어들 수 있습니다.

교회의 발전은 전 교인들이 한 가지씩 주님의 일을 감당하는 것입니다. 몇 사람이 능력 있다고 해서 여러 가지를 맡아서 수행하는 것은 대단히 좋아 보이지만 사실 전체 공동체에 미치는 영향이 좋은 결과로만 나타나지는 않습니다. 조금은 부족해도 모든 사람이 주님의 일에 동참할 때 교회는 힘이 있는 것입니다. 물론 성도 한사람 한사람의 신앙생활도 신바람 나는 것입니다.

네 번째도 중요합니다.
네 번째, 진실을 추구하는 의지가 있어야 합니다.
어느 정도 되었다고 해서 거기서 머무르면 그때부터는 썩습니다. 우리는 살아있는 한 우리의 삶 자체가 돌아가는 기계가 되어야 하고, 흐르는 물이 되어야 합니다. 돌아가지 않는 기계는 녹이 쓸고 흐르지 않는 물은 썩습니다.

그러므로 조금 안다고 해서, 가르치는 자가 되었다고 해서 거기서 멈추면 이 기능이 점점 마비가 됩니다. 어느 한 가지도 버리지 않고 그것이 옳다고 여겨지면 행할 수 있는 것, 그것이 진실을 추구하려는 의지입니다.

믿음에 관하여

믿음은 맡기는 것입니다.
믿음이 무엇입니까? 히브리서 11:1에 "믿음은 바라는 것들의 실상이요 보지 못하는 것들의 증거니"라고 했습니다.

믿음을 나의 삶의 현장에 얼마만큼 활용하고 있습니까? 믿음의 삶을 사는 것은 우리가 아는 믿음의 정의를 그대로 삶에 나타내는 데서 가능해집니다.
 또 우리는 믿음의 기능을 얼마나 적용하면서 하나님의 일을 감당합니까?

 저희 교회에는 교육전도사님이 다섯 분이 계십니다. 모두 다 장신대 신대원의 학생들이거나 영남신학대학교를 졸업하신 분들입니다. 저희 교회는 교육 전도사님의 사례를 넉넉지는 않지만 다른 교회보다는 괜찮게 해드리는 편이라고 주위에서 말합니다. 매월 연구비를 다른 교회 교육전도사님의 연구비의 거의 배 정도를 드리고, 학생일 경우 등록금을 해결해 드리고, 또 경제적으로 어려운 문제가 있으면 가능한 한 다 해결해 드립니다.
 그런 가운데 95년도 교육전도사님 가운데 세 분이 본 교회 시무전도사가 되기도 했고 한 분은 다른 곳으로 부임해 가셨습니다. 그래서 교육전도사의 자리가 비었을 때에 한 곳에서 전화가 온 이야기입니다.
 "서임중 목사님이세요?"
 "예."
 "저는 ○○○ 전도사입니다."
 "어떻게 전화하셨습니까?"
 "귀 교회에 교육전도사님을 청빙한다고 들었습니다."
 "그렇습니다. 세 분을 모셔야 합니다."
 그러면서 여러 가지 이야기를 나누고 난 후 "전화로 말씀하지 마시고 시간이 되시거든 저희 교회에 한 번 오셔서 교회도 보시고 저도 좀 만나면 좋겠습니다" 하고 이런저런 얘기를 하고 전화를 끊으려고 했을 때 그분은 질문해 왔습니다.

"사례비는 얼마입니까?"
순간 나는 슬픈 마음이 들었습니다.
속된 말로 제사보다는 젯밥에 더 관심이 있다는 말이 생각났습니다.

그걸 묻는 것 자체가 잘못된 건 아닙니다. 그러나 제가 목회해 왔던 목회 방법에서 검증을 해봤을 때, 이건 아니라는 것이 제 결론입니다. 교육전도사는 교육목회를 하기도 하지만 사실은 아직은 목회를 훈련하는 겁니다.

얼마나 어려운 상황이면 그렇게 묻겠느냐고 이해할 수도 있지만, 그러나 일단 저희 교회에 교육전도사로 하나님이 나를 세워주신다면 그 다음 문제는 하나님의 몫이라고 믿어야 하는 것입니다. 이 믿음의 기능이 제대로만 발휘된다면 그 전도사의 목회 현장이 윤택하지 않을 수 없을 것입니다. 그리고 그가 저희 교회를 찾는 이유는 보다 훌륭한 교육목회도 해야겠지만 신학생의 입장에서 우리 교회 담임목사의 목회방법에 관해 배워야겠다는 마음을 가질 때 그분의 목회는 더욱 윤택하여질 것입니다.

믿음은 구하고 찾는 것입니다.
작년 9월 명성교회에서 회집된 총회 때 있었던 신선한 충격적인 이야기를 나누고자 합니다.

많은 분들이 서울 명성교회를 연구의 대상으로 삼고 있습니다. '어떻게 명성교회가 그렇게 성장할까?' 라는 것은 목사라면 한 번쯤 그런 생각을 갖지 않을 수 없는 교회입니다. 또 명성교회를 담임하시는 김삼환 목사님은 우리 고향 지역의 선배이십니다. 참으로 존경받고 하나님의 사랑받는 훌륭한 선배이시자 목회자이십니다.

총회 때 가서 저는 총회만 참석하는 것이 아니라 목회에 관해 한수 배워 와야겠다는 생각을 했기에 새벽기도를 참석했습니다. 4시, 5시, 6시, 7시 이렇게 하루 네 번씩 특별 새벽기도가 아니고 정상적인 새벽기도를 드리고 있었습니다.

3시 40분에 제가 갔는데 이미 안에 꽉 들어차버리고 바깥 현관 로비에 성도들이 기다립니다. 서서 기다리는 자세도 예배와 똑같습니다. 스피커로 나옵니다. 1부 새벽기도가 끝나니 질서 있게 나오고 들어갑니다. 저도 들어가 앉았습니다. 1부 새벽 기도를 딱 40분까지 하고 끝냅니다. 그런데 그 다음에 5시까지 어떻게 하느냐를 보았습니다.

저는 우리 교회에서 특별새벽기도를 할 때에 일단 제 방에 가서 물한 잔 마시고 숨 한 번 돌리고 와서 합니다. 그런데 김 목사님은 1부 설교를 마치고 강단에 그대로 무릎꿇고 기도를 시작했습니다. 그리고 5시가 되어 그 자리에서 일어나 2부 새벽기도회를 인도했습니다. 2부 예배를 5시 40분까지 인도하시고 다시 강단에 무릎꿇고 기도하십니다. 그렇게 계속 새벽기도를 인도하는 것이었습니다.

듣기만 했던 명성교회 새벽기도회를 참석하여 제 눈으로 확인하니 내 가슴은 신선한 충격과 감동으로 출렁거렸습니다. '저 바쁜 분이 저럴수가!' 하면서 이 명성교회가 그냥 된 것이 아니구나를 알았습니다.

'이분이 찾는 것, 그것을 달성하기 위해서 행하는 과정이, 노력이 이런 것이구나' 하는 것을 알았습니다.

우리가 구하는 것은 무엇이고 찾는 것은 무엇입니까? 찾는다는 것은 과정입니다. 구하는 것을 이루기 위한 과정입니다.

김 목사님은 믿음으로 구하고 찾으신 것입니다.

여러분 가운데 개인 복사기가 있는 분이 있을 겁니다. 컴퓨터도 거의 다 있을 겁니다. 컴퓨터 기독 동호회를 들어가면 기가막힌 설교자료와 세미나 자료가 막 떠 오릅니다. 다 들어 있습니다. 하루 종일 볼링치고 놀다가 설교 시간이 딱 되니까 머리속에 떠오르는 것은 무의식적이지만 복사기와 컴퓨터입니다. 요것 때문에 좀더 쉬고 좀더 놀고 하다가 앉습니다.

요즘 설교집이 얼마나 잘 나옵니까? 그것을 복사합니다. 그리고 깔끔하게 재단합니다.

그런데 이게 웬일입니까? 분명히 유명한 분의 설교인데 내 강단에서 선포를 하니까 맹숭맹숭한 것입니다. 테입이나 설교집이 현장에서 성령이 역사하시는 것을 보장해주지 않습니다.

그런데도 복사기와 컴퓨터를 믿으면 다시 그것을 찾게끔 되어 있습니다.

감히 예언을 하거니와 무릎꿇어 기도하지 않고 말씀을 준비할지라도 거기에는 성령의 역사가 일어나지 않습니다. 다.

다른 방법은 없습니다

믿음은 라틴어로 'Credo' 입니다. 이 말은 'Cor' (심장, 마음)와 'Do' (주다, 고정시키다)의 합성어입니다. 어원대로라면 '내가 주님을 믿습니다' 는 말은 '내가 나의 심장을 주님께 드린다' 는 뜻입니다. 내 심장을 주님께 드리고 살 사람은 아무도 없습니다.

사도 바울이 갈라디아서 2:20에서 말했습니다.

"내가 그리스도와 함께 십자가에 못박혔나니 그런즉 이제는 내가 산 것이 아니요 오직 내 안에 그리스도께서 사는 것이라."

이것이 To be a Christian, 즉 그리스도인이 되어져 간다는 것입니다. 내가 내 심장으로 사는 것이 아니고 그분의 심장으로 사는 삶이 믿음의 생활이라는 것입니다. 그런데 오늘 우리가 사는 삶을 보면, 우리 양심에 너나없이 손을 얹고 생각해보면 주님 심장으로 사는 삶이 아닌 내 심장으로 사는 삶일 때가 더 많은 것을 고백하지 않을 수 없습니다.

우리가 21세기에 생명력 있는 그리스도인으로 살아남기 위해서는 예수의 심장으로 사는 믿음만을 우리의 삶에 구하고 적용하지 않으면 안됩니다. 다른 방법은 없습니다. 이 원리를 가지고 내 목회 현장에 적용했을 때에 성령이 함께하시고 성령이 함께하시는 목회 현장이 될 때에 성공하는 목회가 되는 것입니다. 다른 방법은 없습니다.

이 믿음을 소유해야 합니다.

그럼 어떻게 이것이 우리의 것이 될 수 있습니까?

「논어」의 '위정편'에 보면 이런 말이 나옵니다. "學而不思則罔이요 思而不學則殆"라는 말인데 배우고 난 다음에 생각하지 아니하게 되면 어둡고, 생각은 많이 하는데 배우지 않는 사람은 위태롭다는 말입니다.

우리도 그렇습니다. 생각은 많이 하고 기도도 많이 하는데 배우지 않으면 위태로운 겁니다. 사이비로 빠지는 겁니다. 공부는 점점 많이 하고, 지식은 자꾸 높아가는데 생각은 하지 않으면 영안(靈眼)이 어둡습니다. 그래서 프란시스 베이컨이 남긴 말이 유명한 말이 있습니다.

'감정은 현재만 보고 이성은 미래를 본다.'

감정쪽만 발달시켜 놓으면 현재만 봅니다. 이성만 발달시켜 놓으면 미래만 봅니다. 이 두 가지가 다 조화되었을 때에 올바른 개인의 신앙생활이 되며, 보람을 가질 수 있는 것입니다. 이 두 가지의 조화가 곧 온전한 믿음의 사람이 되게 하는 것입니다.
많이 배우고 많이 생각하십시오.

어느 연로하신 목사님의 믿음

1995년 11월의 일입니다.
60중반을 넘기신 선배 목사님이 저를 찾아오셨습니다. 먼저 기도를 하시면서도 우시고 기도를 마치시고도 계속 우셨습니다. 한참 말문을 열지 못하다가 겨우 말씀을 하시는데, 그 내용인즉 그렇습니다.
지난 9월에 당회로부터 "올해 12월까지 교회에서 시무하시고 내년에는 청빙을 하지 않을 터이니 다른 곳을 찾아서 가십시오"라는 통보를 받은 겁니다. 그런데 통보는 받았지만 도저히 갈 곳이 없었습니다. 60이 넘으신 그 어른을 위해 준비해놓은 교회는 없었지요.
그래서 이리저리 고민하고 있는 중인데 가슴 아프게 10월, 11월 사례비를 못 받았다고 합니다. 재정부장 장로님이 '사례비 안 주면 가겠지'라고 하면서 안 주었답니다. 기가 막힌 일입니다. 그리고 저를 찾아온 목적을 말씀하셨습니다.
"서 목사, 내가 듣기로 서 목사는 어려운 사람을 많이 돕는다고 하니 나도 좀 도와줘."
교회를 소개해 달라는 것과 교회가 생길 때까지 가족이 먹고 살 것을 도와 달라는 것입니다. 무엇인지 모를 울분이 치솟았고 견딜 수 없는 아픔이 내 가슴을 난도질하는 느낌이었습니다. 참 안타까운 일이었습니다.
그렇지만 그 자리에서 목사 둘이 앉아 장로 욕이나 할 수는 없었습니다.
"목사님, 목사님도 믿고 저도 믿지요?"

"믿지."
"무엇을 믿습니까?"
웃어가면서 제가 물었습니다.
"하나님 믿지."
"하나님 믿으면 걱정하지 맙시다. 안 죽습니다."
그런데 그 어른한테는 '아멘'이 안되는 것입니다. 우리는 '아멘'을 쉽게 합니다. 그분도 '아멘'이 정답인 걸 알지만 가만히 계시는 겁니다. 제가 손을 잡고 말씀드렸습니다.
"어른요, 걱정하지 마이소. 서임중 목사 찾아오셨지만 저 믿지 마시고 우리 하나님 믿읍시다."
"그거야 그렇지."
절박한 목소리였습니다.
"목사님, 답이 없습니다. 다른 답이 있으면 제가 시원하게 해드리겠는데 다른 답이 없습니다. 목사님, 절대 장로님 욕하지 마십시오. 그저 묵묵히 기도하십시오. 하나님이 살아계시면 우리 목사님 기도에 응답하실 게고, 하나님이 돌아가셨으면 목사님 죽도록 둘 겁니다."

그 목사님에게 한달 정도의 생활비가 든 봉투를 손에 들려 드리고 기도해 드린 후 보냈지만 저는 그 자리에서 한참 동안 일어서지를 못했습니다. 온 몸에 기운이 빠진 느낌이었습니다. 그렇다고 그분을 위로하고 믿음을 역설한 나 스스로 이렇게 허망하게 앉아 있을 수 없다는 생각에 다시 툭툭 털고 일어섰습니다.

그리고 그분은 12월초에 더 좋은 교회로 자연스레 옮겨 가시게 되었습니다.

만약 그 어른이 믿음을 발휘 못하시고 세상적인 생각을 더 많이 발휘하셨으면 큰 싸움이 있었을 것입니다. 그런데 그 목사님은 누구보다도 담대하게 믿음을 발휘하신 것입니다.

죽음이 두려운가요?

'언행일치(言行一致), 학행일치(學行一致), 신행일치(信行一致)'는 제 개인적인 삶의 철학입니다. "내가 말한 대로 살자, 내가 많이 배웠으면 많이 배운 만큼 살자, 내가 믿는 만큼 행동하자" 하는 것입니다. 내가 강단에서 수많은 믿음의 행위에 대해 이야기하고 난 다음에 그대로 하지 않으면 그 설교는 아무것도 아닙니다. 죽은 설교입니다.

'하라미한국의상' 이라는 곳이 있습니다.
그 의상실을 운영하시는 분이 '하라미' 집사님입니다.
제가 만난 여러 성도님 가운데 참으로 내 가슴을 뜨겁게 해주고 하나님의 특별한 사랑과 은혜 안에 귀한 달란트를 받은 분이라고 생각이 되었습니다. 한국 의상은 물론 오직 주님의 영광을 위하여 한국 교회의 장례문제를 연구하고 수의(壽衣)에 관하여 학문적으로도 연구를 하여 발표를 하고 기독교적 수의를 제작하여 전국에 보급하면서 기독교 장의문화를 정착시키는 데 전력을 기울이고 있었습니다.
그분이 나에게 점심을 같이 하자고 하면서 들려주시는 얘기가 또 내 얼굴이 붉어지게 하는 이야기였습니다.
그분은 수의를 취급하십니다. 이 수의에 대해서 문제가 많잖습니까? 오늘의 기독교인이 소천하였을 때 입히게 되는 수의를 비롯한 장례 절차의 내용을 보면 유교도 아니고 불교도 아닌 채로 혼합이 되어 있음을 부인할 수 없습니다. 이 문제는 우리 목회자들이 더욱 연구하여 기독교 장의문화를 정착시키는 데 노력하지 않으면 안될 또 하나의 중요한 사안(事案)이 아닐 수 없습니다.

그런데 평신도가 그 문제를 연구해서 기독교적 장례절차에 대해 연구를 하고 발표를 하고 수의를 만들어서 전국에 배포를 하시는 것입니다. 그분이 목회자 세미나에 강의차 갔는데 그 믿음이 출중하신 목사님들 앞에서 무슨 이야기를 할까 두려운 마음으로 딱 섰는데, 어떤 목사님이 "수의를 만지면 안 무섭습니까?" 하더랍니다. 그래서 '수의를 보고 무섭다는 이 목사는 도대체 어떤 목사님인가? 이분도 틀림없이 장례 집례도 할 것이고 강단에 서서 죽음의 신학과 부활의 신학을 수도 없이 증거할 것 아닌가?' 생각했답니다.

그 다음에 또 충격적인 이야기가 있습니다. 수의를 가져왔으니 입혀봐야 할 것 아닙니까? 그래서 아무개 목사님 보고 "목사님, 모델 좀 하십시오" 했더니 그 목사님이 "으왝!" 하더랍니다.

그때 이 집사님이 두 번째로 놀라셨답니다. 진짜 믿음 있는 성도요 목사라면 죽는 데 대한 확고 부동한 믿음이 있을텐데 강단에서는 죽어야 산다고 하고 내려와서는 수의를 입으라니까 경악을 하니 이게 한국교회의 신학이요 신앙이라면 보통문제가 아니라는 게 이 집사님의 이야기였습니다. 말인즉 믿음을 이야기하는 우리가 현실과는 전혀 동떨어진 삶을 살고 있는 것입니다.

수의에 귀신이라도 붙었습니까? 그 다음에 그 집사님이 강의를 하면서 지금 일어난 일을 다 이야기했답니다. 그러니까 강의 다 끝난 다음에 시신 모델될 분 나오라니까 너도 나도 다 나오더랍니다.

저는 그 이야기를 듣는 시종 얼굴이 뜨거웠습니다.

믿는 대로 행하지 않기 때문에 우리의 삶은 사막처럼 메마를 수밖에 없는 것입니다.

한 걸음 더 멀리 보기

우리의 삶을 지탱하는 것, 믿음을 뛰어넘는 것이 소망입니다. 그 소망을 품은 사람이 리더가 될 수 있습니다.

리더십은 듣는 데(listen)서 나옵니다. 듣지 않고는 아무것도 얻을 수 없습니다. 우리가 들을 때 그 시간에 우리의 의식 속에 지도력이 생성된다고 믿습니다.

그런데 듣는 것에는 두 가지가 있습니다. listen이 있고 hear가 있습니다. listen은 말할 것도 없이 聽이고 hear는 聞입니다. 어떻게 듣느냐에 따라 말이 다릅니다. 한 귀로 소리같이 왔다가 그냥 경험되지 아니하고 떠나버리는 hear가 아닌, 경청하는 listen이 될 때에 리더십이 나올 수 있다는 것입니다.

듣는 것을 제일 힘들어하는 게 지도자들입니다. 말을 많이 하는 데 익숙한 사람들이기 때문에 듣는 것은 익숙하지 못합니다. 훈련이 안되어 있습니다. 한두 시간 세미나의 경우도 평신도는 잘 견디는데 지도자들은, 또 저도 견디기가 힘듭니다.

그러나 다른 답이 없습니다. 들을 수 있을 때 지도력이 있습니다.

이 지도력이 있을 때에 볼 수 있게 됩니다. 본다는 것은 "황새가 두 눈을 부릅뜨고 숲 속에서 누가 나를 잡으려는가를 본다"는 것이 觀(관)입니다. 보는 것도 들을 수 있을 때에 형성된 지도력이 점점 더 승화됨으로 얻어지는 것입니다.

무엇을 보느냐 하는 것도 중요합니다. 다시 말해서 우리가 소망하는 것은, 바라보는 것은 무엇이냐는 것이지요. 그것은 위엣것입니다. 우리가 땅엣것이 아니라 위엣것을 보아야 한다고 외쳐놓고 땅엣것을 보는 일은 또 얼마나 많습니까? 지도자가 무엇을 보고 있는지는 따르는 사람들이 가장 잘 압니다.

무엇을 보느냐 하는 데 대한 정리를 여러 가지로 할 수 있습니다.

正觀이 있습니다. 바르게 보는 것입니다.

直觀이 있습니다. 똑바로 보아야 한다는 것입니다.

또 靜觀이 있습니다. 조용한 가운데 꿰뚫어 보아야 합니다. 교인들에게 이것을 훈련시켜야 합니다.

大觀이 있습니다. 좀 크게 보는 눈을 떠야 합니다.

通觀이 있습니다. 전체를 보는 눈이 있어야 합니다.

達觀이 있습니다. 여기까지 올라가면 눈앞이 훤해집니다.

들음에서 지도력이 형성되면 보는 눈이 달라집니다. 전에는 눈앞에만 보였는데 달관까지 올라가면 모든 것이 한눈에 보입니다. 3/1만 보면 다 본 것처럼 이야기하는 것이 우리가 안고 있는 윤리적 문제입니다. 한 걸음 떨어져서, 혹은 한 걸음 멀리 볼 수 있었으면 합니다.

장로와 집사 사이, 장로와 목사 사이

모 노회의 세미나를 갔습니다. 그 가운데 질문을 받았습니다.

"목사와 장로 사이에서 가장 아름다운 관계를 유지해 낼 수 있는 방법이 있다면 목사도 장로도 다 좋을텐데 어떤 묘안이 없습니까?"

집회가 끝난 다음에 제가 이런 얘기를 했습니다. 그런 이야기는 이론적으로 하기보다 이야기거리로 해야 쉽게 이해가 되기 때문에 우스꽝스러운 이런 말씀을 드렸습니다.

"A라는 집사님이 B라는 장로님한테 와서 C라는 목사님에 대한 이야기를 합니다.

'C 목사님이 방귀를 뽕 뀌었습니다.'

B 장로님이 '목사가 왜 방귀를 뀌노?' 그랬습니다.

그러니까 A 집사님은 '나도 몰라요 왜 뀌었는지' 합니다.

장로님이 맞장구를 치며 '목사가 방귀를 뀌면 안되지' 하는 겁니다.

그래서 이 두 사람은 목사를 도마 위에 올려놓고 이렇다 저렇다 이야기를 합니다.

이번에는 그 집사가 D장로에게 와서 똑같이 이야기했습니다. 그러니까 장로님이 정색을 하고 하시는 말씀이 '분명히 들었나? 네가 뽕하는 소리 들었나?' 합니다.

'들은 것 같기도 하고 안 들은 것 같기도 하고…' 집사님이 얼버무립니다.

'그런 소리는 네가 확인이 되어도 기도해야 하는데 확인도 안된 걸 그렇게 이야기하는 게 아니야. 돌아가.'

이렇게 집사님을 돌려보낸 다음에 장로님은 목사를 만났습니다.

'목사님, 방귀 뀌었습니까?'

'아니, 나 방귀 뀐 일 없는데!'

'아, 사람들이 뀌었다는데요.' 그러니까 목사님이 '아하, 그저께 내가 식사하면서 궁둥이를 약간 들었지요. 그런데 그건 방귀를 뀔려고 든 게 아니고 이쪽 다리가 아파서 바꿀려고 들었는데 이걸 앞에 있는 집사가 그렇게 본 모양이지요?' 그랬습니다.

그러면 질문하신 장로님은 B와 D 중에 어느 장로님이 되시겠습니까?"

하고 물었습니다.

"D장로입니다."

"그럼 장로님도 가서서 그렇게 하십시오. 그러면 아무 문제가 없을 것입니다. 죽는 날까지 문제가 없을 것입니다."

先見과 先知

목회를 하면서 꼭 필요한 목자로서의 요건이 있음을 알게 되었습니다.

본다는 것은 참 어렵습니다. 그런데 그냥 보기만 하는 것이 아니라 먼저 보아야 한다는 겁니다. 앞에 시궁창이 있느냐, 산이냐, 바다냐 하는 것을 먼저 보는 것, 그것이 先見입니다. 그리고 선견이 있은 뒤에 先知가 있습니다.

목사가 한 교회를 맡으면 최소한 자기 교회의 10년 후를 봅니다. 10년 후를 보고 그 후에 이루어질 프로젝트를 세웁니다.

죽도록 보아도 목사가 보는 10년의 1/3도 보지 못하는 사람들은 목사가 보는 통관의 달관의 10년 후를 이야기하면 이해를 하지 못합니다. 10년 후의 우리 교회가 어떻게 될 것인가를 보지 못하는 까닭에 그때는 그때 가서 라고 하면서 성경에 말씀하시기를 "오늘 일은 오늘, 내일 일은 내일"이라고 했다고 말합니다.

제가 처녀 목회할 때 한 장로님이 계셨습니다. 그분은 정치적으로 사회적으로 경제적으로 굉장한 분이었습니다. 그분한테 눈물 안 흘리고 떠난 목사가 거의 없을 정도였습니다. 부임을 해보니까 이상과 안목이 보통 높은 분이 아니었습니다. 교회 일에도 앞서서 행하기를 좋아하시는 분이었습니다. 일단 내가 이분을 이끌고 앞서서 나가려면 이분이 보지 못하는 걸 먼저 보고 먼저 알아야 한다는 것을 생각했습니다.

교회가 있는 곳에서 3Km 반경 안에 일곱 교회가 있습니다. 이제까지 그 교회 역사 80년 동안 한 마을만 가지고 복음 복음 하며 외쳐 왔음을 알게 되었습니다. 그래서 제가 처음에 오자마자 이 일곱 교회가 있는 일곱 동네를 다 보고 그곳을 향한 프로젝트를 내놓았습니다. 평생 그곳에서 살던 그 훌륭하신 장로님도 그것을 보지 못하다가 목사가 내놓은 프로젝트를 보고 목사를 다시 본 것입니다.

그래서는 안되는 것이지만 그 다음부터 그분과 선한 경쟁적 싸움이 시작되었습니다. 누가 더 주의 일을 보고 행하는가였습니다.

나는 '아무리 장로님이 뛰어났다 해도 내가 목사입니다'라는 것을 말이 아니라 실제로 보였습니다. 그분은 이제까지의 자신의 지혜, 자신의 능력, 자신의 교회관이 최고라고 생각했는데 젊은 목사가 기발한 목회 정책을 제시하게 되니까 겉으로는 한 수 아래라는 생각에 부글부글하는 마음이 보였지만 실제로 그분의 속으로는 그렇게 기뻐할 수 없었습니다. 그로부터 나는 그분과 목회를 하면서 정말 날마다 기쁨이 충만한 목회를 했습니다.

그 후로는 "장로님, 이거 이거 해야지요?" 하면 "좋은데요" 하십니다. 7년 동안 한 번도 내가 하는 일을 반대하신 일이 없습니다. 오히려 적극적으로 도와주십니다.

이것이 제가 경험한 목회에서의 선견이고 선지입니다.

젖먹이에게서 배우라

지도자는 보는 것만이 전부가 아닙니다. 양육의 원리가 있어야 합니다. 즉 젖을 먹여야 합니다. 먹이려면 내 자원이 있어야 합니다. 아기가 젖을 먹으면서 한 번도 젖꼭지를 물지 않을 수는 없습니다. 아기를 기르면서 엄마는 아이에게 젖을 물리는 경험을 누구나 하게 됩니다.

그런데 아이가 언제 젖을 깨뭅니까? 엄마의 젖이 안나올 때 뭅니다. 그러면 엄마는 무의식적으로 '이놈' 하면서 궁둥이를 때리게 되어 있습니다. 맞으면 우니까 그러면 또 젖을 물립니다. 성격 발달론을 보면 그 때 아이 성격을 다 버릴 수 있습니다.

그 다음에 아기는 이빨이 날 때 젖을 뭅니다. 잇몸이 근질근질하니까 젖을 깨물 때가 있습니다. 그런데 배가 막 고플 때는 물지 않습니다. 배가 어느 정도 차면 뭅니다. 왜냐면 배가 몹시 고플 때는 이가 근질거린다는 사실을 느끼지 못하기 때문입니다.

여기에 중요한 메시지가 있습니다. 목회자들에게, 그리고 지도자들에게, 성경공부 교사에게 다 적용되는 교훈입니다. 영적인 갓난 아이들은 영적으로 배가 고프면 웁니다. 그들을 먹이기 위해서는 내가 갖고 있는 것이 많이 있어야 한다는 것입니다.

목회자는 이 비밀을 깨닫는 지혜가 있어야 합니다. 영적으로 어린 아이 같은 성도는 목회자의 말씀을 먹고 성장합니다. 그런데 우리가 알아야 하는 것은 설교자의 설교 내용이 영적으로 풍성치 못하면 성도는 목회자를 삶을 통해서 깨물어 버립니다. 목회자가 교인들에게 아픔을 당하는 것은 보통 고난이 아닙니다. 그렇다고 깨무는 어린아이를 때리는 것은 아무 소용이 없는 일입니다. 어린아이가 젖을 깨무는 것은 젖이 나오지 않을 때입니다. 마찬가지로 목회자에게서 영적 양식이 풍성하게 공급되지 않으면 성도는 깨물게 되어 있습니다. 언어로, 행위로 목회를 괴롭히게 되는 것입니다.

답은 하나뿐입니다. 영적 젖을 많이 낼 수 있게 많이 먹어야 합니다. 공부를 많이 해야 한다는 것입니다. 골고루 섭취를 시키기 위해서는 나부터 골고루 영양가 있는 식사를 해야 합니다.

또 두 번째 깨무는 시기는 이가 날 때입니다. 배고플 때 어린아이는 깨물지 않습니다. 어느 정도 배가 부를 때 잇몸이 근질거리게 되면서 젖을 깨물어 버립니다. 그런데 참 재미있는 현상은 이가 난다고 아기가 다 젖꼭지를 깨무는 것은 아닙니다. 젖을 물린 어머니가 어린아이에게 관심을 두지 않고 엉뚱한 데 관심을 두면 아이는 젖꼭지를 깨물어 버리는 것입니다.

마찬가지로 성도가 영적으로 조금 자라서 성숙하게 되면 영적으로 이빨이 날 때가 됩니다. 다른 말로 표현하면 이제는 교회생활을 조금 알게 되었고 무엇인가 할 수 있다는 생각이 들게 됩니다. 이때부터 교회의 모든 것이, 목회자의 모든 것이 눈에 들어오기 시작합니다. 다른 사람과 같이 무엇인가 하고 싶다는 충동감을 갖게 됩니다. 이럴 때 목회자는 이와 같은 성도에게 관심을 가져야 합니다. 그렇지 않으면 깨물어 버립니다.

현명한 어머니는 아이가 이빨이 날 때를 알아 그 아이가 엄마의 젖꼭지를 깨물지 않도록 합니다. 아이가 배가 찬 듯 싶으면 귀여운 아가의 궁둥이를 엄마의 따뜻한 손으로 슬슬 문질러줍니다. 그러면 아이가 깨무르려다가 씩 웃으면서 잠이 듭니다. 그렇게 아이가 자라면서 이빨이 난 후에는 엄마 젖을 깨물지 않습니다.

젖을 먹이지 않아도 되는, 스스로 밥을 먹을 수 있는 아이로 자란 것입니다.

젖먹이에게서 목회의 신비로운 비밀을 깨닫게 됩니다.

다르게 보는 법

큰 아이 훈이가 국민학교 1학년 때였습니다. 하루는 시험지를 들고 울고 들어옵니다.

"아빠, 우리 선생님은 나빠."
"선생님한테 그런 표현을 하면 안돼지. 그런데 왜 그러니?"
아들은 시험지를 내 앞에 내놓으면서 말합니다.
"다 맞게 썼는데 한 문제 틀리다고 하셨어."
시험지는 산수 시험문제였는데 9, 10중에 큰 수에 0표하라는 것이었습니다. 그런데 아이는 9에다 동그라미를 쳐놨습니다. 그러면서 맞게 써 놨다는 겁니다. 선생님은 당연히 틀렸다고 표를 한 것입니다.
"애야, 봐라. 9하고 10하고 있으면 어느 것이 큰 숫자냐?"
"9."
나는 순간 기가 막혔습니다. 똑똑한 아이로 소문난 훈이가 9와 10을 분간하지 못하고 있는 것입니다.
바둑알을 꺼내 흰 돌을 9개, 까만 돌을 10개씩 놓고 헤아리게 했습니다.
"어느 것이 더 많니?"
"까만 게 더 많어."
"그럼 까만 게 몇 개니?"
"열 개."
"흰 거는 몇 개니?"
"아홉 개."
"어느 것이 많니?"
"열 개."
"그럼 열하고 아홉하고 어느 것이 크니?"
"열 개."
"야, 이놈아, 그러면 9하고 10하고 왜 9가 더 크냐?"
"9가 더 크잖아!"

성령줄은 생명줄입니다

열 개와 아홉 개, 9와 10에 대한 개념이 정립이 안된 겁니다. 제가 참다 못해 화를 내고 짜증을 내니까 이 녀석도 화가 나서 소리를 지르는데 "아빠가 가르쳤잖아!" 합니다. 순간 정신이 번쩍 들었습니다.

훈이가 말을 하기 시작하면서부터 내가 들려 주었던 말을 이야기 하는 겁니다.
"훈아, 9는 10보다 크고 6은 7보다 큰 수다. 알았니?"
"예."
제가 왜 그 말을 하는지는 모르고 어린 훈이는 아빠의 말을 그대로 받아들였습니다. 그리고 훈이의 머리속에 입력된 것은 9는 10보다 크다는 사실이었던 겁니다. 철저하게 세뇌가 된 겁니다.
저는 그 선생님이 원망스러웠습니다. 왜 7하고 8을 문제로 내시지 하필이면 9하고 10으로 표를 하게 해서 우리 가정에 이런 시험이 들게 합니까? 그러나 저는 그 애를 끌어앉고 감사했습니다. 시험은 틀려 100점이 아닌 98점이었지만 저는 하나님께 감사했습니다. 머리 속에 넣어준 그대로 믿고 따르는 그애가 감사했습니다.
저는 사랑하는 두 아이, 훈이와 현이에게 좀 다른 것을, 다르게 보는 것을 가르치고 싶었잖니다. 그래서 9는 10보다 크고 6은 7보다 크다고 했었습니다.
두 아이 모두 어릴 때부터 십일조와 주일성수의 개념이 뼈 속까지 사무쳤습니다. 목사 자녀라서 그런 것이 아닙니다. 목사 자식도 그런 의식이 없는 사람이 얼마든지 많습니다. 그것은 훈련이 되었다는 것입니다. 긍정적인 사고, 우리 가정의 가치관의 변화를 말하는 것입니다.

우리는 이제 다르게 보는 눈을 가져야 합니다. 긍정적이고 창조적인 생각과 언어를 구사할 수 있어야 합니다.

9는 분명 수학적으로 10보다 작지만 우리 믿음의 세계에서는 분명 클 수 있다는 것을 생각하고 볼 수 있어야 합니다. 이와 같은 마음으로 목회를 하면 날마다 감사함이 충만합니다.

목회를 하면서 무엇보다도 동역자끼리 비판하는 잘못된 삶을 버려야 합니다. 서로 어려움을 당할 때 무조건 감싸안고 그를 격려하고 염려해줄 수 없다면 21세기에 이땅에 믿음으로 살아남을 자는 아무도 없습니다. 똑같은 상황도 좋은 쪽으로 봐 줄 수 있어야 합니다.

제가 지금 저희 교회에 부임할 때 상황이 참 어려웠습니다. 서울 S교회의 제직회 청빙 날인까지 다 해놓았는데 하나님은 서울 목회의 길을 막으셨던 것입니다. 지금 생각해도 참 좋은 교회였는데 왜 하나님이 그 길을 막으셨는지 모르겠습니다.

얼마 후에 저희 교회에 청빙이 있어서 하나님은 그 길을 허락하셨습니다. 제 마음은 솔직히 그렇게 원치 않았는데 하나님은 포항으로 저를 강권하여 보내셨습니다. 교회는 기도하고 기뻐하며 부임을 기다리고 있는데 여러 가지 교계의 정치적 상황에 제가 많은 어려움을 당했습니다.

기가 막힌 일이 하나 있었습니다. 이제까지 누구에게도 섭섭한, 비판적인 말을 들어보지 않고 목회를 하며 성장을 해 왔는데, 교회에 부임했을 때 저를 두고 말도 안되는 별별 속상하고 답답한 말들이 소문으로 꼬리를 잇고 있었습니다. 더 가슴 아픈 것은 그 모든 소문의 발원이 사랑하는 친구들, 동역자들이라는 사실에 고소를 금치 못했습니다.

포항에는 제가 사랑했던 선후배들도 많이 있었습니다. 제가 정말

애정을 가지고 도왔던 후배들도 있었습니다. 그들은 제가 그곳에 부임한다는 사실도 다 압니다. 노회에도 참석들 했습니다. 그런데 복잡한 상황에 서로 눈치 보느라고 아무도 저의 부임에 관하여 신경도 쓰지 않았습니다. 인사조차 제대로 하지 않고 피하는 듯한 인상을 지울 수 없었습니다. 슬프고 답답한 일이었습니다.

기적 같은 일이 노회 마지막 폐회 직전에 일어나서 청빙이 되어지고 부임절차가 마무리가 되었습니다. 그 날밤의 일은 일평생 동안 잊혀지지 않는 목회사역의 한 장으로 남았습니다. 그 때 저의 부임절차에 하나님의 쓰시는 도구로 활동하셨던 P 장로님을 잊을 수 없습니다. P 장로님이 노회가 폐회되고 인사를 나누면서 제일 먼저 던진 말씀이 "교회와 목사님이 기도 많이 하셨군요"라는 것이었습니다. 후에 안 일이지만 P 장로님도 어떻게 자기가 그렇게 발언했는지 이해가 안된다는 말씀이었습니다.

그날 밤 노회가 폐회된 날 밤에 8통의 전화를 받았습니다. 노회 직전까지는 제대로 인사조차 하지 않던 사람들이 청빙절차가 끝나자 축하 전화를 주신 것입니다. "목사님 축하합니다"하고 후배 두 사람에게 전화가 왔습니다. 그래서 제가 "고맙다"고 답하면서도 마음 한 구석이 아픔으로 통증이 일어났습니다. 제가 포항 노회로 부임하게 되는 상황이 극한 어려움 가운데 있을 때는 내 쪽으로 눈치 한 번 주지 않다가 부임이 되니까 그제서야 전화를 한 것입니다.

그런가 하면 제가 이사 온 날 친구 동역자 한분이 오셨습니다.

"서 목사, 많이 힘들지?"

"아니. 힘든 거 없어. 하나님이 함께하시는데."

얼마전에 그분에게 어려운 일이 있었습니다. 제가 할 수 있는 방법을 다 동원하여 재정적 정신적으로 도왔었습니다. 그럴 수밖에요. 서울의 동역자가 어려움에 처하면 부산의 동역자가, 광주의 동역자가 아픔을 겪으면 포항의 동역자가 위로하고 격려해주어야 합니다.

그러려면 가치관이 변화되어야 합니다.

'靑出於藍靑於藍'이란 말이 있습니다. 청색은 남색에서 나왔지만 남색보다 푸르다는 말입니다.

우리보다 뒤에 오는 이가 우리보다 훨씬 더 잘할 수 있는 것으로 보인다면, 앞선 우리들이 계속 그들이 더 잘할 수 있도록 격려하고 일으켜 세워주어야 합니다. 그래서 앞과 뒤가 맞물려서 한국교회를 변화시키지 아니하면 안됩니다. 어느 교회가 무너지면 내 교회가 무너진다는 사실을 알아야 공존의 의미가 있는 것이지 우리 교회는 잘 되고 남의 교회는 잘못되기를 바랄 때 성경은 절대 그런 교회를 복 주는 법이 없습니다.

동역자간의 사랑의 나눔!

너의 아픔이 나의 아픔이고 너의 기쁨이 나의 기쁨이 되는 한국교회를 누가 만들겠습니까? 그 누구도 만들어 주지 않습니다. 우리들이 해야 할 사명입니다. 그것이 공존(共存)의 축복이고 공유(共有)의 행복입니다.

긍정적인 사고는 자족하는 마음을 갖게 합니다. 또 하나님이 나와 함께 하신다는 확신을 얻게 됩니다. 그리고 우리의 마음을, 생각을 하나님이 함께하시는 미래로 맞출 수 있을 때 우리의 삶은 얼마나 큰 감사함으로 넘칠지 모릅니다.

좌절되지 않는 꿈의 비밀

저는 국민학교를 고무신 한 번 못 신고 다녔습니다. 2학년 때인가 남이 버린 노랑고무신을 주워다가 헝겊조각을 대서 꿰매서 신은 적이 있을 뿐입니다. 그나마도 아까와서 아버님이 만들어주신 짚신 속에 넣고 신었습니다. 제 나이가 48세이고 그리 옛날 사람도 아닌데 그렇게 어려웠습니다. 그러나 주님이 나를 참 사랑하셔서 지혜를 주신 탓에 공부는 꽤 잘했던 모양입니다. 줄곧 일등을 했습니다.

　그런데 중학교를 가려고 하니까 원서대 85원이 없습니다. 그래서 중학교를 못갔습니다. 요즘 같으면 장학제도라도 있었겠지만 그때는 자기 돈이 없으면 공부를 못했습니다.

　그러나 저는 꿈을 꾸었습니다.
　허기진 배를 움켜 잡고도 공부에 대한 꿈을 버리지 않았습니다.

　15살이 되었을 때 어느 토요일입니다. 모내기를 하는 논에서 뒷바라지를 하고 있었습니다. 중학교에 들어간 동창생들이 쑥색 바지에 하얀 저고리를 입고 교모를 쓰고 운동화를 신고 모내기를 하고 있는 논 바로 곁 길로 하교하다가 저를 보고 "쟤, 임중이 아니냐?" 하면서 지났습니다. 모심기를 하고 있는 제가 그걸 듣습니다.
　"공부 잘하면 뭐 하니? 중학교도 못 가는데."
　그 말이 귀에 쟁쟁합니다. 얼마나 감수성이 예민할 때입니까? 저는 거기 주저앉아서 엉엉 울며 아버지께 학교를 보내 달라고 했습니다. 그때 아버지께서 회초리를 들고 쫓아오셔서 제 머리통을 때리십니다.
　"이놈의 자슥아, 어느 애비가 자식 공부시키고 싶지 않은 애비가 있겠노?"
　그렇게 말씀하시는 아버지가 저를 붙들고 논바닥에 앉아 우셨습니다. 그때 저도 함께 엉엉 운 일이 잊혀지지 않습니다.
　그런 식으로 남의 집 소풀 뜯어주고 밥 얻어 먹고 밤에는 서울 강의록 책을 얻어 공부를 했습니다. A라고 써 놓고 옆에 '에이'라고 달려있는 토를 읽고, 그렇게 공부를 했습니다.

그래도 주의 은혜로 검정고시를 통해서 중등과정을 마치고 나이 30에 야간 대학을 들어갔습니다. 나이 30에 야간대학에 입학할 때는 꼴찌에서 여덟 번째로 들어갔습니다. 그래도 저는 서울대 입학보다 하버드대 입학보다 더 좋았고 기뻤고 감격해서 눈물을 펑펑 쏟았습니다.

입학식날 에피소드가 있는데 들어가니까 재학생들이 꽃을 꽂아줍니다. 그래서 '아, 이 학교는 신입생들에게 꽃도 꽂아주네' 했는데 입학식장에 서 보니 꽃 꽂은 신입생은 저 하나뿐입니다. 그것은 내빈들에게 꼽아주는 꽃이었습니다. 제가 지금도 나이가 많아 보이지만 지지리 가난했던, 배고프고 서럽게 살던 그때인지라 나이는 30이었지만 얼굴 모양은 40이었습니다.

그 꽃을 창피한 줄도 모르고 계속 꼽고 있는데 눈물이 줄줄줄 납니다. 주먹으로 눈물을 닦으면서 '하나님 감사합니다. 나도 대학생이 됐습니다' 하고 기도했습니다. 명문 대학 나오시고 좋은 대학 나오신 분이 많이 있겠지만 이건 꿈 같은 얘깁니다.

'하나님 제가 들어올 때는 꼴찌에서 8등으로 들어왔지만 이처럼 미리 보여주셨사오니 나갈 때는 1등이 될 줄로 믿사옵니다' 하고 기도를 했습니다. 다른 사람이 볼 때는 미쳤다고 할지 모르지만 제가 볼 때는 긍정적 사고를 적용하는 때였습니다. 하나님이 새로운 소망을 주셨던 것입니다.

피눈물 나게 공부했습니다. 낮에는 직장생활을 하고 퇴근과 동시에 오토바이로 학교로 달려야 했는데 오토바이를 몰면서 손바닥에 영어 단어 다섯 개씩 매일 적어서 암송하기까지 공부를 했습니다. 10년 늦게 출발한 내가 10년 앞서 달린 친구들과 어깨를 함께 하려면 배나 공부를 하지 않으면 안된다는 절박한 결단이 있었기 때문이었습니다. 밤 11시가 되어 공부를 마치고 하교하면서 다시 영어 단어 5개를 손바닥에 써서 오토바이 라이트에 비치면서 암송을 했습니다. 지금 생각해 보면 죽을지도 모르는 일을 행했던 것입니다. 그렇게 암송한 단어도 그 다음날 몇 개는 잊어버립니다. 그러나 그 다음날 또 외웁니다.

1학년 1학기를 마친 방학 기간중 8월 어느날, 학교에서 우편물이 배달되었습니다. 개봉한 순간 저는 순간적인 충격으로 현깃증을 일으키며 그 자리에서 쓰러졌습니다. 거기에는 장학증서와 성적표가 들어있었습니다. 아내는 그것을 손에 들고 마당에서 엉엉 울었습니다. 그로부터 나는 졸업 때까지 계속 성적 우수 장학생이 되었고, 가난한 결혼 초년에 학생 남편으로 말미암아 말할 수 없는 고생을 하는 아내에게 그나마 도움을 줄 수 있었기에 하나님께 감사를 드렸습니다.

결국 졸업 때는 전교 수석을 했습니다. 금메달이 내 목에 걸렸습니다.

눈물이 비오듯 했고 두 살짜리 훈이를 등에 업고 고생만 했던 아내는 학부형석에서 졸곧 감사함으로 울기만 했었습니다.

어릴 때 허기진 배를 움켜 잡고, 다 헤어진 옷을 입고도 꿈을 버리지 않았던 저에게 하나님은 계속 공부할 수 있는 은혜를 주셔서 석사 학위와 그처럼 소망했던 Ph. D. 학위까지 취득하게 하셨습니다.

오직 믿음으로

그런 제가 신학교를 또 어떻게 가게 되었는지 말씀드리겠습니다. 저는 신학교를 안동서부교회 원로목사님이신 김원진 목사님의 손에 이끌려서 3월말쯤에 지각 입학했습니다. 집 형편이야 너무도 가난했으니까 입학금도 등록금도 낼 형편이 못되었습니다. 그런데 김원진 목사님이 우리 교회 부흥회 강사로 오셔서 저를 보시고 키워야겠다는 마음으로 우리 교회 권영주 장로님으로 하여금 등록금을 담당하게 하시고 아무것도 모르는 철부지 청년이 김 목사님 손에 이끌려 안동 경안성서신학원에 지각 입학을 하게 된 것입니다.

그런데 매주 화요일마다 있었던 채플시간에 등록금 안 낸 사람이 불리면 일어나야 했고, 처음에는 여럿이 섞여서 일어나니까 괜찮았는데 한 주일 가면 몇 사람이 앉아버리고 또 한 주일 가면 또 몇 사람이 앉아버리고 해서 5월 초순이 되니까 나 혼자만 일어서게 되었습니다. 그때 제 나이가 21살이었는데 제 모습이 얼마나 비통했는지 모릅니다.

그래도 퇴학은 안 당하고 5월 말쯤 권 장로님이 등록금을 보내주셔서 해결은 되었습니다. 그 다음에 한 학기 마치고 집에 갔다가 2학기가 되어 올라와 게시판을 보니까 눈이 번쩍 떠지는 이름이 있는데 내 이름이었고 자세히 보니 전학기 최우수 성적으로 일등이 되어 장학생으로 게시되었습니다.

저는 그 게시판 붙들고 펑펑 울었습니다. 2학기 등록금 걱정을 안 해도 되니까 말입니다. 화요 채플시간만 되면 예배를 통한 은혜를 받기보다는 등록금을 내지 못한 죄책감 때문에 불안했던 시간은 두 번 다시 경험하고 싶지 않았기에 2학기 등록금이 해결되었다는 생각에 그렇게 감사해서 울었습니다.

그렇게 공부를 하던 6월 초순 쯤 되었는데 시편을 공부하는 중에 마침 펴 놓은 시편 18편에 각혈을 하게 되었습니다. 놀라서 손바닥으로 피를 닦고 보니 "나의 힘이 되신 여호와여 내가 주를 사랑하나이다"는 말씀이 눈에 확 들어왔습니다. 그때부터 그 구절이 제 목회의 밑받침이 되었습니다.

병원에 가 보니까 이미 살 수가 없는 지경이 되었답니다. 직경 1.8Cm의 구멍이 뚫렸던 것입니다. 당시의 기숙사 생활에서 하루 식사가 국수 한 다발에 시래기를 넣고 푹푹 끓여 많아지게 해놓고 삼등분 해서 아침 점심 저녁에 먹는 것이었습니다. 그렇게 먹으니 몸은 날마다 쇠약해 갔고 결국은 폐결핵의 고통을 겪어야 했습니다. 그러나 주사 맞을 돈도 없고 약 먹을 돈도 없었습니다.

그래서 생각한 것이 기도였습니다. 새벽 3시만 되면 신학교 뒷동산에 올라가서 옛날에 소명받을 때 소나무뿌리 뽑은 것을 생각하면서 기도를 했습니다.

"주님 공부하고 싶습니다. 살려만 주십시오. 그러하오면 일생을 성실히 주님께 이 몸을 바치겠습니다."

그렇게 기도를 하던 어느날 주님이 제게 영감을 주시는데 머리에 탁 부딪힌 솔잎에서 이슬이 제 얼굴에 떨어진 순간이었습니다. '그래, 이거다' 싶어서 다음날부터는 기도를 마치면 솔잎에 혓바닥을 대고 이슬을 빨기 시작했습니다. 하염없이 눈에서는 눈물이 흘렀고 이슬을 빨아 먹어야 산다는 이상할 정도의 믿음이 살아나면서 매일처럼 기도를 마친 후 솔잎의 이슬을 혓바닥으로 핥아 먹었습니다.

"하나님, 이게 내게 약이 되게 해주십시오."

그렇게 울면서 매일을 기도했습니다. 이런 시간이 6개월이 안되서 제 폐는 깨끗해졌습니다. 지금도 사진을 찍으면 1.8Cm의 검게 들러붙은 자리가 나옵니다. 신기한 일입니다.

그렇게 자란 청년으로 공부도 할 만큼 했고, 학문적 배경도 가질 만큼 가졌고, 교회도 대한민국에서 어느 교회 못지 않게 좋은 교회를 하나님께서 맡겨 주셨습니다. 또 제게 오는 병들고 가난하고 외로운 사람들을 아직까지 빈 손으로 돌려보낸 적이 없는 부요함을 주셨습니다. 1년에 어려운 신학생, 농촌, 개척교회 목회자를 돕는 돈만도 상당합니다.

제 자랑을 하고 싶은 것이 아니라, 그토록 비참한 지경에 있던 한 젊은이가 '오직 믿음밖에 없어. 나를 위한 것이 아니라 주님의 나라를 향한 소망으로 살아야 해' 라는 한 가지 마음 때문에 좌절하지 않을 수 있었음을 이야기하고 싶은 것입니다.

저 같은 죄인을 살리신 것, 백 번 죽을 제가 살게 되었다는 것만으로도 감사한데, 주님을 증거하는, 세계를 다니며 주의 복음을 전하는 삶을 살게 하셨다는 것은 얼마나 큰 축복인지 모릅니다.

그래서 아무리 어려운 상황이 와도 그래도 주님께서는 나를 일으켜 세우신다는 믿음을 지금도 간직하고 있습니다. 그 믿음 안에서 위엣것을 바라보고 살다 보면 저도 모르게 하나님이 인도하시는 대로 가는 것입니다. 그리고 더 나아가서는 우리의 마음도 우리의 생각, 우리의 눈, 그 모든 것을 오직 하나님께서 은혜 가운데 이끌어가신다는 사실을 경험하게 될 것입니다.

사랑

어린 딸의 생일이 다가왔습니다. 소녀의 엄마는 집안을 깨끗이 정돈하고 맛있는 과자를 만드는 등 온갖 준비를 다했습니다. 친구들을 초청한 딸은 엄마에게 한 가지 부탁을 하였습니다.

"엄마, 다과를 내 오실 때 목이 긴 흰 장갑을 끼고 들어오셔야 해요. 엄마 팔에 난 상처는 정말 보기 흉해요. 잊으시면 안돼요. 아셨지요?"

그런데 엄마는 파티 준비를 하느라 정신없이 바빠서 그만 흰 장갑 끼는 것을 깜빡 잊고 말았습니다. 파티가 끝나고 딸은 눈물을 글썽이면서 엄마에게 이렇게 말했습니다.

"엄마! 왜 흰 장갑을 끼지 않았어요? 몰라요. 난 이제 창피해서 어떻게 친구들을 보아요?"

그때 엄마는 딸을 조용히 안고 눈물을 글썽이면서 이야기를 들려 주었습니다.

"애야, 참 미안하다. 엄마가 그만 네 생일 준비에 너무 바빠 깜빡 잊어 버렸구나. 그러나 이제 네게 해줄 말이 있다. 네가 아기였을 때 너는 침대에서 잠이 들어 있었고 나는 마당에서 빨래를 널고 있었는데 이상한 냄새가 나서 보니 네가 잠들어 있는 방에서 연기가 나오더구나. 그러더니 금새 불길이 번지기 시작했단다. 그때 엄마는 네 방으로 뛰어 들어가 무거운 외투를 휘어잡고 결사적으로 네가 누워 있는 곳으로 갔단다. 내가 그 외투로 너를 감싸안고 다시 불길을 헤치고 나올 때 그만 불길이 엄마의 팔에 닿고 말았지. 그때 화상으로 엄마의 손은 이렇게 보기 흉하게 된 거란다."

소녀의 뺨에는 뜨거운 눈물이 흘러내리고 있었습니다. 소녀는 엄마의 손을 꼭 잡고 이렇게 말했습니다.

"엄마! 엄마 손이 이 세상에서 제일 예뻐요."

사랑할 수 있는 마음 자리만 갖게 된다면 오늘 우리에게 있는 문제는 아무런 문제도 아닐 것입니다.

에리히 프롬이 1900년에 프랑크푸르트에서 출생해서 25세에 프로이드의 정신분석학을 연구하고, 그 뒤에 마르크스를 연구했습니다. 35년 동안 그 학문을 연구하고 난 뒤에 쓴 책이 「프로이드와 마르크스와의 만남」(My Encounter with Marx and Freud)이라는 것입니다. 에리히 프롬이 프로이드와의 만남에서 정신적인 면을, 마르크스와의 만남에서 물질적으로 연구를 하다가 얻은 결론이 "인간은 본질적으로 성욕과 소유욕의 대립에서 갈등한다"라는 것입니다.

그에 의하면 인간은 성욕과 소유욕에서 벗어날 수 있을 때 진정한 삶의 가치를 발견할 수 있습니다. 그것은 성경적 배경에서 도출되는 이론입니다.

우리가 잘 아는 레오버스카글레이스라는 사람이 쓴 「living learning loving」, 즉 「살며 배우며 사랑하며」라는 책에 이런 말이 있습니다.

"우리가 서로 어루만져주고 서로 안아주고 서로 미소지어주고 서로 위로할 수 있는 곳으로 돌아가야 합니다. 이것이 우리가 마지막 남아 있어야 할 이유입니다."

이것과 연관된 카알 힐티의 「행복론」은 여러분 서재에도 다 한 권씩은 꽂혀 있을 것입니다. 이 행복론에 주창된 내용은 "인간은 보람있는 일을 할 때 행복하다"고 갈파했고 그 보람있는 일이란 선이라고 정의했습니다.

그러면 선이란 무엇입니까? 헤밍웨이는 "선이란 뒷맛이 좋은것이고 악이란 뒷맛이 나쁜 것이다"라고 했습니다. 뒷맛 좋은 말을 해야 되고 뒷맛 좋은 행동을 해야 하는 겁니다.

말해 놓고 뒤가 캥기는 말은 할 필요가 없습니다. 어디서 무슨 말을 해도 뒤가 캥기지 않는 그런 말을 하는 것이 선입니다. 누가 보든 보지 않든 내가 한 행동이 당당할 수 있는 게 선입니다. 이 선한 삶이 보람 있는 삶이라는 것입니다.

이런 선한 삶이, 사랑의 삶이, 소유와 성욕을 극복한 삶이 우리에게 있다면 어찌 우리 삶이 메마를 수 있으며, 어찌 사막 같을 수가 있 겠느냐는 것입니다.
　예수님의 삶의 내용이 바로 그것이었습니다.
　거기서 삶의 보람을 느낄 수 있는 것입니다.

성령줄은 생명줄

　바보 신랑과 똑똑한 처녀가 정략적으로 결혼을 했습니다. 부자이면서 양반가문이 되지 못한 신랑집에서는 가난하지만 양반 가문인 처녀 가정에 논마지기를 주고 예쁜 며느리를 맞게 된 것입니다. 결혼 후 처음으로 신부가 친정에 가려고 합니다. 그런데 친정 사람들이 바보 신랑이라고 놀릴 것 같습니다. 그래서 친정을 가기 전에 이 신부는 바보 신랑과 약속을 합니다.
　"우리 집은 양반 집안이고 가문이 있는 집이기 때문에 여기서처럼 '아부지 밥 먹어라' 하면 안됩니다."
　"그럼, 우예야 되노?"
　"'아버님, 진지 드세요'라고 해야 합니다" 하면서 신부는 바보 신랑을 가르쳤습니다.
　"그 다음에 양반 집은 밥상을 딱 물리고 난 다음에 담배를 피웁니다. 그러니 저희 친정집에 가시게 되면 식사를 마친 후 '아버님, 담배를 한 대 태우시지요'해야 합니다." 그러면서 또 그렇게 말하는 것을 가르쳤습니다. 열심히 연습하고 드디어 친정을 가게 되었습니다.
　그런데 친정에 와서 생각을 하니까 문제가 생겼습니다. 말하는 내용은 연습을 했는데 언제 그 말을 해야 하는지 시기를 배우지를 못한 것입니다. 다급한 김에 생각해낸 것이 바지를 맨 댓님에 명주실을 묶어 부엌에서 신부가 한 번을 당기면 '아버님, 진지 드세요'를 하고 두 번을 당기면 '아버님, 담배 한 대 피우시지요'를 하기로 바보 신랑과 약속을 한 것입니다.

드디어 신부는 부엌에 있고 사위는 장인과 마주앉았습니다. 동생이 밥상을 놓는 소리가 났습니다. 신부가 명주실을 한 번 당깁니다.

"아버님, 진지 드세요."

양반 장인 어른이 "아하, 니가 양반 가문의 말을 하는구나. 네가 바보가 아니고 제대로 배웠구나."

장인이 무척 좋아합니다. 밥을 다 먹고 밥상을 물리게 되니 부엌에서 실을 두 번 당깁니다.

"아버님, 담배 한 대 태우시지요."

장인이 "오냐 오냐" 하면서 담배를 피우는 동안에 이 새댁이 볼일이 바빠서 마른 명태 한 마리에 명주실을 묶어 놓고 나가버렸습니다. 그 사이에 고양이가 들어왔습니다. 고양이가 그 명태를 가지고 도망가려고 덥썩 무니까 한 번 당겨집니다. 방안에 있던 바보 신랑은 댓님이 한 번 당겨지니까 한참 담배를 피우고 있는 장인어른에게 말합니다.

"아버님, 진지 드세요."

"지금 담배 피우고 있지 않냐?"

고양이는 묶어놓은 명태를 먹으려 하다가 그만 두 번을 당깁니다.

"아버님, 담배 피우시지요."

장인 어른이 기가 막혀 하고 있을 때 고양이는 좀처럼 움직여지지 않는 명태를 가져 가려고 막 흔들어버립니다. 그러니 안에서는 한 번인지 두 번인지 분간이 안됩니다.

"아버님, 담배. 아버님, 진지. 아버님, 담배. 아버님, 진지…"

오늘날 그리스도인들 가운데 이 바보같이 사는 사람이 많답니다. 분명 주님께서 우리 심장에 성령줄을 매어주셨는데 그 성령줄을 잠깐 놓아버리면 우리 입에서는 엉뚱한 말이 막 튀어나와버리는 겁니다.

목사의 입에서, 장로의 입에서, 그리스도인의 입에서 별 희한한 소리가 다 나옵니다. 그리스도인 답지 않은 언어가 구사되는 경우들을 많이 볼 수 있습니다.

주님께서는 에베소서 4:15에서 사랑 안에서 서로 참된 것을 말하라고 하셨습니다.

우리의 입에서, 우리의 삶에서 주님이 언제나 성령줄을 잡고 계시는 가운데 언제나 주님이 주시는 말씀만 나올 수 있기를 바랍니다.

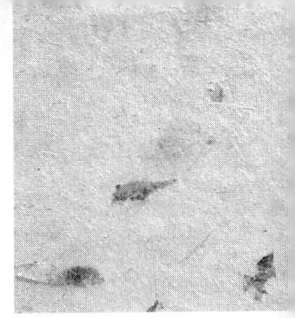

제 4장
예수나무, 고욤나무

"콩 심은 데 콩 나고 팥 심은 데 팥 나니까, 감 심으면 감 나느냐?"고 물으면 도시에서 자란 사람들은 대부분 그렇다고 합니다. 그러나 감씨를 심어도 감이 열리지 않습니다. 감씨를 심었는데 자라는 것은 고욤나무이고 열매는 고욤이 열립니다.

저는 시골에서 자랐기 때문에 이것이 항상 궁금했습니다. '이 자연 섭리 가운데 콩 심으면 콩 나고 팥 심으면 팥 나게 하신 하나님이 왜 감씨는 심으면 감이 안되게 했을까?'

예수나무, 고욤나무

알고 보니 고욤나무?

나무가 있습니다. 고욤나무입니다. 표준말로 '고욤'인데 지방마다 '괴암', '꼬엽', '꾐', '개암', '김' 등 별별 단어가 다 있습니다. 고욤이 뭔지 아냐고 물으면 대부분은 모릅니다.

고욤은 감같이 생겼지만 감보다 훨씬 작습니다. 그리고 씨가 제일 많이 든 것은 12개까지 들어있습니다. 그 씨도 옛날에 저희 집 같은 경우는 하도 지지리 가난해서 이걸 주워 장독에 담아 먹기도 했습니다.

"콩 심은 데 콩 나고 팥 심은 데 팥 나니까, 감 심으면 감 나느냐?"고 물으면 도시에서 자란 사람들은 대부분 그렇다고 합니다. 그러나 감씨를 심어도 감이 열리지 않습니다. 감씨를 심었는데 자라는 것은 고욤나무이고 열매는 고욤이 열립니다.

저는 시골에서 자랐기 때문에 이것이 항상 궁금했습니다. '이 자연

섭리 가운데 콩 심으면 콩 나고 팥 심으면 팥 나게 하신 하나님이 왜 감씨는 심으면 감이 안되게 했을까?

신학교 가서야 이걸 깨달았습니다.
신학적으로 정리를 하니까 기가막힌 논리가 나왔습니다. 감씨를 심으니 감이 안되고 고욤이 됩니다. 아무리 좋은 단감, 도감, 쪽감을 심어도 올라오는 것은 고욤나무입니다.
감나무가 되게 하려면 어떻게 합니까? 옛날 식인지도 모르지만 고욤나무 원줄기를 지상으로부터 대개 30-40Cm 남기고 벤 뒤 감나무 가지를 꺾어다가 고욤나무에 홈을 파고 감나무 가지를 꽂은 다음에 진흙을 바른 후 새끼로 동여매 놓습니다. 이 나무 가지가 죽지 않고 살면 감나무가 됩니다. 그리고 감이 열립니다.
그런데 신기한 것은 이 접붙인 감나무 가지가 죽으면 다시 땅밑에서 고욤이 싹이 나서 올라옵니다. 그래서 다시 고욤 나무가 되고 고욤열매를 맺습니다.

이것을 기독교 신학적인 입장에서 세례와 연관해 볼 수가 있습니다.
우리는 본질적으로 진노의 자식입니다. 인간은 아무리 축복의 열매를 맺으려고 해도 맺을 수 없는 죄인입니다. 나무로 말하면 고욤나무와 같습니다. 이런 우리들이 어느 한순간에 싹둑 잘려지고 예수의 나무로 접붙인 것이 세례입니다. 이 나무가 자라면 소위 그리스도인이 됩니다. 이 나무가 죽으면 다시 옛 성품이 올라와서 옛 사람의 열매를 맺습니다.
그러나 놀랍고 무서운 것은 현대 기독교인의 대다수가 이렇게 옛 사람을 잘라내고 예수나무 가지를 접붙임은 되었으나 잘 관리하지 않아 그 나무는 다 죽어 있는데도, 자기는 예수나무라고 믿고 있는 것입니다. 저 밑에서 올라오고 있는 고욤 같은 옛사람이 진짜 자기인데도 스스로 감나무 같은 예수의 사람이라고 외치고 있습니다. 더욱 안타까운 것은 세례받고 집사 되고 장로 되고 목사 되어 간다 해도 이 나무가 영적으로는 죽었을 수도 있는데, 스스로 '나는 아무개요' 라고 교회에서 사회에서 자신의 직분에 대하여 자랑을 합니다.

예수 나무 접붙인 것만 생각하지 그 나무가 잘 자라도록 관리하는 일에는 무관심한 경우들입니다. 실제로는 죽었는데 자기는 살아있는 것으로 착각하고 자기도취에 빠진 신앙생활을 하는 경우들이 많습니다.

이것이 영적 나르시시즘입니다. 무서운 얘기입니다.

이렇게 한 나무가 자랐습니다. 이 예수나무에 네 가지가 나왔습니다. 뿌리가 있습니다.
가지 없는 열매가 있습니까? 없습니다.
원줄기 없는 가지가 있습니까? 없습니다.
뿌리 없는 원줄기 있습니까? 없습니다.

이것을 교회 신앙생활과 연관해 보고자 합니다.
예수 나무에서 맺어지는 열매는 말할 것도 없이 갈라디아 5장 22-23절 말씀의 성령의 아홉 가지 열매입니다. 곧 사랑과 희락과 화평과 오래참음과 자비와 양선과 충성과 온유와 절제입니다. 이것은 그리스도인이 궁극적으로 거두어들여야 할, 하나님께 올려드려야 될 열매들입니다. 신앙적 열매입니다.
가지는 교회의 소위 4대 사명이라 하는 예배와 교육과 봉사와 선교입니다.

원줄기는 믿음이라고 정의할 수 있습니다.
뿌리는 그리스도의 말씀입니다.

로마서 10:17의 말씀을 보면 "믿음은 들음에서 나며, 들음은 그리스도의 말씀으로 말미암는다"고 했습니다. 그리스도의 말씀이 없이는 절대로 믿음의 원줄기는 생성될 수가 없다는 것입니다. 믿음이 없는 사람에게서 예배와 교육과 봉사와 선교 또한 절대로 나올 수가 없습니다. 교회생활 가운데 예배, 교육, 선교, 봉사가 없는데 성령의 아홉 가지 열매를 맺기는 어렵습니다.

그럼, 오늘날의 그리스도인 가운데 과연 사랑과 희락과 화평과 오래 참음과 자비와 양선과 충성과 온유와 절제의 열매가 풍성히 맺히고 있습니까? 그 아홉 개 가운데 몇 개나 있습니까? 겨우 한 개, 두 개 정도는 아닌지 모르겠습니다.
그럼, 그것 가지고 우리가 어떻게 세상을 이기며 세상을 변화시킬 수 있습니까? 우리에게 이 아홉 가지 열매가 주렁주렁 열려 있어야 우리를 통해 다른 사람에게도 그런 열매들이 맺힐 수 있는 놀라운 일이 일어납니다. 그럴 때 하나님이 기뻐하는 열매를 거둘 수 있는 것입니다.

우리 현대 목회자들과 성도들이 주님이 원하시는 열매를 거두지 못하는 이유는 바로 예배와 교육과 봉사와 선교라는 이 가지들이 없기 때문입니다. 오늘 우리 안에 예배가 어떻게 진행되고 있고, 교육이 어떻게 전개되고 있는지, 정말 성서적이며, 신학적이며, 주님이 원하시는 에클레시아적인 것인지를 살펴보아야 합니다. 그런 것이 없다는 것은 믿음의 줄기가 제대로 서 있지 못함 때문이고, 그 능력과 믿음이 제대로 역사되지 못하는 것은 말씀이 없기 때문입니다.

제대로 된 감나무를 얻기 위해서는 치우침 없는 진리가 필요합니다. 베이컨은 "감정은 현재를 보고 이성은 미래를 본다"고 했습니다. 감정이든 이성이든 어느 한 쪽으로 치우친 신앙은 이 나무를 얻을 수 없습니다.

저는 예수님을 처음 믿고 별별 은사를 다 받아 보았습니다. 정말 눈 감고 아무개 장로님을 두고 기도하면 그 장로님이 어디에 앉아 있는지도 보였습니다. 새파란 청년일 때에 손을 얹고 안수하면 병들었던 사람이 벌떡 일어났습니다. 방언으로 노래하고 방언으로 통역하곤 했습니다.

그런데, 저희 교회에 연로하신 은퇴 장로님이 전도인이자 교역자로서 계셨을 때입니다. 저는 그때까지 안하무인이었습니다. 연로하신 장로님이 방언도 할 줄 모르고, 계시도 볼 줄 모릅니다. 성경 설교하시는 걸 보면 내 마음에 드는 게 도대체 없으니까 그때부터 슬금슬금 교만해지는 겁니다.

지금 생각하면 참 부끄럽고 창피한 일이지만 그때는 기고만장했습니다. 교회가 전부 제 손 안에 있었습니다. 지적인 면은 전혀 없이 감정적인 면만 훈련이 되다 보니까 내게 이루어지는 모든 일들은 이런 엉뚱한 결말을 맺게 된 것입니다.

지나고 나서야 그 때의 일들이 나의 목회에 얼마나 귀중한 경험이 되었는지 모릅니다. 되지 못하고 된 줄로 아는 어처구니 없는 일들이었습니다. 죽은 감나무 가지였는데 살아있는 줄 착각한 것입니다.

교회 생활을 하면서 가장 중요한 것은 자기 자신의 신앙과 삶을 잘 조화시킬 수 있는 능력입니다. 자기를 컨트롤할 수 있는 능력이 필요합니다. 그 조절이 되게 하시는 분은 제가 아니고 주님이라고 고백합니다. 우리가 맡기면 주님이 하십니다.

평생의 목회 철학

저는 동료 목사님들에게 세 가지 질문을 하고 싶습니다. 물론 제게도 반문합니다.

첫째는 '과연 성령을 받았는가?' 하는 것입니다.

둘째는, '정말 하나님의 부름을 받은 소명자인가?' 하는 것입니다.

셋째, '하나님이 주신 구체적인 사명을 아는가?' 하는 것입니다.

"어찌 그런 것 없이 목사가 되겠느냐?"고 얼굴을 붉힐 것이 아니라, 우리 목사들이 이 질문들을 수없이 되새기며 그에 대한 대답을 언제나 확신 있게 말할 수 있는 그런 목회자이길 기대합니다.

올해 1996년 4월, '월간목회' 기자가 저를 찾았습니다. "목사님의 목회철학은 무엇입니까?"하는 질문을 했습니다. 그때 저는 목회 처음부터 지금까지 17년 동안 '생명이 풍성한 교회'를 제 개인적으로 소망해왔음을 정리할 수 있었습니다.

그럼 생명이 풍성한 교회가 되기 위해 무엇을 어떻게 해야 할까를 생각해 보았습니다. 그래서 저희 교회의 커다란 세 가지 방향을 잡을 수 있었습니다. 그것은 예수님의 사역을 통한 교훈이었습니다.

예수님의 사역을 가만히 연구하고 살펴보니까 그분의 사역 가운데 언제나 먼저하신 것은 치료였습니다.

또, 예수님은 치료한 사람을 방치해 두신 것이 아니라 반드시 치료하고 난 다음에 그 사람을 양육시키고 성장시키는 일도 행하셨습니다.
　예수님은 그 사람을 성장시키고 난 다음에 내버려두는 것이 아니라 그 사람을 다시 또 그 일을, 자기의 상황에 처해 있는 사람들에게 증거하여 주님에게로 인도케 하는 선교적 사명을 이루셨음을 볼 수 있었습니다.

　그래서 첫째는 치료하는 교회, 둘째는 양육하는 교회, 셋째는 선교하는 교회가 되어야겠다고 정한 것입니다. 치료하는 교회는 예배와 친교로 연결되어 있습니다. 양육하는 교회는 교육, 선교하는 교회는 봉사와 연결되어 있습니다.
　그 근간이 되는 말씀으로는 잠언 3:27과 요한복음 13:14-15을, 그 두 말씀의 틀 위에 '너의 유익을 위해 행동하는 나의 삶' 이라는 목회철학을 세웠습니다.
　'내가 오늘 살고 있음은 나를 위함이 아니라 너의 유익을 위한 것이다' 라는 것은 예수님의 삶이었고, 예수의 가르침이었고, 예수를 따르는 제자가 살아가야 할 내용이고, 궁극적으로 주님 앞 심판대에 설 때에 심판받게 되어질 내용 검증의 메시지입니다.

잘못된 단추가 있습니다

　친구 목사가 상담을 요청해 왔습니다. 내용인즉 당회를 할 때마다 문제가 생긴다는 것입니다. 그 문제란 당회장인 자신에게 당회원들이 대하는 태도나 언어구사가 막말로 표현하면 시장터 장삿꾼들과 다를 바 없다는 것입니다.
　소망이 있다면 당회를 하면서 당회원들이 자신에 대하여 예의있는 관계를 맺어 보았으면 하는 것이었습니다.

이야기를 들으면서 마음이 답답해졌습니다.

노회에 가면 노회장석이 있습니다. 예전에는 이 글씨만 봐도 오금을 못 폈습니다. 근데 요즘은 그렇지가 않습니다. 극한 상황이 전개되면 어떤 노회원은 그 노회장석을 향해 삿대질까지 하는 경우도 있다는 슬픈 이야기도 들어보았습니다.

윈스턴 처칠의 어린 시절 영화를 본 일이 있습니다. 그렇게 잘 훈련되는 과정이 중요하다는 생각을 들게 했습니다. 그가 자라서 드디어 수상이 되어 국정 보고를 하러 나왔습니다. 야당 의원들이 거짓말로 막 몰아붙입니다. 한국 국회 같으면 "그런 거짓말하지 마시오!" 하며 소리부터 지르고 맞대응을 했을 것입니다. 그런데 처칠은 참다 참다 못해서 겨우 한마디 하는 게 "존경하는 의원 여러분! 의원 여러분이 하시는 말씀을 제가 들으니 언어에 부정확함이 있는 것으로 사료됩니다" 라고 하는 것입니다.

언어의 부정확함이란 거짓말을 이르는 말입니다. 거짓말이란 말을 차마 의사당에서 쓸 수가 없어서 고급 용어를 바꾸어 쓴 게 그 말이고 그것이 영국스타일입니다. 일반 사회 의사당도 이렇게 용어를 바꾸어서 구사하려고 애쓴다면 하물며 하나님 앞에서 일을 하는 당회나 제직회나 노회나 총회석상에서 아무 말이나 함부로 해서 되겠습니까?

윈스턴 처칠이 또 한번 의사당에 섰습니다. 여야 의원 할 것 없이 마구잡이로 공방합니다. 견디다 못한 처칠이 빙긋이 웃는 얼굴로 이런 말을 합니다. "존경하는 의원 여러분, 여러분들이 하시는 말씀은 가마솥 밑에 타는 가시나무 소리 같아서 저는 괜찮습니다." 그리고 의회가 끝났습니다. 의원들이 삼삼오오 모여 이야기를 나눕니다.

"아까 처칠 수상이 한 말이 뭡니까?" 물으니까 아는 분 하나가 "전도서 7장 6절 말씀 아닙니까?"라고 대답을 했습니다. "뭐라고 쓰였는데?" "'우매한 자의 소리는 가마솥 밑에 타는 가시나무 소리 같아서 그 또한 헛되도다'라고 되어 있죠." 그 사실을 알았을 때는 이미 모든 의원들은 바보가 된 뒤였습니다. 우매란 바보를 뜻하는 것이며 의원들은 처칠에 의하여 모두 바보가 되었습니다. 이것이 처칠의 언어구사법입니다.

기독교인이 삼분의 일이 된다는 우리 국회와는 너무 다릅니다. 여러분, 이 정도의 예는 아니더라도 생각하는 말을 해야 되지 않습니까? 당회에서 나이가 많든 적든 자리에 앉으면 그래도 당회를, 한 교회를, 백 수천 성도를 이끌어가는 사람이 아닙니까?

예의없는 신앙생활!
이것이 오늘의 교회가 안고 있는 병이었습니다. '이것을 치료하지 않고는 목회는 어렵다'는 것이 평소의 제 생각입니다. 이런 크고 작은 병들이 발견될 때마다 이것들을 치료해 나가지 않으면 안됩니다. 치료는 어려움이 따릅니다. 생명을 다루는 문제이기 때문에 보통 어려운 일이 아닙니다. 그래도 치료되어야 교회가 교회 됩니다. 치료하는 방법도 그 상황에따라 여러 가지가 있을 수 있습니다.

기독교 텔레비전을 시청하다가 들은 우스운 이야기를 소개합니다. 예배가 시작이 되었습니다. 한 2분쯤 지났는데 아주 아리따운 팔등신의 자매 한 사람이 예배당 문을 열고 들어왔습니다. 늦게 들어오면 으레 뒤에 앉고는 하는데, 또박또박 신발 소리를 내면서 맨앞에 딱 앉는 겁니다. 옷은 또 배꼽티를 입어서 배꼽이 보입니다. 목사가 설교를 하다보니 자꾸 눈이 배꼽으로 가는 겁니다.

그런데 그 다음 주일부터 3주를 계속 그런 차림에 늦게 들어오는 겁니다. 그래서 그 자매를 당회장실로 불러가지고 이야기를 했습니다.

"예배드릴 때 그렇게 옷을 입고 나오시면 어떡하십니까? 정장을 하시든가 좀 단정히 입고 오시면 좋겠습니다" 라고 하니까, 이 자매님이 "목사님 한 가지만 아시고 두 가지는 모르시네요" 합니다.

"그래 내가 뭘 모릅니까?"

"하나님은 사람의 중심을 보시기를 좋아하신다고 하셨잖아요? 그래서 나는 하나님을 기쁘시게 하려고 내 중심을 보이고 싶은 거예요."

목사는 할 말을 잃고 웃어야 했습니다.

그래서 항상 하나님께 중심을 보이려고 배꼽을 내놓았다는 것인지 잘모르겠습니다마는 이 정도 되면 할 말이 정말 없습니다. 이런 문제, 이런 일이 수도 없습니다. 전부 제멋대로 제 소견으로 삽니다. 이것을 아름답게 정리해 가면서 하나님의 뜻을 이루는 것이 목회입니다.

낙제생과 우등생은 종이 한 장 차이

교회 학교 성경 공부 시간을 두루 돌아보던 중이었습니다.

중등부 1학년 반을 돌아보는 중이었는데 옆에 있는 아이가 종철이라는 아이를 보고 "야, 등신아" 하면서 때립니다.

이 애가 가만히 맞고 있습니다. 제가 걸음을 멈추고 때린 아이에게 나무랍니다.

"야, 너 어떻게 교회에서 친구 보고 등신이란 말을 하냐, 그런 말 하면 안돼."

"아, 목사님. 얘는 등신이에요."

그 아이가 옆에 있는데 등신이라고 그럽니다. 왜 그런가 물어봤더니 학교에서 한 반 50명 가운데 48등을 늘 한다는 것입니다. 집에 가면 어머니가 "어이구, 공납금 버러지야 등신아" 하고, 친구들은 친구들대로 자기 반 성적 평균 점수가 내려가니까 "등신아" 하니 어딜 가도 등신입니다. 교회에서까지 "등신아, 등신아" 하니까 진짜 등신이 되어갑니다.

이 아이를 데리고 목양실로 갔습니다.

"종철아, 너는 등신이 아니야."

"아니예요, 저는 등신이예요."

이미 그 아이 머릿속에는 '나는 등신이다' 라는 의식이 꽉 박혀 있는 듯했습니다.

"야, 너는 등신이 아니야."

"저는 등신이라니까요."

그래서 제가 이야기한 것이 창세기 1:21, 26-27, 30의 창조론입니다. 창조론 교육을 하고 기도하고 난 뒤에 돌려보냈습니다. 그리고 다음에 또 불러 또 가르치고 기도하기를 반복했습니다. 그래서 그 아이는 48등에서 11등까지 올랐습니다. 창조원리를 가르친 것입니다. 이것이 교회 교육의 본질입니다. 이 교육을 우리 교회학교에 적용시켰습니다.

안동서 목회할 때 모든 중학교, 고등학교 상위 등수를 저희 교회 아이들이 휩쓸었습니다. 그 교육방법을 썼기 때문입니다. 아이들 각자가 하나님께서 창조하셨을 때 어떤 마음과 얼마만한 개인적인 관심으로 만들어진 피조물인지를 가르치는 훈련이었습니다. 즉 긍정적 사고의 훈련이었습니다.

이 진리를 아이들한테 계속 주입하고, 기도하고, 주입하고, 기도하니까 빌립보서 4:13말씀 그대로 "내게 능력주시는 자 안에서 내가 모든 것을 할 수 있느니라"는 의식이 채색되는 것입니다.

이것은 또한 제 자신이 경험한 삶의 진리이기도 합니다. 가난하고 공부를 못하고 성격도 모가 나 있던 시절, 누구 앞에 서고 제대로 말할 줄도 몰랐고 두렵기만 했습니다. 그런데 자꾸만 내 속에 계시는 성령께서 저를 변화시키십니다. 그리고 이렇게 말씀하십니다.
'네가 치료가 되지 아니하면 네가 누구를 치료할 것이냐, 네가 변화되지 아니하면 누구를 변화시킬 것이냐.'
제 자신이 영적으로, 정신적으로, 육체적으로 치료가 되고 나니까 하나님은 내게 은사를 주셨습니다. 너무너무 감사한 것은 환자에게 손을 얹으면 병이 낫는 그런 은사도 주시고, 문제 있는 교인들을 만나서 상담하면 30분 안에 완전히 다 해결되게도 하십니다. 참 신기합니다.

그런데 제일 중요한 것은 영적 병이요, 그 다음이 정신적 마음의 병입니다. 육체의 병은 치료가 간단합니다. 아무것도 아닙니다. 이 치료가 시작되면서 저희 교회는 달라지기 시작했습니다.
치료는 쉽게 되는 것이 아닙니다.
치료의 은사를 반드시 받아야 됩니다. 오늘날 신유집회를 하면서 시험이 왜 많이 드느냐 하면 영적 치유는 뒤로 하고 육신의 치료부터 자꾸 생각하고 거기에 초점을 맞추기 때문입니다. 그래서 한동안은 우리 주변에 치유집회가 엄청나게 많았습니다만 그만큼 후유증도 많았습니다.
저도 그런 치유목회 지도자 집회에 참석을 했던 경험이 있었는데 3일 만에 뛰쳐나온 사람입니다. 그야말로 놀라운 것은 신유집회를 하면서 병자 고치는 것을 가르치는 집회였습니다. 치유는 가르치는 게 아닙니다. 하나님의 은사를 통해서 사역자들에게 위급한 상황일 때에 하나님의 나라 영광을 위해 쓸 수 있도록 우리 모든 주의 종들에게 주시는 은사가 치료의 은사입니다. 그것을 '이럴 때는 이렇게 저럴 때는 저렇게 하라'고 가르치는데 3일 동안 참다가 도저히 못 견디고 나와버렸습니다.

영적 치료인 신유은사는 인위적으로 되는 것이 아닙니다.

전적인 소명과 사명을 갖고 있는 자의 심령에 주님이 내주하실 때, 주님이 하시는 것입니다. 흔히들 병자가 내 손에 의해 발딱 일어서면 자기도 모르게 자신이 위대해 보이는 자아 의식에 사로잡히는 것입니다. 그 일을 하신 하나님을 잊으면 치유는 되지 아니하고 엉뚱한 일들이 벌어집니다.

진짜 치유는 수박 겉핥기식의 영혼을 사랑하는 마음이 아닙니다. 겉 푸름의 사랑이 아닌 속 푸름의 사랑이어야 하는데 우리는 끊임없이 겉 푸름으로 치닫습니다. 대형교회, 큰 차, 놀라운 이적들은 중요하지 않습니다.

하나님의 부르심에는 객관적 요소는 전혀 근거가 없습니다. 하나님이 보시고 다윗을 선택하셨을 때와 마찬가지로 중심의 마음이 중요합니다. 하나님께서 '나의 일을 맡길 수가 있겠구나' 하는 사람에게 하나님의 일을 주시는 겁니다.

한 나라의 대통령도 장관을 임명할 때 아무나 임명하지 않습니다. 내가 해야 할 일을 생명을 걸고 대신할 수 있는 사람을 점 찍고 있다가 이리 검증하고 저리 검증해서 장관으로 임명하는 것과 마찬가지입니다. 그 사람의 중심을 보시고 하나님의 일을 맡겼을 때, 정말로 하나님의 영광만을 나타낼 뿐만 아니라 다른 사람에게도 유익한 일을 할 수 있겠는가를 보시고 일거리를 주실 것입니다.

모양은 달라도

저희 교회 예배는 예배마다 그 성격이 조금씩 다릅니다.
주일 낮 예배 때의 설교 내용은 성서적이면서 이론적인 면이 많은 설교입니다.
주일 밤 설교는 일상 교회 생활의 헌신적인 내용으로 준비됩니다.
수요일밤은 성경강해를 하고 금요일 밤 심야 기도회는 부흥회 스타일입니다.
그런데 수천명 교인들이 이 모든 예배를 다 좋아하는 경우는 드뭅니다.
주일 낮 예배 드리기를 즐거워 하는 사람이 있고, 수요일 밤 예배를 좋아하는 사람이 있고, 금요일밤 철야 예배를 좋아하는 사람이 있어서 분류가 되고 있습니다.
일년이 지나니까 확연히 구분이 됩니다. 예를 들면 분명히 그 교회 안에는 금요일밤의 부흥회만 좋아하는 교인이 있습니다. 주일날은 어떤 때 빠져도 금요일은 빠지지 않고 열심히 출석하는 성도들이 계십니다. 또 수요일을 좋아하는 교인들도 있습니다. 어느 예배를 드리든 간에 우리 교회의 수천 명 교인들이 말씀에만 매료될 수 있다면 좋을 것 같습니다.
참 신기한 것은, 금요일에는 육체적 질병이 치료가 되는 현상이 많이 나타납니다. 주일낮 설교를 통해서는 본질적 신앙 자세가 달라지는 게 눈에 보입니다. 그래서 각 예배를 참석한다면 여러 방향을 통해 하나님의 여러 가지 축복을 경험하는 것입니다.
그래서 저는 통전적(統全的) 목회를 지향합니다.

저는 장로님들이 모든 예배에 참석하셔야 한다고 생각했습니다.

그래서 저는 거의 무의식적으로 교인수첩을 꺼내 놓고 "아무개 장로님, 권사님 오셨습니까?" 하고 묻곤 할 때가 있습니다. 안 오셨으면 당장 담당 부목사님한테 지금 빨리 10분내로 전화 걸어서 도착하시게 합니다. 느즈막하게 그분들이 뛰어들어옵니다. 그러면 저는 "아무개 장로님이 들어오십니다"라고 하고, 교인들은 한참 웃습니다. 그러면서 뒤늦게 들어오시는 장로님도 교인들도 아무 거리낌 없이 평안한 마음으로 기뻐하며 예배를 드립니다.

희안한 심리지만 목사나 장로, 지도자들이 뭐 하나 잘못한 게 발견되면 교인들은 이상하리만큼 쾌감(?)을 느낍니다.

K 안수집사님 집 앞 바닷가에 가서 친교를 하게 됐는데, 수상스키 같은 걸 탔습니다. 타는데 잘 안됩니다. 좀 가다가 푹 바다에 빠져 버리기만 하는 겁니다.

그런데 재미있는 현상은 제가 수상 모터보트를 잘못 운전하여 물에 곤두박질하니까 해변가에 있던 모든 교인들이 '와하하하' 하고 크게 웃고 박수를 칩니다.

P 장로님이 또 잘못하여 물에 곤두박질 하니깐 웃음소리는 줄어들고 박수를 치고, 집사가 빠지니까 박수도 없이 그냥 약간 웃고 맙니다.

목사가 물에 곤두박질하니까 그렇게 박장대소를 하고, 장로님이 예배시간에 늦게 들어오니까 '와!' 하고 박수를 치며 웃습니다. 참 이상한 일입니다. 그러나 한 번 생각해 보면 답이 나옵니다. 그만큼 교회나 세상이나 지위가 높다거나 지도자의 위치에 있는 사람이 실수를 하면 그만큼 대중들은 관심을 갖는다는 교훈적인 이야기입니다.

교회는 다양한 사람들의 공동체입니다.

복음은 하나지만 하나님이 각 사람에게 역사하시는 방법은 여러 가지입니다.

이쑤시개로 예배드리는 권사님

전국의 많은 교회를 다니면서 통계를 내보니까 예배 시간에 주무시는 분 가운데 권사가 1위입니다. 어느 교회를 보더라도 항상 잘 주무시는 양념 같은 권사님이 하나씩 있습니다. 마귀가 어떤 교회든지 빼지 않고 예배 시간에 잠자는 사람을 하나씩 두었는데 그게 권사가 제일 많다는 것입니다.

제가 처음 목회하던 시골교회에서 일입니다. 어느 주일 예배시간에 뒤에서 주무시는 권사님을 불러냈습니다.

"권사님, 그 뒤에 계시면 졸음이 잘 오니까 앞으로 오세요."

순종은 얼마나 잘 하는지 앞으로 나옵니다. 앞에 앉으니까 눈을 똑바로 뜨시고 뒤에서 누가 볼까봐 잠을 못 잡니다. 그런데, 그것도 한 두 주일입니다. 한달쯤 지나면 또 잡니다.

그래서 하루는 다르게 권했습니다.

"권사님, 앉아서 설교를 들으니까 피곤해서 그러시는데 일어서서 들으세요."

일어나란다고 그 권사님이 벌떡 일어납니다. 그리고 한참 설교를 하고 있는데 "꽈당!" 소리가 납니다. 그 권사님이 서서 설교를 들으시다가 그만 잠이 들어 넘어진 것입니다. 그렇다고 그 권사님을 힐난하거나 꾸짖으면 안된다고 생각했습니다. 왜냐하면 그렇게 넘어지는 권사님의 마음속에 들어가 보면 이해가 되었기 때문입니다.

그래서 이렇게 말했습니다.

"하루종일, 월요일부터 토요일까지 논밭에서 일을 하시자니 얼마나 피곤하겠나 …" 그러면서 내 눈에는 눈물이 고였습니다.
 그때는 일부러 교인들 앞에서 목사가 눈물을 보여줄 필요도 없습니다. 진심으로 그 권사님의 영혼을 생각해 보면 목사가 눈물이 안 나올 수가 없습니다. 그 권사님은 죽는 날까지 목사님 원망 않습니다. 예배 시간에 넘어져도 괜찮습니다.

 그러다가 안동 Y 교회에 부임했습니다. 안동은 도시니까 주무시는 분이 없을 거라고 생각했습니다. 부임 첫주일밤 환영예배를 드리는데 첫날부터 주무시려는 분이 있습니다. 주위 분들에게 물어보니 또 권사님이랍니다. 전에 있던 교회 얘기를 했습니다. 교인들이 모두 "와" 하고 웃습니다. 교인들 웃는 품이 그 교회 권사님을 두고 그렇게 웃는 것임을 알 수 있었습니다.
 놀랍게도 선교 찬양단이 30분 동안 드럼치고 찬양하고 박수 소리까지 야단입니다. 그런데도 그 권사님은 푹 주무십니다.
 "권사님, 피곤하시죠? 얼마나 피곤하겠어요. 그래 내가 방법 하나 가르쳐 드릴테니까 그대로 하실래요?"
 "뭔데요?"
 "노인들은 초저녁 잠이 많아서 지금 이시간쯤 되면 무척 졸음이 옵니다. 권사님도 졸음을 이기려고 얼마나 애를 쓰셨겠습니까? 그래도 잘안되지요? 그러니까 저녁에 나오실 때 이쑤시개를 하나 가지고 나오십시오. 이쑤시개를 가져와서 옆에 집사님한테나 누구한테 맡겨놓고 잠이 약간 들려고 할 때 손등을 콕콕 찔러달라고 하는 겁니다. 깜박깜박 깰 거 아닙니까?"
 그러니까 교인들은 모두 웃는데 이 권사님은 "그케(그러게), 내가 그걸 몰랐네" 하는 겁니다. 얼마나 마음이 순수한지 모릅니다.
 어느날 한참 설교하는데 누가 "아야!" 하고 소리를 지릅니다.

온 교인이 그쪽을 보니까 그 권사님이 또 주무셨는데 목사 말대로 정말로 이쑤시개를 가져와서 옆에 앉은 이 집사에게 주면서 "이 집사, 내가 잠이 들거든 살살 찔러레이" 부탁을 했는데 이 집사님 말도 재미있습니다. "예, 권사님. 걱정하지 마시고 푹 주무이소" 했습니다.

조금 있다가 잠이 들 때에 이 집사는 버릇 좀 고치자 싶어 그냥 푹 찔러 버린 것입니다. 권사님은 자다 말고 깜짝 놀란 것이지요. 교인들은 웃느라 야단인데, 이 어른의 말이 "야야, 살살 찔러야 되잖나?" 합니다. 온 교인들은 배꼽을 잡고 웃어야 했습니다. 목사도 참을 수 없는 웃음을 터뜨렸습니다. 그 교회를 떠날 때까지 나는 그 잠버릇을 고쳐드리지 못하고 포항으로 오게 되었습니다.

그날 새삼 느낀 것은 권사님에게 이쑤시개를 가져오라고 한 저는 주님 앞에 설 때에 꾸지람 들을지언정 주의 종의 말을 순종하여 잠을 이겨보려고 애를 쓴 그 권사님은 주님 앞에서 칭찬받을 것이라는 사실이었습니다.

왜냐하면 주님은 사람의 외모를 보는 것이 아니라 중심을 보시기 때문입니다.

예배드리시는 게 맞습니까?

제가 큰 회사의 월요 채플 설교를 특별히 부탁받고 갔었습니다. 채플실에는 한 200명 정도 직원들이 앉아 있었습니다. 제게 주어진 설교 시간은 15분이었습니다.

그런데 인도하시는 그 회사 직원이 기도하고 찬송을 부르기 시작했는데 어떤 사람이 중앙으로 걸어나오더니 제일 앞자리에 중앙 왼쪽에 앉습니다. 앉자마자 팔짱을 끼고 15도 정도 옆으로 비껴서 앉았습니다. 그리고 다리를 꼬고 앉아서 찬송도 부르지 않고 있었습니다. 검은테 안경에 옷 모양을 보니 관리직인 것은 틀림없어 보였는데 이제 제가 올라가 설교를 하려는데도 자세를 고치지 않는 겁니다.

설교하러 간 사람이 그것까지 간섭할 수는 없고, 그러나 제 성격상 도저히 그걸 그냥 보고 넘어갈 일도 못되고 그래도 예의는 차려야겠기에 기도를 했습니다.

"하나님 아버지, 어쨌든 지금은 말씀이 증거되는 시간인데 저분이 누구신지는 몰라도 저분의 마음이 달라지게 해 주십시오. 저분은 하나님 앞에 예배드리러 나온 게 아닙니다. 기업체 회의석상에 나온 모습입니다. 하나님께 예배드리는 이 시간 저분이 예배드리러 온 것을 깨닫게 하시고 하나님을 만날 수 있게 하옵소서."

그리고 설교를 하는데 3분 설교하고 나니까 그분의 다리가 내려왔습니다. 7분쯤 가니까 팔짱은 끼고 자세가 똑바로 되었습니다. 12분쯤 넘어가면서 설교가 결론에 이르게 될 때 드디어 팔이 내려오고 어깨가 앞으로 숙여졌습니다. 결론을 맺었습니다.

예배 끝나고 내려오니까 그분이 옆에 오셨는데 안내하시던 원목이 그 회사의 회장님이라고 인사를 시킵니다. 악수를 하고 말도 없이 가는데 손을 잡혀 회장실까지 끌려갔습니다. 명함을 주시면서 다시 말씀을 하시는데 그분은 그 회사 회장님이시고 교회 장로님이시고, 얼마나 외국에서 생활을 오래 하셨는지 한국말은 잘 안되고 영어는 잘 하십니다.

그때에 원목이 "이제까지 채플하고 회장실로 안내받은 분은 서 목사님뿐입니다" 하시는 겁니다. 이건 예배와 중요하게 연관된 얘기입니다. 지금도 그 어른과 자주 전화하고 편지도 보내고 돈독하게 지냅니다. 그분 고백이 한마디로 "충격적이었다"는 것입니다. 말씀을 듣는 순간에 "말씀이 칼날이 되고 망치가 되어서 나의 관절과 골수를 쪼개기 시작했다"고 고백을 한 것입니다. 놀라운 변화였습니다. 나는 주님 앞에 감사할 뿐이었습니다. 못난 목사지만 기도에 응답하신 하나님의 놀라운 역사에 감격할 뿐이었습니다.

저희 교회는 예배 드리는 자세만큼은 너무 아름답습니다.
장로님들부터 앞자리에 정돈하여 앉으시고 정말 진지하고 감사함을 담아 예배를 드립니다. 종종 예배 드리는 자세가 흐트러진 경우를 보는데 나중에 보면 방문한 교인이라는 사실을 확인하게 됩니다.

주일에는 4부예배를 드리는 가운데 종종 나는 교인들을 배웅하지 않고 강대상에 그대로 서서 예배를 마치고 돌아가는 성도님들을 내려다 볼 때가 있습니다. 모두가 기쁨으로 충만하여 예배당을 떠나는 모습을 바라보면서 참으로 많은 생각을 하게 됩니다. 그런데 눈에 들어오는 가슴 찡한 장면들이 있습니다. 예배는 끝났는데, 성가대의 송영과 반주자의 후주도 끝났는데 예배드린 자리에서 일어나지도 않고 그대로 앉아서 강대상을 올려다 보면서 소리없이 눈물을 흘리고 있는 교인들을 봅니다. 강단 위에서 내려다 보는 내 눈과 강단 위를 올려다 보는 그분의 눈이 마주칠 때 형언할 수 없는 감동이 내 가슴에서도 출렁거립니다. 성령님의 역사하심을 경험하는 순간이었습니다. 정말 신령과 진정으로 예배를 드림으로 인해 하나님의 사랑을 경험한 기쁨이 아닐 수 없는 것입니다.
하나님 앞에 드리는 예배는 신령과 진정으로 드릴 수 있어야 합니다.

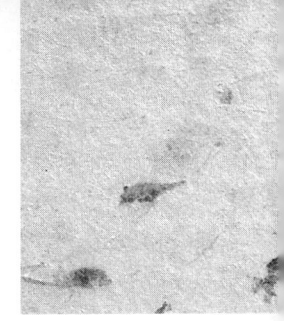

제 5장
우리 목사님은 때밀이

제가 목회 원리 한 가지를 목욕탕을 통해 깨달았습니다. 교회성장론입니다. 교회성장을 어떻게 이룰 수 있는가 하는 방법입니다. 그리고 이것은 '목욕탕론' 이라고 이름을 붙였습니다. 교회가 성장하는 것은 목욕탕과 똑같다는 뜻입니다.

저는 이것을 논문으로 쓰기 위해 일부러 목욕탕에도 갔습니다. 목욕탕에는 주인이 있고, 때밀이가 있고, 손님이 있습니다. 교회도 마찬가지입니다. 주인은 예수님이고 때밀이는 목사고 손님은 성도입니다. 모든 목회자는 때밀이입니다.

우리 목사님은 때밀이

봉투 하나의 힘

어느 날 3부 예배를 마치고 목양실로 들어왔을 때 S 집사님이 목양실로 오셨습니다. 평소에도 목회자를 이해하고 돕는 사역을 잘 하시는 분이었습니다.

"목사님은 책을 많이 사서 보시고 연구를 하시는 것으로 아는데 제가 목사님의 목회 연구에 도움이 되었으면 하는 마음으로 도서비를 좀 갖고 왔습니다" 하면서 하얀 봉투를 내 놓았습니다.

이럴 때 잘해야 됩니다. 이 때 그 돈을 잘 쓸 줄 알아야 합니다. 이것은 양육에 관계된 이야기입니다. 그 순간 '이 사람을 내가 어떻게 양육할 것인가?' 하는 것을 먼저 생각해야 합니다. 저는 이렇게 말씀 드렸습니다.

"집사님, 이 돈 이미 제게 주신 것이니 제 뜻대로 써도 되겠습니까? 저는 그 돈이 지금 당장 급한 것이 아닙니다. 저보다도 우리 교회의 교육 전도사님들의 다음 학기 등록금 때문에 걱정을 많이 하고 있는 것을 보고 있는데 한 달에 60만 원밖에 못 받는 신학생들이 얼마나 힘들겠습니까? 그러니까 이것을 내가 다섯 분에게 나누어 드리고 싶습니다."

그러니까 섭섭한 눈치입니다. 이것이 교인들의 마음입니다. 저한테 돈이 왔는데, 교육전도사님들께 준다고 하니까 섭섭해합니다. 그걸 교육전도사님들께 드리겠다니 거절은 못합니다. 그러나 얼굴은 섭섭합니다.

그래서 '아차 이러면 안되겠구나' 싶어서 "집사님, 속된 말 써서 미안합니다만, 누이 좋고 매부 좋고 꿩 먹고 알 먹고 한번 할까요?" 했더니 "그게 뭡니까?" 합니다.

"그러면 우리 교회 교육전도사님 다섯 분한테 골고루 나누어 드리고 나머지는 제가 쓸까요?" 하니까 얼굴이 확 핍니다.

그래서 나는 그 자리에서 봉투 다섯 개를 꺼내 그 뒤에 교육전도사님들의 이름을 썼습니다. 그리고 집사님을 위해 축복기도를 하고 그 분이 돌아간 뒤에 다시 나머지를 교육전도사님들의 봉투에 나누어 넣었습니다. 돈에 마음을 빼앗기지 않고 보다 더 좋은 일을 생각하고 실천할 수 있는 마음을 주신 하나님께 감사를 드렸습니다. 그런데 놀라운 것은 그 집사님이 제가 어려움에 처했을 어느 때 기도중에 그 사실을 깨닫고 다시 전보다 더 많은 헌금을 보내 주셨습니다. 그런가 하면, 그 봉투를 받은 교육전도사님들은 교회 교육에 최선을 다하여 사역하시고 있습니다. 사실 그 돈은 아무것도 아니지만 여러 사람에게 양육의 도구로 쓰인 귀한 돈이 되었습니다.

우리 주변에 일어나는 일들을 조금만 눈을 넓게 뜨고 관심있게 본다면 하나님의 가르침과 하나님이 맡기신 일거리가 눈에 막 보입니다. 그러나 그것이 안 보이는 사람은 하루하루가 지루합니다.

우리 목사님은 때밀이

목사도 배워야 산다

저희 교회에서는 목회자 양육과 일반 성도들 양육이 함께 이루어지고 있습니다. 그런데 중요한 것은 목회자 양육입니다. 목회자부터 양육이 되지 않으면 안됩니다. 그래서 모든 교육 전도사님을 포함해서 목회자들이 1년에 논문 1편을 냅니다. 의무적으로 자기 분야에서 연구해서 1년에 한 편씩 내는 것입니다. 그리고 그것을 책으로 만들어서 당회원들에게 돌립니다. '우리 목사들이 노는 것이 아니다. 그렇게 고생하면서도 이 분야에서 이렇게 노력해서 논문을 내놓은 것이다' 라는 것을 보여줍니다. 당회원들도 공부하고 노력하는 사역자들에게 박수를 보냅니다. 솔직한 고백이지만 어느 교회 장로님들이 성실한 목회를 하는 목회자를 힘들게 하겠습니까? 목회자 스스로의 삶을 돌아보고 주님에게도 인정받는 목회를 해야 하겠지만 사람에게도 존경받는 목회를 할 수 있어야 합니다. 그러나 그것은 말처럼 쉬운 것은 아닙니다. 부단히 자기와의 싸움에서 이겨야 하는 것입니다.

가르치는 자리에 있는 목회자들이 어떻게 누구에게 양육을 받겠습니까? 한 교회에서 오랜 세월 동안 같이 살면서 담임목사가 양육받는다는 것이 얼마나 어려운 일인지 모릅니다. 그래서 논문을 쓰게 만들었습니다.

또 교회에서 설교 평가도 합니다. 이것을 위해서 주일 저녁 설교는 부목사님들에게 맡깁니다. 부목사님 설교가 끝나고 나면 마지막으로 제가 광고를 하고 축도하면서, 그 날 설교 중에서 60%가 죽을 쑤고 40%만 성공을 했다 하더라도 그 40%를 붙들고 은혜를 나누고 칭찬을 해줍니다. 교회 앞에서, 재평가를 해주는 겁니다. 그러면 교인들이 무척 좋아합니다. 그런데 종종 이와같은 목회 사역을 비판하는 이들이 없지 않아 있습니다. 왜냐하면 어떨 때는 칭찬을 하지 못할 때도 있게 되는데 그러면 당장 그것을 붙잡고 누구는 칭찬하고 누구는 칭찬하지 않는다는 쪽으로 논리를 전개시켜 목회를 힘들게 하는 경우가 있기 때문입니다.

그러나 목회는 목사가 하는 것이지 교인들의 말에 너무 무게를 두어도 안됩니다. 그렇다고 교인들의 말을 무시하라는 뜻이 아닙니다. 담임목사가 부목사와 다른 것은 교회 전체를 운용할 뿐 아니라 동역하는 어린 부목사님들의 장래를 위해 때로는 교훈하고 때로는 가르치며 훈련시켜야 하는 책무 또한 귀하기 때문입니다.

사람을 의식하는 목회는 오래갈 수 없습니다.

오직 일념으로 하나님 영광을 위하여 기도하고 사역하는 목회자가 성공적인 목회를 합니다.

그 다음에 교역자 회의에 들어가서는 진지하게 잘못된 60%를 내놓고 이야기를 하기도 합니다. 물론 사랑을 담아 권면합니다.

"교인들 앞에서는 잘못한 것을 이야기할 수 없지만 우리가 솔직히 설교를 그렇게 해서 되겠습니까? 그런 내용의 설교는 안 됩니다. 나하고 함께 목회할 때 설교의 수준을 올리고 연구하고 훌륭한 설교자로 세움받도록 힘쓰시기 바랍니다. 타성이 되어버리면 나중에 큰일 납니다."

부목사님들은 담임목회를 하지 않는다는 무의식적인 목회관이 있어서 그저 2,3년 있다가 가면 된다는 의식 구조 속에 자기도 모르게 젖어들게 됩니다. 그렇게 훈련하다가 한 교회, 두 교회 정도에서 4-5년만 지나버리면 그 사람을 영 못 고칩니다. 설교 한 편에도 생명을 건 담임목사같은 심정으로 설교를 할 수 있는 훈련이 필요한 것입니다. 심방 하나도 담임목사의 심정으로 심방을 하고 교인들을 돌아 보아야 하는 것입니다. 그렇기 때문에 저희 교회 부목사님들이 선교구를 담당하실 때 일일이 보고받지 않습니다. 완전 자율적인 목회를 하게 합니다. 부목사는 담임목사의 개인비서나 종이 아닙니다. 인격적인 훈련이 필요하고, 협력목회자란 개념이 철저하게 있어야 합니다.

저희 교회는 다섯 선교구를 만들어 한 선교구 300가정, 500명 교인 정도를 한 목사님이 담당하도록 했습니다. 그리고 늘 하는 말이지만 선교구를 담임하면서 곧 당회장의 직무를 그대로 수행하라는 것입니다. 그만큼 권한도 주고 그만큼 책임도 지운 것입니다. 쉬운 말로 하면 담당하는 선교구를 마음대로 하라는 것입니다. 그리고 당부를 합니다.

"당신이 여기 500명 목회하는 데 실패하면 후에 500명 담임목회하는 데 실패하는 것이다. 여기서 성공하면 당신은 5000명 담임이 되어도 성공할 수 있다."

그래도 잘 안됩니다. 부목사님들에게는 무의식적으로 '나는 가면 그만이야'라는 생각이 박혀 있어서 나와 상관없는 교회관을 갖고 목회를 하는 일이 많습니다. 이것이 슬픈 일입니다. 오죽 하면 어떤 교회는 부목사로 부임한 날부터 개척 준비를 했다는 이야기를 들었습니다. 그에게 맡겨진 성도들이 어찌 영적으로 풍성한 양식을 공급받을 수 있겠습니까? 부목사가 잘못하면 영영 목회를 버릴 수밖에 없는 것은 "부목사로 있는 동안만"이라는 잘못된 사고에 매여 부자 교인, 힘있는 교인을 자주 만나게 되고 소외당하고 고난받는 교인은 더욱 힘들어 하는 현상이 일어나게 되는데 그렇게 2-3년 잘못된 훈련을 받고 후일에 때가 되어 담임목회에 들어가면 이미 그 목사님은 병이 들어있는 뒤입니다. 그래서 절대로 부목사의 마음을 갖지 말고 당회장의 마음이 되어야 합니다.

그런데 처음과 달리 저희 교회 부목사님들은 잘 합니다. 어디를 갖다 놓아도 당당합니다. 설교도 잘 합니다. 행정도 전문가가 다 되었습니다. 교인들과의 관계도 아주 좋고 이제는 문제가 있는 성도들을 치료할 줄도 압니다. 저는 통제보다 뒤에서 바라보는 일만 합니다. 그러면서 때때로 시행착오를 하는 부목사님들을 불러 형처럼 타이르면서 잘못을 교정시켜 줍니다.

이런 재미있는 일도 있습니다.
"목사님, 개인 노트북 컴퓨터 하나씩 만들어 주이소."
"그게 얼마나 하는데?"
"한 300만 원 안 합니까."
"아, 그러면 전도사님 포함해서 교역자가 전부 아홉 명 아닌가? 2,700만 원이 어디 있는데?"
"그거 만드는 거야, 목사님 능력 아닙니까?"
너무 잘해주다 보니 앞도 뒤도 모르는 겁니다. 그 다음에는 제가 정색을 하고 말했습니다.
"이 사람들아, 그래 가지고 목회 우예 할래? 우리 교회 시급한 문제가 지금 뭐고? 컴퓨터가?"
그러니까 "아차!" 합니다. 그때 저희 교회는 2,000여 평짜리 12층 교육선교센터를 건축하는 계획을 확정하고 온 교인들이 그쪽으로 마음을 모아가고 있었던 때였습니다.
"온 교회가 지금 그 쪽을 향해 온 힘을 다 기울이고 있는데, 노트북 컴퓨터 하나 1-2년 없다고 죽을 일이 생기나? 그런 머리들 가지고 앞으로 목회 우예 할래? 전체를 봐라. 통달해라. 통관해라. 달관에 이르러야지. …물론 내가 해줄 수는 있다. 그러나 지금 시기는 아니다."
"아, 맞습니다. 미안합니다, 목사님."

목회자부터 양육이 되지 않으면 안됩니다. 누구보다 먼저, 멀리, 많이, 깊이 보아야 하기 때문입니다.

장로님의 교회 학교

저희 교회는 당회원들을 선진교회에 계속 견학시킵니다. 처음에는 장로님 두 분씩을 보내다가 이제는 원로장로님 한 분, 시무장로님 한 분과 부목사님 한 분, 그렇게 세 분씩 전국 교회를 다 견학시킵니다. 이 프로그램으로 저의 목회는 엄청난 도움을 얻게 되었습니다.

견학을 위해 교회 예산을 책정해놓습니다. 한 사람이 나갈 때마다 무조건 20만 원입니다. 돈이 많은 교회여서가 아닙니다. 이것은 돈이 없어도 할 수 있습니다.

저희 교회에 '무슨 예배, 헌신 예배' 이런 포스터 같은 것을 붙일 때, 예배부장 장로님은 결재할 때마다 매번 짜증을 내면서 "이거 왜 5만 원이냐? 3만 5천 원으로는 안 되냐? 안 붙이면 안 되냐?" 하십니다. 예배와 관련된 모든 돈을 통괄하는 데에는 완전히 회장님입니다. 그러니 실무를 담당한 사무장이 애를 먹습니다.

그래서 이분을 대구 S 교회에 견학가시게 했습니다. 그 교회는 목사님 말씀이 떨어지면 그대로 차근차근 이루어지는 곳이었습니다. 그곳에 다녀오시더니 이 어른이 아주 변했습니다. 그 후로 지금까지 포스터 같은 것 보면 "이런 것 많이 붙여야 되요" 하면서 한 번도 거스르는 일 없이 결재 싸인을 해주십니다.

당회 때마다 담임목사가 장로님들께 일일이 간섭하고 가르칠 것도 없습니다. 2년 동안 전국의 교회를 다녀온 뒤에 저희 교회 장로님들이 얼마나 눈이 높아지고 폭이 넓어졌는지 모릅니다. 교인수가

5,000여 명이 넘고 지방에서 크고 하니까 우물 안 개구리처럼 저희 교회가 최고인 줄 알았지만 다녀보니까 아무것도 아니더란 겁니다. 배우고 고쳐야 할 부분들을 보고 오신 것입니다.

매월 첫째 날 당회원 성경공부가 있습니다. 매월 첫째 날 새벽 다섯 시에 갖습니다. 그때는 장로님들 목사님들만 다 모입니다. 매월 한 번이면 1년에 열두 번 아닙니까? 1년에 열두 번 성경 가운데 우리끼리 나눌 수 있는 적나라한 내용을 끄집어낼 수 있는 것들만 편집해서 교재로 만듭니다. 다른 교인들은 5시에 새벽기도를 그대로 하고 당회원들만 당회장실에 모여서 새벽기도를 하는 것입니다. 그랬더니 어떤 장로님이 이렇게 말합니다.
"설교하고 또 다른 면이 있네요."
당회와 교역자간에 잡음이 있을 리가 없습니다. 잡음이 생기려고 하면 그 다음 달 1일이면 걸러집니다. 그렇게 말씀의 간섭하심을 경험하다 보니까 의식이 순화되고, 아름다운 말을 하게 되고, 좋은 생각을 하게 되고 자기도 모르게 성경 속에 자꾸 들어가게 됩니다. 성령이 역사할 수밖에 없습니다.

우리 목사님은 때밀이

제가 목회 원리 한 가지를 목욕탕을 통해 깨달았습니다. 교회성장론입니다. 교회성장을 어떻게 이룰 수 있는가 하는 방법입니다. 그리고 이것은 '목욕탕론'이라고 이름을 붙였습니다. 교회가 성장하는 것은 목욕탕과 똑같다는 뜻입니다.
저는 이것을 논문으로 쓰기 위해 일부러 목욕탕에도 갔습니다. 목욕탕에는 주인이 있고, 때밀이가 있고, 손님이 있습니다. 교회도 마찬가지입니다. 주인은 예수님이고 때밀이는 목사고 손님은 성도입니다. 모든 목회자는 때밀이입니다.
그래서 저는 저희 교회 성도들에게 물어보았습니다.
"우리 교회 때밀이는 누구지요?"
그러면 성도들이 처음에는 미안스러워 말을 못합니다.
"…목사님요."
"목사가 일곱, 여덟인데 그 중에 누구가 때밀이지요?"
"서임중 목사님요."
그러면 칠판에다가 '서임중 = 때밀이'라고 써놓습니다. 교인들은 배꼽을 잡고 웃습니다. '우리 교회 목욕탕 때밀이 = 서임중'이라고 딱 써놓고 교인들에게 인식을 시키는 것입니다. 또 '주인 = 예수님' '손님 = 성도' 써넣고 난 다음에 때밀이 이야기를 합니다.

제가 논문을 앞두고 목욕탕에 갔을 때의 일입니다. 제 앞에 계신 분이 몸이 굵은 사장님인데, 먼저 때밀이 약속이 되어 있었습니다. 정말 몸집이 엄청나게 큰 분이었습니다. 보니까 배가 불룩한 게 걱정이 될 정도였습니다. 처음 때를 미는데 보니까 때미는 나무침대 위에 누운 배가 출렁출렁 했습니다.
저는 목욕탕을 연구하러 온 사람이고 그 다음 차례가 내 차례이기 때문에 가만히 팔짱을 끼고 바라보았습니다. 때밀이가 수건을 감더니만 사람을 눕혀놓고 때를 밀기 시작합니다. 그런데 가만히 보니까 때밀이가 참 고생을 많이 합니다. 그 건강해보이는 젊은이가 땀을 죽죽 흘립니다.
배꼽 밑에쯤 미는데 그 손님이 말도 없이 갑자기 화닥닥 일어나더니만 "야, 이 자슥아!" 하고 고함을 질렀습니다. 때밀이가 깜짝 놀라서 "아, 예!" 했습니다.

"살살 밀어라, 이 자슥아."
아프다는 것입니다.
저는 앉아서 '참, 그 사람 성질도 별나다. 그렇다고 그렇게 일어날 게 뭐 있노? 그냥 이야기하면 되지. 그리고 욕은 또 왜 하노' 하고 생각했습니다.
"아, 예. 살살 밀겠습니다."
"살살 밀어, 응?"
"네, 알았습니다."
다리 쪽을 밀 때는 시원하기 때문에 좀 세게 밀어도 괜찮습니다. 다리를 밀고 난 뒤에 저는 기가 막힌 것을 발견했습니다. 다 밀고 난 다음에 저는 때밀이가 "사장님, 앞은 다 밀었으니까 옆으로 돌아누우십시오" 이렇게 말할 줄 알았습니다. 그런데 때밀이가 아무 말없이 손바닥으로 척 두드리니까 저절로 휙 돌아누워버렸습니다. '아, 저 때는 저렇게 하는거구나' 하고 잘 봐두었습니다. 또 다 하고 나서 톡 치니까 이번엔 뒤로 돌아누웠습니다. 그리고 겨드랑이 밑을 미는데, 또 화를 내면서 소리를 질렀습니다.
"야, 내가 돼지가? 임마야. 살살 밀라 안 카나."
"아, 예. 살살 밉니다."
때밀이가 이렇게 말하는데 얼굴에는 짜증이 잔뜩 나 있었습니다. 그분은 엎어져 있어서 모르지만 저는 그 청년을 보고 있으니 잘 알 수 있었습니다. 겨드랑이를 밀 때는 괜찮았는데 등을 밀 때는 수건을 감아쥔 표정이 달랐습니다.
'오냐, 살살 민다 이 자슥아. 우짤래?'
말은 안하는데 그 사람 표정에서 그런 말이 제게로 전해져 왔습니다. 다 밀더니, 옆이나 뒤를 밀 때와는 달리 이번에는 손으로 철썩 올려 붙였습니다. 손님을 앉혀놓고 비누칠 하고 물 뿌리고 끝냈습니다.

"손님, 다 됐습니다."
 손님은 일어나서 털썩거리면서 몇 발자국 가다가 돌아서서 "다음 엔 살살 밀어라 응?" 하면서 가버렸습니다.

 그 다음에는 제 차례가 되었습니다. 걱정이 태산 같았습니다.
 '저렇게 힘이 넘치고 덩치가 좋은 분도 아프다는데 피부도 약한 나는 이제 죽었다.'
 대 위에 올라가 누웠습니다. 아팠습니다. 아파도 웬만큼 아픈 게 아니었습니다. 설상가상으로 때밀이가 화가 나있는 상태로 미니까 나는 더 아픈 게 당연했습니다. 예수님의 십자가를 생각하며, 나는 이것도 못 참겠나 싶어서 참았습니다. 그런데 참아도 너무 아파서 도저히 참을 수가 없었습니다. '앞의 손님도 배꼽 밑에 밀 때 일어났으니까 나도 배꼽 밑에 밀 때 일어나야겠다' 고 생각하고 욕이라도 해주고 싶은 기분으로 벌떡 일어났는데, 때밀이의 손을 잡고 이렇게 말했습니다.
 "힘들지요?" 순간 때밀이 청년이 놀란 표정입니다.
 "예? 아닙니다. 괜찮습니다."
 "몇 살입니까?"
 "스물 다섯입니다."
 "얼마나 힘들겠어요. 내 몸에는 때가 별로 없으니까 살살 밀어도 괜찮아요. 그렇게 땀 흘릴 필요가 뭐 있나?"
 "아이고, 사장님. 아닙니다."
 "난 사장이 아니고 목사인데, 그렇게 힘들이지 말고 밀라고."
 "네, 사장님, 알았습니다."
 "참 당신도 엔간하다. 내가 사장이 아니고 목사라 안 합니까?"
 그런데도 밀 때는 여전히 아팠습니다. 그래도 다리 쪽이라 덜 아파서 참을 만했습니다. 다 밀고 나서 툭 치길래 '옳거니 이제 넘어갈 시간이다' 해서 넘어 갔습니다. 완전히 자동이었습니다. 다 밀고 또 툭 치길래 엎어졌습니다. 다 밀고 나서 제가 그의 손을 잡았습니다.

"그래, 수고 많이 했어요. 그런데 많이 밀 때는 하루에 얼마나 밉니까?"

"구정 때는 하루에 서른 한 명도 밀어봤습니다. 중간에 전화로 주문해서 돼지고기 두루치기와 소주 한 병을 먹고 들어와야 하지 그냥은 진이 다 빠져 못합니다."

참 안됐구나 하는 생각이 들었습니다. 그래서 농담을 해서 위로해 주고 웃겨보고 싶었습니다.

"내가 목사가 되기 전에 관상을 좀 봤는데 당신 관상을 보니 나중에 큰 목욕탕 사장 될 관상이네."

그랬더니 이 사람이 "아이고, 내 소원이 바로 그겁니다" 합니다. 그분의 소원을 내가 맞춘 것입니다.

"그래. 젊어서 고생은 사서도 한다는데, 열심히 해서 훌륭한 목욕탕 주인이 되십시오."

"아이고, 사장님. 감사합니다."

"당신도 참. 나는 목사라니까 목사."

그래도 이 때밀이는 기분이 좋아서인지 끝까지 사장님이랍니다.

"아이고, 사장 목사님. 감사합니다."

집에 돌아와 목욕탕을 교회로 생각하고 때밀이가 목사라고 정의하면서 이런 수칙을 정해보았습니다.

때밀이 수칙 제1호: 탕 안의 물을 깨끗이 할 것.

탕 안의 물이 더러우면 그 목욕탕에는 손님이 안 옵니다. 물 조금 아끼다가 물이 전부 더러워지면 손님이 끊어집니다.
 물탕 안의 물은 설교입니다. 목회 때밀이는 설교가 깨끗해야 합니다. 구질구질하면 안됩니다. 깔끔해야 합니다.
 '멸치를 두 마리 가지고 왔느냐, 한 마리 가지고 왔느냐?'
 '구정인데, 성탄절인데 선물은 누가 갖고 왔나?'
 이런 것 말고, 진짜 복음을 던져 주어야 합니다. 주일날 예배당에 나왔다가 설교와 축도가 끝나도 나갈 수가 없어서 가만히 혼자 앉아 눈물을 죽죽 흘리는 사람이 있어야 합니다. 주일 예배나 저녁 예배나 그런 사람 하나만 나오면 그 설교는 성공입니다. 일어나지를 못하고 가지를 못하는 것입니다.
 복음은 영혼을 깨끗하게 합니다. 하나님께 더욱 나아가게 합니다. 설교는 그 복음을 전하는 것입니다. 재론할 여지가 없습니다.
 물탕 안의 물을 깨끗게 관리해야 합니다. 마찬가지로 목사 때밀이는 설교를 깨끗하게 해야 합니다.

때밀이 수칙 제2호: 탕 안 전체를 수시로 청소해 줄 것.

 목욕탕에 오후쯤 가면 여기 저기 비누, 샴푸 봉지, 너절한 수건 등이 너저분하게 흩어져 있기가 일쑤입니다. 청소 안한 목욕탕은 가기가 싫습니다. 수시로 물을 쫙쫙 뿌리고 휴지도 주워서 쓰레기 통에 집어 넣으면 깨끗합니다.
 목회 목욕탕 청소는 심방입니다. 구석구석 다니면서 깨끗이 정리해 놓아야 그 목욕탕이 살아있는 목욕탕이 됩니다.

 때밀이에게는 이런 수칙만 있는 것이 아니고 '때밀이의 특권' 도 있습니다.
 그것은 **때밀이의 수칙 3호**가 되기도 하지만 때밀이의 특권이기도

합니다.

그것이 무엇입니까? 때밀이는 유일하게 팬티를 입고 있습니다. 다른 사람은 다 벗었는데 때밀이는 입고 들어옵니다. 제가 물어보았습니다.

"여보시오. 다 벗고 있는데 혼자서 뭐하러 그 젖어서 축축한 것을 입고 있소?"

이 사람의 대답이 무엇인 줄 압니까?

"글쎄요, 나도 모릅니다. 선배가 입고 들어오길래 나도 입고 들어온 겁니다."

왜 입고 들어오는지도 모르면서 때밀이 선배가 때를 밀 때마다 입고 들어오니까 자기도 입고 들어온다는 것입니다. 내가 정의를 해주었습니다.

"내가 말해주리다."

"뭡니까?"

"그건 구정 같은 날 손님은 많고 물 안개가 자욱할 때, 칫솔이나 치약이 필요할 때 다 벗으면 누가 손님이고 누가 때밀인지 어떻게 아나? 여기 가서 '때밀이입니까?' 저기 가서 '때밀이입니까?' 물어볼 필요없이 휙 돌아보면 팬티 입은 사람이 때밀이지. 당신이나 나나 똑같은데 가릴 건 뭐 있겠소? 다른 사람들을 위해서 가리는 거지."

"맞습니다."

목사 때밀이도 마찬가지입니다.

항상 교인들 앞에서 눈에 띄어야 합니다. 필요할 때 언제 어디서 봐도 목사는 제자리에 있어야 합니다. 교인이 아파서 목사를 보고 싶어도 이 목사님이 어디에 있는 줄 모르면, 여기 가서 "때밀이입니까?" 저기 가서 "때밀이입니까?" 물어보는 사람처럼 내 문제를 우리 목사님한테 가서 치료받는 것이 아니라 다른 교회 목사님한테 가서 치료받는 교인이 있다는 말입니다. 이것은 목회 실패입니다.

교인은 젖은 팬티라 할지라도 절대 목회 때밀이의 팬티를 벗기면 안됩니다. 이것은 때밀이가 갖고 있는 수칙 3호이면서 특권입니다.

이렇게, 때밀이에게 때밀이의 수칙과 특권이 있는가 하면, 손님인 성도는 때밀이한테 많은 유익을 입을 수 있습니다.

때는 때가 있으니 밉니다. 교회는 왜 옵니까? 죄의 때를 벗기러 옵니다. 자기 혼자 때를 벗길 수 있다고 가르친 것이 만인제사장론입니다. 그런데 신기한 것은 자기 혼자 아무리 때를 벗겨도 등은 잘 안 벗겨집니다. 아무리 벗겨도 잘 안 벗겨집니다. 이런 사람한테는 뒤에서 슬슬 밀어줄 사람이 필요합니다. 밀어만 주면 깨끗합니다.

그래서 내 눈에 밉든 곱든, 싫든 좋든, 원하든 원치 않든 목사는 필요합니다.

요즘 교인들은 목사 없이 자기들이 설교를 다 하려고 하는데 하나님은 그렇게 만들어 놓지 않았습니다.

똑같은 때를 미는데 내 앞에 미는 사람은 때밀이 보고 욕을 하고, 저는 "힘들지?" 했습니다. 때밀이의 반응도 달랐습니다. 소리지르고 욕을 했던 그 사장님에게는 "오냐 이 자식아! 살살 밀게"라고 화난 마음과 얼굴로 때를 밀었지만, 내 몸의 때를 밀 때는 정말 시원하도록 살살 잘 밀어 주었던 것입니다. 이와 마찬가지로 성도들이 교회 목욕탕 때밀이 목사에게 하는 말도 마찬가지입니다.

"목사님예."

"예."

"요즘 들어 앉아 뭐하는교? 심방 좀 오소."

그러면 때밀이 기분이 좋지 않습니다. 당장 반응이 표현됩니다.
'오냐, 이 자슥아! 심방 갈게.'
저도 목사입니다만 그렇게 반응할 수 있습니다.
그런데 다른 반응을 봅시다.
"목사님예, 우리 집에 커피 포트 새로 샀는데 개시 해주셔야지예."
'아, 이거 심방 오라는 말이구나.'
"네, 집사님, 가지요."
이렇게 되면 목회가 즐겁습니다.

우리 각자의 교회 목욕탕은, 목사 때밀이는, 성도 손님은 제 역할을 다하고 있는지요?

교회 성장은 선교와 비례합니다

하나님이 교회를 향해 주신 첫째가는 사명은 선교입니다.
교회 성장은 선교와 비례합니다. 전국의 47교회를 다니면서 제가 연구해서 통계를 내서 내린 결론입니다. 성장하는 교회의 공통점은 선교하는 교회입니다. 이것은 누구도 반론을 제기할 수 없는 성서적이면서 실천신학 분야에서도 입증된 내용입니다.

저희 교회는 제가 부임한 뒤에 선교위원회가 조직되었습니다. 선교위원회를 조직할 때 에피소드가 있습니다.
선교위원회 회원으로 등록하는 신청서는 노란 색깔의 용지였습니다. 회원에는 특별회원, 선교회원, 일반회원, 기도회원으로 구분했습니다. 선교위원회를 조직하고 회원 등록을 시작하기 전에 등록만 시작이 되면 적어도 수백 명이 등록하지 않겠나 싶었는데 1차 78명밖에 등록을 안했습니다. 출석교인 2,500여 명 교회가 이 모양이었습니다. 그야말로 충격적이었습니다. 그 다음 주일날 또 광고를 했습니다. 그 다음 주일 또 광고를 했습니다. 한 달 광고를 계속해서 예배 시간마다 했더니만 저를 너무나 아끼는 권사님 한 분이 일부러 목사관에 오셨습니다.

"목사님, 저는 답답해 미치겠어예."

"권사님, 왜요?"

"목사님이 그 노란 딱지 들고 강단에서 자꾸 말씀하시면요, 목사님 인기가 자꾸 떨어져예. 이제 그만 하지요. 왜 그리 모자라는 사람처럼 목회를 하십니까?"

나는 정신이 없었습니다. 나를 아껴주고 걱정하시는 마음이야 왜 모르겠습니까만 하나님의 거룩한 일을 방해하기 위한 사탄의 전략이라고 생각했습니다.

이럴 때 쓰는 말이 베드로에게 주님이 하신 말씀입니다.

'사탄아 물러가라.'

그러나 그걸 입으로 말할 수는 없으니 속으로만 했습니다. 그리고 권사님께 말씀 드렸습니다.

"그래요? 감사합니다. 생각해 보지요."

그래 놓고 그 다음주에 또 광고합니다. 모 권사님이 오셔서 이런 말씀을 하시더라는 이야기까지 했습니다. 제가 저희 교회에 부임한 것은 인기를 얻기 위한 것이 아니라고 강조도 했습니다. 하나님이 기뻐하시는 일이라면 여러분에게 나는 그것을 가르쳐야 하고 사역하게 해야 함도 강조했습니다. 내가 생각해도 정말 그때는 내 정신이 아니었습니다. 무엇엔가 이끌림받는 힘이 있었습니다. 그렇게 석 달 동안 계속해서 광고했습니다.

제가 기도하고 얻은 결론이 선교위원회를 조직하는 것이 하나님이 기뻐하시는 일이라 믿었고, 그렇다면 그 일로 나 하나쯤 욕 먹는 것이 무슨 대수냐는 것입니다. 그러자 드디어 1,237명까지 등록을 했습니다. 한 달에 1,000만 원 이상씩 선교헌금이 들어오게 된 것입니다.

선교위원회를 조직하기 전 저희 교회에서 처음 선교를 시작한 것이 필리핀에 안병갑 선교사님을 (저희 교회가 다 부담한 것도 아니고) 절반만 부담해서 파송한 일입니다. 그게 해외 선교의 전부였습니다. 국내 선교도 아무것도 시행하지 못하고 있었습니다. 일년 예산 십수억을 집행하면서 선교에는 인색했습니다.

그 후 선교위원회를 통해서 국내의 100여 교회에 매월 10만 원씩 보내기로 했습니다. 해외 선교는 16개국의 24명의 선교사님들에게 평균 500달러를 계속 선교비를 보내게 되었습니다. 단독 선교를 하면 5,6명까지 보낼 수 있는 엄청난 비용이지만 일단 단독 선교를 하지 아니하고 협력 선교를 하는 선교 정책을 쓰고 있습니다. 그것은 교인들로 하여금 선교의 이해와 선교의 개념을 정착시키고자 하는 선교 정책의 일환이었습니다.

그런데 가슴 아픈 것은 선교위원회에 등록 현황을 보니 초신자가 거의 60%나 되고 항존직분자 중에 빠진 사람도 있었습니다. 놀랍게도 장로님도 빠진 분이 있어서 저는 터놓고 장로가 되고 안수집사가 되고 권사가 되어서 양무리의 본이 되어야 하거늘 하나님의 선교에 동참하게 되는 이 아름다운 사역에 동참하지 않고 교회에서 어떻게 교인들을 인도하는 지도자라 할 수 있겠느냐고, 그래서 교회가 어떻게 사회를 선도하고 지역 교회의 모범된 교회가 될 수 있겠느냐고 했습니다. 물론 그 이후에 모든 항존직분자들도 감사함으로 깨닫고 선교사역에 동참을 하고 있어서 저희 교회는 이제 선교의 장을 더욱 넓게 펴고 있습니다.

어쨌든 지금 선교위원회 회원들이 열심히 활동을 하는데 선교 회원에 가입해서 복을 받은 사람이 부지기수로 나오고 있습니다. 신기한 일입니다. 좋으니까 이제는 단독 해외 선교를 신청합니다. 자기 가족 이름으로 해외 선교사 한 분을 단독으로 500달러 헌금하겠다거나, 또 200달러, 300달러 후원하겠다는 가정과 개인들이 늘어나고 있습니다. 하나님이 참 기뻐하시겠다는 생각을 날마다 합니다. 그렇게 선교 사역에 동참하는 가정과 개인들을 보면 놀랍게도 하나님이 은혜를 베푸시는 것을 봅니다. 그래서 신앙생활은 논리가 아니라 체험이라고 하는 것입니다.

그런 분들이 자꾸 늘어가고 있습니다. 그분들은 손해보지 않습니다. 그분들의 간증을 들어보면 놀랍습니다. 끝이 없습니다.

이런 일도 있습니다.
"목사님, 우리 선교 그만합시다."
장로님의 말씀입니다.
"왜요?"
매년 11월, 12월이 되면 농어촌 개척 교회에서 저희 교회에 선교비 보조 청원서가 평균 해마다 300통이 넘게 쌓입니다. 그 가운데 보고 또 보고 더 어려운 데를 찾아가지고 보냅니다. 그런데 어떤 경우는 나를 보고, 나와의 인간관계를 믿으면서 선교비를 신청했다가 선정되지 못하는 경우가 있습니다.

사실 그렇습니다. 나와의 안면으로 신청한 사람은 떨어졌습니다. 안다고 신청했는데 안면몰수한다는 것입니다. 그래서 나를 두고 많은 불평과 욕을 한다는 이야기를 장로님이 듣고 오신 것입니다. 화가 나서서 왜 우리 목사님이 좋은 일하고 욕을 먹어야 하냐는 것이 장로님의 항변이었습니다.

그렇습니다. 안다고 보조 신청을 했을지라도 선교위원장에게 당회장을 의식할 것없이 심사하고 또 심사해서 어려운 곳을 부끄럼 없이 선정하여 선교의 기쁨을 하나님께 돌려야 한다고 했습니다.

저는 선교에 관하여는 잠언 3:27-28 말씀을 적용합니다.

"네 손이 선을 베풀 힘이 있거든 마땅히 받을 자에게 베풀기를 아끼지 말며 네게 있거든 이웃에게 이르기를 갔다가 다시 오라 내일 주겠노라 하지 말며"입니다.

그렇습니다.

첫째는 "선을 베풀 힘이 있거든"입니다. 베풀 힘도 없으면서 베푼다는 것은 일종의 교만입니다. 베풀 수 있기를 위해 기도하고 힘써야 합니다.

둘째는 "마땅히 받을 자"입니다.

구제나 선교의 대상을 바로 선정하지 못하면 그것은 하나님의 거룩하신 뜻과는 상관없는 자기도취적인 일이 되기 쉽습니다. 정말 받을 자를 바르게 선정하는 것은 구제와 선교의 더없는 중요한 일입니다.

셋째는 "베풀기를 아끼지 말며"입니다.

인색해서는 안된다는 것입니다. 오늘 배고픈 사람에게 내일 주겠다는 것은 성서적이 아닙니다.

이것이 나의 선교정책이며 구제 기준입니다.

그래서 사실 나를 보고 선교비를 신청했다가 오히려 손해를 보는 경우도 없잖아 있습니다. 그래서 많은 동역자들에게 때때로 원망을 듣고 욕을 먹기도 합니다.

"목사님, 도와주고 왜 욕 먹습니까?"

"장로님, 그래도 괜찮습니다. 선교는 나의 일도 장로님의 일도 아니고 하나님의 일입니다. 욕 먹는다고 이 일을 그만할 사람이 아닌 줄 장로님이 더 잘 아시잖아요. 교회가 선교를 중단하면 바울이 말한 것 같이 화를 부를까봐 그만할 수가 없습니다."

주님 앞에 섰을 때, 주님의 가장 큰 사명에 관해 물으실 때, "이만한 교회에서 이것도 안하고 무얼했느냐?"고 하시면 할 말이 없습니다. 욕을 먹어도, 욕 먹어가면서 좋은 일은 한 쪽으로 계속해야 합니다. 우리 하는 일에 칭찬만을 바라는 것은 무리입니다. 우리가 마땅히 해야 할 일을 행할 때 나머지는 주님이 알아서 하십니다.

저희 교회의 자랑거리가 있습니다. 한 달에 다섯 주일이 있는 달이 일 년에 네 번입니다. 그 다섯 번째 주일을 '사랑의 주일'로 정책적으로 명명했습니다. 그리고 사랑의 주일 헌금은 따로 모읍니다. 그 헌금은 불신자이든 신자이든 상관없이 어려운 사람, 도와주어야 할 사람이 선정되면 아낌없이 구제하고 도와 드립니다.

이와같은 실천은 모든 교회가 시행했으면 하는 마음입니다. 작은 교회라고 핑계할 수 없는 일입니다. 금액이 많고 적은 게 문제가 아닙니다. 작은 시골교회 경우, 한 주일에 10만 원 헌금이 나왔다고 합시다. 그러면 목사님이 10만 원을 들고 기도한 다음에 마을에서 정말 어려운 분을 만나 전달하고 기도해주고 돌아오는 겁니다. 그러면 그 사람이 소문을 자꾸 냅니다. 소문은 자꾸 퍼져나갑니다.

찾아보면 도와주고 구제하고 선교할 기회들이 아주 많이 있습니다. 다만 우리가 받은 것을 잊고 주려 하지 않을 뿐입니다.

三斷, 그리고 신앙인의 결단

三斷이라는 말이 있습니다. 붓의 끝, 혀의 끝, 칼의 끝을 말하는 것입니다.

붓끝을 잘못 놀리면 필화(筆禍)가 옵니다. 신문기자들이 붓을 잘못 놀리면 당장 걸려 드는 경우를 쉽게 보아왔습니다.

혀끝을 잘못 놀리면 구설수에 오릅니다.

칼끝을 잘못 놀리면 살생을 합니다. 이 삼단을 머리 속에 늘 넣어두면 굉장히 도움이 됩니다.

목회자들의 설교는 언제나 글입니다. 글을 잘 써야 합니다.

목회자의 혀는 문자 그대로 법입니다. 살리기도 하고 죽이기도 합니다. 까딱 잘못하면 구설수에 오릅니다. 혀는 다른 이의 영혼을 이롭게 하는 데 쓰여야 합니다.

칼끝을 잘못 놀리면 살생을 합니다. 칼도 잘 써야 유용한 도구가 됩니다. 붓도 혀도 칼도 그런 이중적인 기능을 지닌 도구들입니다.

이 도구를 어떻게 쓰는가가 중요합니다. 내용만 중요한 게 아니고 아무리 좋은 내용이라도 그 내용을 전개시켜나갈 때에 어떤 방법을 사용할 것인가 하는 것이 중요합니다.

빅톨 위고의 단편 가운데 「93」이란 작품이 있습니다.

내용을 요약하면 다음과 같습니다.

"배가 폭풍을 만났습니다. 선창에서 부서지는 소리가 들렸습니다. 이 배는 선창에 대포를 수송하고 있었던 것입니다. 배가 큰 풍파에 시달려 대포를 묶었던 쇠사슬이 끊어졌습니다. 몇 명의 선원들이 필사적으로 선창에 내려가는 제멋대로 굴러다니는 대포를 붙잡으려고 애를 썼습니다."

작가는 이 작품에서 배를 인간에 비유하고 있습니다. 그러면서 배를 파괴하는 것은 풍랑이 아니라 대포라는 사실을 깨우치고 있습니다. 마찬가지로 인간을 파괴하는 것은 밖으로부터 오는 풍파가 아니라 내부에서 이리저리 굴러다니는 대포 같은 미움과 원한과 분노입니다.

이와 같은 인간 내부를 평안하게 하고 진정한 쉼을 갖게 하는 것은 신앙, 곧 하나님을 믿는 기독교 신앙입니다.
바다의 풍랑을 잠재우신 예수님은 우리 마음에 일어나는 온갖 죄로 말미암은 풍랑을 잠재우시고 대신에 안식과 참 평화를 주시는 것입니다.

미국 보스톤에서 목회하는 콘라드 박사가 라디오 설교를 하면서 자신의 경험담을 소개했었습니다.
한 교인이 콘라드 목사님을 끈질기게 10년 동안 괴롭혔습니다. 그 사람은 사사건건 목사님의 목회를 반대하고 자기의 입장에서 목사님의 목회의 실수, 잘못된 것들을 일일이 수첩에 기록하면서 기회가 있을 때마다 목사님을 괴롭혔습니다. 그러다가 그 교인이 서부 지역으로 이사를 갔고 무슨 영문인지 이사를 하고 난 얼마 후에 콘라드 목사님께 지금까지의 자기의 행동이 너무도 잘못되었다는 사과의 편지를 보내 왔습니다. 콘라드 박사는 너무 기뻐서 이런 전보를 쳤습니다.
"Forgiven, Forgotten, Forever"(용서했음, 잊어버렸음, 영원히)

그렇습니다.

우리는 하나님의 은혜 안에 살면서 하나님의 뜻을 저버리고 하나님의 마음을 아프게 하는 일들이 얼마나 많은지 모릅니다.
그러나 하나님은 우리의 모든 실수도 잘못도 허물도 다 용서하셨습니다. 잊어 버리셨습니다. 영원히 기억도 하지 아니하십니다.
이것이 진정한 안식과 평안의 은총을 입은 성도의 축복입니다.

제가 존경하고 따르는 교계 원로이신 K 장로님은 저에게 목회의 많은 도움을 주시는 분이십니다. 그 장로님의 간증 가운데 한 가지는 참으로 감동적인 교훈이었습니다.

장로님은 대기업의 간부였습니다. 장로답게 성실하게 일을 했습니다. 그러다가 불가피한 상황에서 그는 그 회사에서 퇴직을 당해야 했습니다. 자신이 생각을 해도 용서받을 수 없는, 공직자 같으면 퇴직금도 받지 못할 실수를 회사에서 저질렀던 것입니다.
그러나 그 회사 회장님은 장로님의 그 실수 한 가지를 그 동안 회사를 위해 바친 수고를 생각하여 최선을 다해서 장로님의 뒷일을 은혜로 마무리 해 주셨습니다. 그리고 새로운 마음으로 계열 회사로 옮겨 근무를 하도록 했습니다.
그리고 그 때부터 회사의 직원들이 여러 모양으로 잘못을 저지르고 실수를 할 때 그 전 회사에서 근무할 때 같으면 시말서를 받고 사표를 받고 칼날 같은 관리직을 수행했겠지만, 그 사건 이후로 그는 항상 회장님을 생각하게 되었던 것입니다. 잘못하는 부하 직원들에게 시말서를 받는 대신 한 번 더 어깨를 두드려 격려했고, 실수를 저지르는 직원들에게 어떻게 하는 것이 좋은 근무 자세라는 것을 깨우쳤습니다. 그럴 때마다 많은 어려움도 있었고 시련도 있었지만 자신이 체험한 바에 의하면 정죄보다는 용서가, 원망과 불평보다는 사랑이 인생의 가장 아름다운 삶의 방법임을 간증하셨습니다.
그리고 저에게 깨우치신 것입니다.
"서 목사! 목회의 대성은 첫째 이해요, 둘째 관용이요, 셋째 용서이고, 그 모든 것은 그리스도 예수님의 사랑에서 가능한 것이야."

3단(三斷)의 깨우침을 목회 현장에, 신앙생활에 적용하면 참으로 아름답고 행복한 삶을 살아갈 수 있습니다.

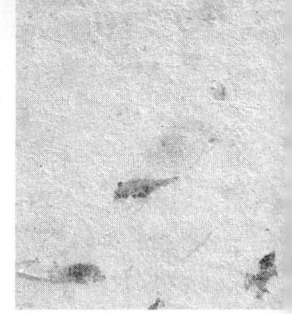

제 6장
"나는 너희의 몸이라"

대접을 받으려 하지 말고 먼저 대접하는 삶, 섬김받으려 하지 말고 먼저 섬기는 삶, 높아지려 하지 말고 낮아지는 삶이 예수님의 삶이고 그것이 그리스도인의 삶의 내용이 되어야 하는 것입니다.
이 사랑의 목회는 '하나님과 함께' 라는 확신의 삶을 살게 합니다.

"나는 너희의 몫이라"

가장 크고 유일한 자산

목사님들치고 자녀를 출가시킬 때 어렵지 않은 사람은 없을 것입니다. 목회 생활을 통해 통장 하나 가지지 못하는 것은 저도 마찬가지였습니다.

저희 교회에 부임하고 얼마를 지난 어느 날 권사님이 목사관에 오셨습니다. 항상 목사를 걱정하고 기도하고 신앙과 생활이 아름답게 조화를 이루는 분이었습니다. 평소에도 많은 목회자들에게 사랑을 나누는 분으로 듣고 있었습니다. 이런 저런 이야기를 나누다가 권사님은 내 앞에 통장 하나와 도장을 내놓으셨습니다. 내용인즉 15년을 목회하면서도 통장 하나 가지지 않고 어려운 사람들을 돕는 생활을 하는 것도 좋은데 아이들은 자라고 대학에도 가게 되고 결혼도 해야 할 것 아니냐면서 통장에 목사님 이름으로 돈을 조금 저금했으니 이제는 목사님이 계속 저축 좀 하라는 뜻이었습니다. 참으로 고맙고 콧

등이 찡했습니다. 그러나 마음속으로는 역시 "그건 아닙니다"라고 다시 한번 목회 철학을 되새겼습니다.

그리고 그 다음날 권사님에게는 미안했지만 그 통장의 돈을 찾아 선교비 구좌로 넣고 통장은 폐기시켰습니다. 그리고 어느 금요일 심야 기도회 시간에 이 이야기를 했습니다.

수년 후 아이 결혼 비용을 준비하기 위해서 저축을 하는 것은 나쁜 것은 아니지만 목회를 시작할 때 모든 염려를 주님께 맡기고, 살아도 주를 위하여 살고 죽어도 주를 위하여 죽는, 바울 사도의 삶을 나의 삶으로 고백하고 출발했으니 내일 나의 가족을 위하여 오늘 어려운 사람들을 돕는 일을 멈출 수 없다는 것이 나의 목회 철학이었습니다.

그리고 교회 앞에 우스갯스러운 이야기를 전개했습니다. 교인 오천명이 결혼 축의금 2만원씩만 해도 1억은 되니 그것으로 우리 아이 아파트 하나 마련해서 살게 하면 되지 않겠느냐고 했더니 온 교인들이 배꼽을 잡고 웃으면서도 "아멘"으로 화답하였습니다.

제가 그런 말을 한 것은 교인들이 목사를 마음으로 그만큼 생각해 주기를 바라는 뜻이지, 사실 자식들의 장래에 대해 아무런 걱정도 없습니다. 대학 공부만 시켜 놓으면 스스로의 삶을 다듬어 나아가야지 아비가 그걸 다 해주어야 한다는 생각은 없습니다.

자녀에게 줄 수 있는 가장 크고 유일한 자산은 그리스도이십니다. 그리스도만 그 중심에 심어 준다면 걱정할 일이 없습니다.

저는 담임 목사가 되기 전, 한 시골 교회에서 전도사가 아니라 전도인으로 토요일에 올라가서 주일 설교하고 월요일까지 생활하곤 했습니다.

제가 처음 그 교회에 갔을 때 성도가 열 일곱 명이었습니다. 정작 놀란 것은 교회 예배당 창문이 다 깨져 있는 지경인데, 뒷집은 고래

등 같은 장로님 집, 앞집은 안수집사님 집이었다는 것입니다. 교회는 마치 집과 집 사이에 화장실 같은 느낌이었습니다.

할 수 있는 것은 무엇이든 다 했습니다. 그런 교회도 그래도 붙들고 늘어지니까 100명 가까운 교인들이 나오고 45평 되는 교회 건물을 새로 짓게 되었습니다. 내가 하겠다면 안되었겠지만 주님만 앞에 모시고 기도하면서 따라가니까 다 됐습니다.

일단 그리스도만 높이고자 하는 그런 삶의 목적을 가지고 살아야 하겠습니다.

예수님처럼, 예수님의 사랑처럼

항상 남의 유익을 위하는 먼저 생각해 보십시오.

이것은 성경적이고, 예수의 가르침이면서 저의 개인적인 삶의, 목회의 목적입니다. 내 유익이 아니고 남의 유익을 위한 목적을 한번 설정해 보십시오. 어디서나 마찬가지입니다.

이러한 삶은 섬김의 삶입니다. 나의 유익을 위해 행동하는 삶이 아니라 너의 유익을 위해 행동하는 나의 삶입니다.

불교에서 '보시(布施)'란 말은 준다는 말입니다. 불교의 핵심 교리 중 하나가 이 보시 원리입니다. 보시에는 삼시(三施)가 있습니다.

첫째가 법시(法施)입니다.

불교에서 말하는 법은 다르마, 곧 진리입니다. 그 불교에서 제일 먼저 주창하는 것, 보시 원리 중에 제 一施가 법시입니다. 진리를 주라는 것입니다.

기독교로 말하면 말씀을 주라는 것인데 복음 전도입니다. 원리는 같은데 표현 방법은 다른 것입니다.

두 번째가 재시(財施)입니다.
물질을 주는 겁니다. 기독교적으로 표현하면 구제입니다.
세 번째가 귀담아 들을 말인데 무외시(無畏施)입니다.
무외시는 두려워하지 않는 마음을 주는 겁니다. 불교의 교훈이지만 한번 참고해 봅시다. 불교인들이 가르치는 주요 삶의 철학이 보시의 원리라면, 진리를 주고 물질을 주고 두려워하지 않는 마음을 다른 이들에게 준다는 것이니 얼마나 좋습니까?

이것을 한마디로 말하면 사랑입니다. 사랑의 중요한 밑바닥은 너를 위하는 마음입니다. 나의 유익을 위한 건 사랑이 아닙니다. 너의 유익을 위하여 행동하는 내 생활이 사랑입니다. 이게 바로 보시의 원리와 맥락을 같이 합니다. 얼마나 좋은 말인지 모릅니다.
주는 원리를 삶의 목적으로 삼으면 오히려 주님께서 우리에게 베푸신 은혜가 얼마나 큰지 알 수 있습니다. 그리고 우리를 향하신 예수님의 마음을 조금이나마 알 수 있게 됩니다.

대접을 받으려 하지 말고 먼저 대접하는 삶, 섬김받으려 하지 말고 먼저 섬기는 삶, 높아지려 하지 말고 낮아지는 삶이 예수님의 삶이고 그것이 그리스도인의 삶의 내용이 되어야 하는 것입니다.
이 사랑의 목회는 '하나님과 함께' 라는 확신의 삶을 살게 합니다.

저는 목회를 시작하면서 하나님 앞에 서원한 것이 있습니다. 즉 사례비를 받으면 삼분의 일은 헌금으로, 삼분의 일은 구제비로, 삼분의 일은 생활비로 사용하겠다는 것이었습니다.
어떻게 삼분의 일만 가지고 생활할 것인가라는 질문을 받습니다만 정직한 나의 양심의 대답은 동일했습니다.

"나는 너희의 봉이라"

목회자가 되기 전에 사립학교에서 근무한 적이 있는데 학교에서 봉급을 받아서 그것으로 주택비, 각종 공과금 등 온갖 것들을 다 지불해야 하지만 목회를 시작하면서 비록 학교 봉급만큼은 되지 않아도 사택을 비롯하여 온갖 공과금도 다 교회에서 부담을 하고 순수한 사례비만 갖고 생활을 하면 분명 학교생활에서 받은 봉급생활보다는 훨씬 더 넉넉함을 누릴 수 있다는 경험에서 일평생 동안 그렇게 살아야 할 것이라고 하나님 앞에서 약속을 했던 것이고 그것은 지금까지의 목회 생활에서 지켜지고 있습니다.

그러다 보니 저축할 수 있는 형편은 될 수 없었고 또 그 저축하는 생활 자체를 나의 목회 철학에서는 싫어하는 것이기에 날마다 감사함으로 그날 그날을 행복하게 살아가고 있습니다. 그러다 보니 실제로 오늘까지 부족한 것 없이 늘 베풀 수 있는 생활, 나눌 수 있는 생활이 되어서 사랑의 실천이 얼마나 아름다운 행복인가를 경험하게 됩니다.

잠언 3:27 이하 말씀은 그래서 나의 목회 철학이 되기도 합니다.

"네 손이 선을 베풀 힘이 있거든 마땅히 받을 자에게 베풀기를 아끼지 말며."

주님은 확실한 봉이요

저의 동역자이자 친구들이 저의 별명을 지어 줬는데 '봉'이었습니다. 제가 원래 전도사 때부터 약간 모자란 듯했고 조금 어벙벙했습니다.

'봉', '봉황', 이름은 참 좋습니다. 그러나 한국적 개념으로서 봉이라는 것은 잡은 놈은 수지맞고 잡힌 놈은 손해보는 것입니다. 우리 친구들은 나만 보면 "봉 온다, 봉 온다" 그랬습니다.

그럴 수밖에 없는 것이, 어디 세미나라도 가면 차표를 내가 사서 갖고 있습니다. 먼저 가서 하나씩 나눠줍니다. 커피숍 가면 돈은 내가 내고, 심지어는 숙박 비용까지 내야 됩니다. 그런데 열 번 가운데 내가 여덟 번 내면 친구들은 두 번 정도 내야 되는 것인데 열 번조차도 나보고 내라는 겁니다.

그래서 "왜 자꾸 나만 내야 하느냐?" 물으면 "야, 너는 큰 교회를 시무하고 사례비를 많이 받으니까 내도 돼" 합니다. 큰 교회 시무해서 사례비를 많이 받으면 동역자끼리 모였을 때 항상 돈을 내야 된다(?)는 논리를 그때 처음 알았습니다.

그래도, 한국인에게는 예법이 있습니다. 사람이 서로 주고받는 법칙이 있고, 서로 대접하는 원리가 있는데 이 친구들은 도무지 알지도 못하는 것 같습니다.

어느 날 하나님 앞에 기도합니다.
'하나님 나는 왜 이리 모자랍니까 왜 나만 돈을 내야 됩니까?'
성령께서 깨우쳐 주십니다.
'너, 참 별거 가지고 고민한다. 안 내면 될 거 아닌가?'
'그런데 주님, 이게 제가 안 내려고 해도 안 됩디다.'
'그럼 내가 돈 안내는 방법 가르쳐 줄께.'
성령께서(?) 가르쳐 주는 걸 하나 배워 실행해 보았습니다.

어느 날 친구 넷이서 만나기로 약속한 날이었습니다.
그래서, 홍 목사, 박 목사, 김 목사, 저 넷이서 만나기로 한 커피숍에 다른 때와 달리 빨리 갔습니다.
「한국인의 의식 구조」를 보면 한국 사람은 누가 돈을 내겠다고 확

'나는 너희의 봉이라'

정하지 않고, 음식점이나 커피숍에 들어갔다 나올 때 첫 번째, 성질 급한 사람이 제일 먼저 돈을 낸 답니다. 두 번째, 먼저 나가는 사람이 돈을 낸다고 합니다. 예법상 먼저 나갔는데 돈을 안내면 예의가 없는 것이라는 뜻입니다.

저는 그날은 일찍 가서 좌석 안쪽에 앉았습니다. 평소에 제가 앉았던 자리는 바깥입니다. 그리고 이야기 끝나면 미리 나가서 돈을 내고 뒤를 따라가곤 했습니다. 그러나 그날은 일찍 가서 안쪽 의자에 앉았던 것입니다. 그리고 마음속으로 '오늘도 너희가 돈 먼저 안 내면 진짜 양심 불량이다' 하면서 오늘은 돈을 내지 않고 봉 한 마리 잡아야겠다고 벼르고 있었습니다. 드디어 내가 제일 안쪽에 홍 목사가 바깥쪽에, 박 목사가 그 앞에, 김 목사가 그 안쪽에 앉았습니다. 하던 이야기가 끝났습니다.

홍 목사가 제일 먼저 나갔습니다. 나는 속으로 얼마나 고소한지 모릅니다.

'왜 거기 앉았노? 오늘은 돈 안 내고 안될걸.'

홍 목사는 뚜벅뚜벅 앞서 갑니다. 그런데 가다가 중간쯤에서 주저앉는데 멀쩡한 구두끈을 풀고 있습니다. 그러더니 다시 매는 겁니다. 그 뒤에 따라가던 박 목사가 묻습니다.

"뭐하노?"

"응, 구두끈이 풀려서."

"멀쩡한 구두끈이 왜 풀려…?"

그러면서 박 목사가 카운터로 먼저 나갑니다.

그때 나는 생각했습니다.

'아하, 오늘 봉은 홍이 아니고 박이로구나.'

그런데 이번엔 박 목사가 카운터 앞을 통과하면서 화장실로 들어가 버리고 맙니다. 계산은 안하고서 말입니다.

"어어 이것 봐라. 이 녀석들…"
내가 생각했던 것과는 상황이 다르게 전개되어 갑니다.
겨우 앞에 한 사람 남았습니다. 그 순간 나는 김 목사를 밀면서 빨리 나가자고 했는데 김 목사는 갑자기 우회전을 하더니만, (솔직히 말하면 그날 김 목사 머리는 흐트러지지 않았는데) 출입구 반대쪽 벽에 걸려 있는 거울 앞에서 서서 빗을 꺼내어 머리를 빗으면서 시간 끌기 작전이 시작되는 것이었습니다.
저는 갈 데가 없습니다. 한 사람은 구두끈 매고 있고, 한 사람은 화장실에 가 버렸고, 한 사람은 거울 앞에 있으니 어딜 가겠습니까? 제가 또 성질은 급한 사람입니다. '에라, 내가 내지' 하면서 가서 계산해 버렸습니다.

그날 밤 침대 머리맡에 무릎을 꿇고 기도합니다.
"하나님 오늘 주님이 가르쳐 주신 대로 했는데도 안됩니다. 저는 왜 이리 모자랍니까? 왜 나만 자꾸 봉이 되어야 합니까?"
그러니까 이번엔 주님께서 이런 뜻밖의 말씀을 하셨습니다.
"야, 서 목사. 너만 그러는 게 아니라 나도 그렇다. 너만 봉이 아니라, 나도 봉이다."
"예? 주님은 누구 봉입니까?"
"너의 봉이다."
"주님이 제 봉이라는 증거가 어디 있습니까?"
"누가복음 6장 38절을 펴거라."
말씀을 펴서 읽었습니다.
"주라 그리하면 너희에게 줄 것이니 곧 후히 되어 누르고 흔들어 넘치도록 하여 너희에게 안겨 주리라 …."

"나는 너희의 봉이라"

그때부터 저는 돈 쓰는 데 훈련된 사람이 되었습니다. 정말로 잘 씁니다. 얼마나 잘 쓰냐 하면 모였다 하면 그냥 돈을 먼저 꺼냅니다. 주님은 제게 실제로 봉이 된다고 말씀하셨습니다. 속으로 저는 '아멘!' 했습니다. 천지를 주재하시는 주님이 제 뒤에 계셔서 제 봉만 된다면 평생 무슨 걱정을 하겠는가 싶습니다.

그런데 이것이 현실에서 그대로 나타났습니다.

부산에 집회를 갔었습니다.

예순은 넘으신 듯 보이는 모 장로님 내외가 집회 후에 면담을 오셨습니다.

"내가 올해 예순 여덟이고 2년만 있으면 은퇴하는 장로입니다. 이제까지 살아오는 동안에 내가 눈을 못 떴습니다. 이제야 말씀을 듣고 눈을 떴습니다. 내가 본교회로 돌아가서 남은 생애를 아름답게 물질로 몸으로 잘 봉사하려고 합니다. 그런데 이걸 내게 일깨워 준 강사님에게 사례를 하고 싶으니 받아 주시겠습니까?"

"뭔지, 그렇게 해보십시오."

수표를 턱 꺼내 죽 죽 죽 긋고 싸인을 하고 내놓는데 액수가 기가 막혔습니다.

"그래, 왜 이걸 주십니까?"

"목사님 차를 보니까 소나타인데 목사님은 안동 Y 교회의 목사만이 아니시고 한국의 모든 성도들의 목사님 아니십니까?"

"그건 아멘 입니다".

"저는 그랜저 3000을 타고 다닙니다. 이유가 있습니다. 혹시 우리 기사가 실수해서 사고가 나면 안 죽을려고 제가 이 차를 탔습니다. 폼 잡으려고 내가 이 차를 타는 게 아니고, 할 수만 있다면 더 좋은 차를 삽니다.

목사님도 하나님이 보호하시지만 자동차 사고가 날 수도 있습니다. 사고가 날 수도 있다면 차는 좋은 걸 타야 됩니다. 그러니까 목사님에게 내가 승용차 그랜저 살 돈을 내겠습니다."

웬만하면 주머니에 넣을 수 있는 상황이고 그래도 별문제 없습니다. 그러나 저는 깨끗하게 거절했습니다.

"장로님, 마음은 접수하겠습니다. 그러나 돈은 접수를 못하니까 용서하십시오. 그런 차가 필요 없고 타더라도 우리 교회 장로님이 사주시는 것을 타고 싶습니다."

섭섭한 얼굴을 하시는 그분을 돌려보냈습니다.

그런데 그 집회 마치고 올라오다 사고가 났습니다. 눈이 덮인 길이었는데 "어!" 하는 순간에 핸들을 놓치고 나무에 들이받고 굴러 떨어졌습니다. 그 좋은 소나타가 완전히 걸레처럼 폐차가 됐는데 신기하게도 저는 멀쩡했습니다. 손등은 유리창 앞에 부딪혀서 파편이 박히고, 한쪽 목이 유리에 긁히고, 한쪽 다리가 긁힌 것 외에는 아무 이상이 없는 것입니다. 움직여 보니 괜찮기에 겨우 문을 열고 기어 나와서 보니 여기저기 피투성이입니다.

찻길로 올라와서 일반 차를 세우니까 승용차 일곱 대가 지나가도 안 섭니다. 여덟 번째 오는 게 택시인데 세우니까 딱 섭니다. 저는 승용차 타는 사람들보다 택시 기사가 위대하다는 걸 그때 처음 알았습니다. '인간 세상이란 이런 거로구나' 했습니다.

그래서 곧장 병원에 갔다가 집에 왔습니다. 삼일 째가 됐습니다. 별 큰 탈은 없었지만 집에서 쉬고 있는 중이었는데 부산 장로님에게서 전화가 왔습니다.

"목사님이십니까? 저 아무개 장로입니다."

"예, 그러십니까? 참 웬일이십니까?"

"편안하십니까?"

"제가 편안치 못합니다."

"왜요? 어디 몸살이라도 나셨습니까?"

"교통사고 났습니다."

그 다음에 대번 하는 말이 "차는요?" 하고 묻습니다.

"장로님, 사람 안부부터 물어 보소. 무슨 차가 그래 대단합니까?"

장로님 하시는 말씀이 "사람이야 멀쩡하니까 전화를 받지" 하시는데, 말은 맞습니다.

"그 차 폐차시켰습니다."

"할렐루야!"

"남의 차 폐차시킨 게 뭐가 그리 좋아서 할렐루야입니까?"

애긴즉 그 다음날 그 장로님 내외가 올라 와서 헌금을 또 내놓고 그랜저를 사라고 했다는 겁니다. 제가 말씀드렸습니다.

"장로님, 한발 늦으셨습니다."

얼마나 은혜스러운 교회인지 장로님들이 "당장 목사님의 차를 사야 될 거 아니냐. 신청 빨리 하자"는 이야기를 하는데, 이 이야기를 어느 한 집사님이 듣고 헌금을 딱 내놓았답니다. 그것으로 소나타 골드를 계약해 버렸답니다. 사고 나고 이틀째 된 날입니다.

그래서 그 돈은 또 돌려보냈습니다. 그리고 한 3주 지나고 난 다음에 편지가 한 장 왔는데 조흥은행 BC골드카드가 하나 나왔습니다. 편지 내용이 "뒤에 싸인을 목사님이 하십시오. 그거 가지고 쓰고 싶은 대로 쓰십시오. 하고 싶은 데로 하십시오"였습니다.

이런 경험을 해보셨는지 모르겠습니다. 이런 봉은 세상에 없습니다. 그 카드는 아직까지 갖고 있습니다. 그러나 그 카드로 돈 써 본 건 긴급한 신학교 신학생 등록금 낼 때 한 번이었습니다. 쓸 일이 없었습니다.
 저희 교회 장로님들은 일 년에 제가 외래에서 오시는 동역하시는 분들을 돕는 데 쓰라고 3천만 원을 따로 연초에 마련해 놓습니다. 그걸 제가 필요하다고 판단하는 곳에 씁니다. 일 년이 지나 영수증을 제출하면 끝납니다. 제가 해 달라는 소리도 안했습니다. 주님이 저희 교회 장로님들의 마음을 감동시켜서 일하는 목사에게 일할 수 있도록 만들어 주신 것입니다.

 돈의 규모가 문제가 아닙니다. 내용이 크고 작은 건 차이가 있을지라도 원리는 같습니다. 이 원리를 우리 삶의 현장에 적용하면 분명히 하나님께서는 우리를 도우실 줄로 믿습니다. 좀 힘들고 어려울지라도 이 원리에서 벗어나지만 않는다면 우리의 남은 날들은 그리고 우리의 아이들은 말할 것도 없이 주님이 지켜 주십니다.
 주님은 주무시는 것도 아니고 돌아가신 것도 아닙니다. 살아 계셔서 역사하십니다. 살아 계신 하나님께 기도한다면 그 살아 계신 하나님이 우리 중심을 보십니다. 우리들을 내팽개쳐 두시지 않으십니다.
 우리는 삶의 초점을 보다 더 주님 쪽으로 맞추어 힘들고 어려워도 이 진리를 붙잡아야 합니다. 그때 은혜 안에 살게 될 줄로 믿습니다.

천국의 짜장면 배달부

 제가 부흥회를 인도하면서 빠뜨리지 않고 사용하는 이야기가 있습니다.
 재미있게 들으실 수 있는 교훈적인 이야기 하나 드리겠습니다.

 서임중 목사가 죽어서 천국에 갔습니다.

저희 교회 선임장로 강대용 장로님도 죽어서 천국에 갔고, 우리교회 기술사감 김종만 집사님도 죽어서 천국에 갔습니다.

강 장로님이 천국에 들어가는 순간 예수님이 반가이 맞이하셨습니다. "살아 있을 때 나의 몸된 교회를 위하여 얼마나 수고를 하였느냐? 눈물과 땀과 수고를 내가 아노라. 착하고 충성된 종아" 하시면서 강 장로님을 반가이 맞아 주시는 예수님 앞에서 장로님은 살아생전의 장로의 직을 감당할 때 겪었던 어려움도 아픔도 때때로의 억울함도 한순간에 오히려 기쁨이 되는 감격을 맛보았습니다. 그리고 주님에게 인도되어 황금 길을 걸어 너무 아름다운 찬란한 식당에 안내되었습니다. 거기는 벌써 김종만 집사님이 오셔서 식사를 하고 있었는데 맛있는 탕수육을 먹고 있었습니다. 예수님께서 장로님에게 말씀하셨습니다.

"시장하지? 내가 맛있는 음식을 줄 테니 조금만 기다려라" 하시면서 예수님은 주방으로 가셨습니다

강 장로님은 맛있게 탕수육을 먹고 있는 김종만 집사님을 보면서 속으로 생각하기를 "집사가 탕수육을 먹으니 나는 장로인데 샥스핀이나 팔보채를 주실 것이야" 하면서 기다리고 있는데 주님이 천사들을 대동하고 황금 그릇에 김이 무럭무럭 나는 음식을 들고 오셔서 강 장로님 앞에 놓고 먹으라고 하셨습니다.

장로님은 빛나는 황금 그릇 뚜껑을 연 순간 거기에는 샥스핀이 아니라 짜장면이 들어 있었습니다. 순간 장로님은 "이건 배달이 잘못된 거 아닌가?" 하는 생각으로 예수님에게 물었습니다.

"예수님! 집사가 탕수육을 먹는데 장로인 나에게 짜장면이 왠말입니까? 뭔가 잘못된 거 아닙니까?"

그때 예수님은 안타까운 모습으로 말씀하셨습니다.

"강 장로! 너 그런 소리 하지 말아라. 서임중 목사는 지금 배달 다

니고 있단다."

세상에서 목사는 장로님보다 더 대접받습니다.
장로님은 솔직히 말해 집사님보다 더 대접받습니다.
이런 논리로 강 장로님은 생각을 하셨는데 천국은 그렇지 않음을 잠깐 생각 못하신 것입니다.
목사는 배달 다니고, 장로는 짜장면 먹고, 집사는 탕수육을 먹는 천국의 상황을 풍자적으로 꾸며 본 이야기지만 오늘을 살아가는 우리 모두에게 주는 메시지가 있는 이야기입니다.
천국에서 짜장면 배달부 해야 하는 목사가 된다면 이건 정말 웃고 넘길 일이 아니라고 생각을 했습니다. 주님이 말씀하신 것은 대접받고 싶으면 먼저 남을 대접하라, 섬김받고 싶으면 먼저 남을 섬겨라, 높아지고 싶으면 낮아져라, 살고 싶으면 먼저 죽어라고 가르치셨는데 오늘을 살아가는 그리스도인들은 주님의 말씀과 상관없이 세상에서 섬김받고 싶어하고, 높아지려 하고, 대접받으려 하는 경우들이 흔히 있게 됩니다.
그러나 우리가 알아야 하는 것은 하나님의 나라는 주님이 말씀하신 대로 이루어질 것인데 하나님의 나라에서는 섬기는 자가 섬김받고, 대접한 자가 대접받는 생활이 이루어진다는 것을 우리가 간과해서는 안될 것입니다.
천국에서 짜장면 배달을 하지 않기 위해서 저는 목사로서 오늘도 끊임없이 이웃을 섬기고 대접하는 생활에 힘을 쓰는 삶을 살아간다고 고백합니다.

주님은 지금도 말씀하십니다.
마태복음 7:12 말씀입니다.

"나는 너희의 봉이라"

"무엇이든지 남에게 대접을 받고자 하는 대로 너희도 남을 대접하라. 이것이 율법이요 선지자니라."

누가복음 6:38 말씀입니다.
"주라. 그리하면 너희에게 줄 것이니 곧 후히 되어 누르고 흔들어 넘치도록 하여 너희에게 안겨 주리라 너희가 헤아리는 그 헤아림으로 너희도 헤아림을 도로 받을 것이니라."

사도행전 20:35 말씀입니다.
"예수의 친히 말씀하신 바 주는 것이 받는 것보다 복이 있다 하심을 기억하여야 할지니라."

그렇습니다. 이렇게 주는 것이 복이 있고 행복하고 즐겁습니다. 그런데도 오늘을 살아가는 우리들은 주는 것보다는 받기를 더 원하고, 나누는 아름다운 생활에 인색합니다.

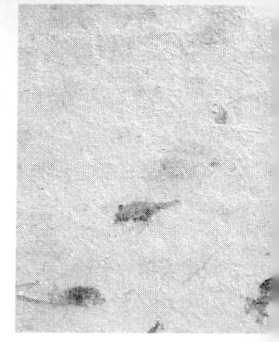

제 7장
삶의 중심에 계시는 주님

우리는 그리스도 중심으로 살아야 합니다. 오늘을 살아가는 그리스도인의 삶의 중심은 그리스도가 되어야 합니다.
돈 벌고, 아들 딸 장래를 준비하고, 건강 관리하고, 취직하고, 결혼하는 일 등이 모두 중요한 것임은 틀림없지만 그리스도보다 앞세워서는 안될 내용들입니다.
우리의 삶의 내용의 관심은 그리스도가 되어야 합니다. 그러면 하나님이 나머지 모든 일들을 이루어 주십니다.

삶의 중심에 계시는 주님

마음자리의 주인

저희 교회에 부임했을 때입니다. "서임중 목사는 장로에 대해서 전혀 겁도 없는 사람"이라고 소문이 나기 시작했습니다. 내용인즉 나의 목회 내용은 사람을 의식하지 않는 오직 말씀으로만 사역한다는 것인데 그 표현을 장로를 두려워 하지 않는다고 말을 한 것이었습니다.

실제로 강단에서 나는 장로님을 향해서 설교하는 법은 한 번도 없습니다. 그대로 그 주일에 주신 말씀을 전할 뿐입니다. 그 말씀에 해당되는 분들이 장로님일 수도 있고 권사님일 수도 있습니다. 그런데 듣는 교인들은 박수를 신나게 치는데 마음속으로 누군가를 떠올리는 것 같습니다.

실제로 이런 일도 있었습니다.

저희 교회 이종환 원로 장로님이 계십니다. 30여 년 장로로서 봉사하시다 은퇴하셨는데 참으로 존경할 만한 어른이십니다. 일평생 오직 교회를 위하여 장로의 거룩한 직무를 성실히 수행하신 장로님이십니다. 저는 이종환 장로님을 뵐 때마다 한 번도 장로라는 마음으로 대한 적이 없고 꼭 아버지 같은 마음으로 대하여 왔습니다. 그리고 지금도 우리교회 장로님들을 대할 때마다 일단 목회에 들어가면 목사와 장로의 직무로 만나고 대하지만, 강단에서 내려오면 형님처럼, 아버님처럼 장로님들을 대하고 목회를 하게 되니 얼마나 편하고 좋은지 모릅니다. 그런데 이종환 장로님이 유명한 말씀을 하셨습니다.

"70 평생 신앙생활과 장로사역 30여 년 동안 목사님들의 설교를 들어오면서 얻어 맞은(?) 것보다 일 년도 안 되어서 서임중 목사에게 얻어 맞은 분량이 더 많다"는 것입니다. 그리고 덧붙이시는 말씀이 다음 말입니다.

"그런데 왜 이리 기분이 좋으냐?"

이게 답이었습니다. 서임중 목사의 설교는 항존직분자들의 바른 신앙생활을 깨우치는 설교인데, 그 말씀을 장로의 입장에서 들으면 속된 표현으로 얻어맞고 있다는 것을 느끼는데 그런데 이 장로님은 그것이 기분이 좋다는 말씀이었습니다. 그것은 인간적인 감정에서 외치는 소리가 아니라 하나님의 말씀으로 증거하기 때문에 결과는 아름답게 된다는 교훈적인 말씀이었습니다.

그러나 설교의 목적을 예컨대 소위 장로 길들이는 데 두고, 공격하기 위한 것에 둔다면 그것은 실패입니다. 어림도 없는 이야기입니다. 한두 사람을 지목한 그 사람을 위한 설교를 한다면 그것도 하나님 앞에 부끄러운 일일 뿐 아니라 그것은 설교가 아니며 사람의 소리일 뿐이고, 강단에서 사람의 소리가 나기 시작하면 그 설교는 물론 목회도 실패하게 되어 있습니다.

왜냐하면 수천 명 가운데 그 사람은 하나일 뿐이기 때문입니다. 수십 명 가운데 그는 한 사람일 뿐입니다. 그런데 대개 다수의 하나님의 신실한 백성들을 보지 못하고, 소수의 불순종한 사람들에게 마음을 쏟느라 지치고 피곤하다 보면 스스로 몰락하곤 합니다.

제 설교는 사람을 의식하는 법은 없었습니다. 물론 어느 목사가 사람을 의식하는 설교를 하겠습니까만 제 설교를 듣는 사람들은 "저렇게 설교를 해도 괜찮은가?"라고 염려를 하는 이야기를 많이 듣게 됩니다. 중요한 것은 하나님의 말씀이 선포되면 그 어떤 경우도 아멘이 될 수밖에 없다는 것이 저의 설교론입니다. 하나님의 말씀이 선포되는데 아멘이 되지 않으면 그것은 그 사람의 문제일 것입니다. 말씀은 말씀으로 역사되는 것입니다. 역사되지 않는 것은 말씀이 아니기 때문입니다.

어떤 사람이 사막을 여행했습니다. 낙타를 타고 가다가 쉬기 위해 천막을 쳐놓고 그 안에 들어가 있는데 날이 추워지자 낙타가 처음에는 발만 디밀고 있다가 머리 디밀고 앞다리 디밀고 뒷다리 디밀고 해서 결국 사람은 쫓겨났다는 그런 얘기가 있습니다.

마찬가지로, 사람 중심으로 사는 삶은 언젠가는 그 사람들에 의해 이루어지는 삶이 될 것입니다. 내가 주의 은혜 가운데에 굳게 서서 사는 것이 아니라 이 사람 저 사람 눈치를 보면서 휘청휘청 한다면 얼마나 불행한 일인지 모릅니다.

목회를 하면서 하나님을 생각하지 않고 사람을 생각하고 사람 중심으로 사는 것은 불행입니다. 그와같은 삶에서 벗어나는 목회가 바른 목회입니다.

사람이 환경의 지배를 받는 것은 어쩌면 당연한 일인지도 모릅니다. 그러나 우리가 알아야 하는 것은 환경은 우리의 발목을 붙잡고 절대 놓아주려 하지 않는다는 것입니다.

그러나 우리는 세상과는 다르게 사는 사람입니다. 주님이 세상을 이기셨으며 세상과 전혀 다르게 사셨듯이 말입니다.

내가 어디에 있든지 내가 있는 곳에서 주님 주신 일을 하는 그 자체가 100% 온전해질 그 때에 주님 앞에 참 충성스런 칭찬받는 종이 되는 것입니다. 우리가 좋은 환경, 부유한 환경에 있다고 하나님께서 더 귀히 보시는 것은 절대로 아닙니다. 그렇게 생각하면 하나님의 축복을 받지 못합니다.

작지만 큰 선물

저희 가정이 안동 목회생활 15년 동안 해마다 해온 일이 하나 있습니다.

12월만 되면 저희 집사람은 아이들을 데리고 교인들 몰래 시장을 다니면서 요런 조런 아기자기한 선물을 사 모읍니다. 12월 성탄절이 가까이 다가오면 최소한 40-50개 정도의 선물 봉지가 뒷방에 쌓입니다.

그 선물 하나하나마다 이름이 다 붙어 있습니다. 작은 메시지도 들어갑니다. 그리고 12월 24일, 해거름할 때쯤 되면 저희 집사람은 훈이와 현이 손을 꼭 잡고 차에다가 그 모든 선물꾸러미를 싣습니다. 교인들이 행여 볼새라 조심스럽게 다닙니다.

언덕배기에 혼자서 살고 있는 할머니, 두 남매, 아버지 어머니 없이 살고 있는 아이들을 하나씩 찾아갑니다. 교인 중에 그런 사람이 어디에 사는지는 미리 파악이 다 되어 있습니다. 그리 큰 교회도 아니고 고작 600명-700명 정도니 말입니다. 그러니까 한 집 한 집 다니면서 가서 기도하는 가운데 선물은 반드시 애들 손을 통해서 전합니다.

그렇게 해서 12월 25일을 해마다 맞습니다. 한 해를 마무리 하면서 주님이 이 땅에 평화를 가져 오신 성탄절에 그렇게 아이들과 함께 고난받는 이웃을 찾아 다녔습니다. 몰래 하는 일이지만 선물을 받은 교인들이 소문을 냅니다.

자랑 같지만 큰 돈 들이지 않고 준비한 작은 선물, 그러나 그 쓰임으로는 말로 다할 수 없는 크기의 선물이 아닙니까?

12월은 목회자들에게도 작은 배려가 필요한 달입니다. 저는 항상 집회를 다니면서 공식석상이 아닌 식사 시간을 통해서 당회원들에게 분명하게 확답받고 확인시킨 게 있습니다. 목사님의 상여금을 12월 달에 한 번 더 드리라는 것입니다.

왜냐하면, 장로님들이 생각하는 것과 달리 이땅의 모든 목사님들은 12월달에 사용되는 돈이 참 많습니다. 그래서 한 해를 보낼 때 목회자의 가정은 경제적으로 늘 부족함을 경험합니다. 저 같은 경우는 환자의 가정을 심방하면서, 아니면 어른이 계시는 가정을 방문하면서 그냥 방문하는 법이 없었습니다. 그것은 제 경우만 그런 것이 아니고 이땅의 목회자들은 12월만 되면 자기 있는 것 다 털어서 어려운 사람들에게 나누어 주게 됩니다. 강단에서 선포한 사랑의 실천을 먼저 행하기 위함입니다.

그러나 중요한 것은 목회자가 그렇게 사랑을 나눌 수 있는 넉넉함이 없는 경우입니다. 그렇기 때문에 교회가 조금만 생각을 달리할 수 있으면, 즉 12월에 목회자에게 사례비의 100%를 상여금으로 한 번 더 드릴 수 있다면 목회자는 그로 말미암아 조금은 풍성한 마음으로 어려운 교우들의 가정에 나눔의 삶을 실천하는 데 수월하게 된다는 것입니다. 그렇게 실천될 때 그것은 궁극적으로 그 교회가 아름다운 교회로, 그 삶이 아름다운 삶으로 완성되어 갈 것입니다.

낡은 넥타이가 가져다 준 축복

제가 목회 목적을 분명하게 세우게 된, 인간 관계에서 경험했던 한 토막 이야기를 소개합니다.

지금부터 10년 전입니다.
「이 풍랑 인연하여서」라는 책을 쓰시고 통합측 교단의 총회장을 지내시기도 한, 안동에 있는 안동교회 원로 목사님이신 김광현 목사님의 이야기입니다.
어느날 그 어른을 길거리에서 만났습니다. 점심때였기 때문에 이렇게 말씀드렸습니다.
"아이고, 목사님. 점심때가 되었으니 제가 식사 한끼 대접할 수 있는 큰 기쁨을 주십시오."
"오, 그래? 그래, 가자 가자."
얼마나 기뻤던지 목사님을 모시고 식당에 갔습니다. 평소에도 이런 어르신과 대화할 수 있는 것은 개인적으로도 엄청나게 유익함이 있다는 것을 알고 있었습니다. 그래서 식사대접하면서도 "오늘도 수지 맞았구나" 하는 생각으로 그렇게 기분이 좋았습니다. 김광현 목사님은 지난 이야기를 너무 잘 하셨습니다. 주변에서는 이 어르신 머리를 컴퓨터보다 낫다고 했습니다. 목사님이 말씀하시고 저는 주로 이야기를 듣습니다. 그분은 말씀을 시작하시면 끝이 없습니다. 그날은 그렇게 보람있고 감사한 날이었습니다.
식사를 끝내고 나와서 제가 주머니에서 카드를 꺼냈습니다. 카드로 음식값을 지불하는데 카드가 체킹될 때까지 기다리고 그 다음에 기분 좋게 싸인을 하고 돌아서는데 저를 바라보시는 이 어른의 눈동자와 제 눈동자가 부딪쳤습니다.

나를 바라보시는 목사님의 얼굴에는 미소가 있었습니다. 그런데 그 순간 너무도 놀라운 일이 전개되었습니다.

참 이상한 일이었습니다. 길가에서 인사하고, 모시고 식당에 들어가서 마주앉아서 한 시간 이상 이야기를 하고 나오도록 보이지 않던 그 어른의 넥타이가 보이는 겁니다. 쪼글쪼글한 것이 어쩌면 그런 골동품 넥타이를 메고 계시는지 모릅니다.

넥타이가 보이니까 와이셔츠도 보입니다. 디자인이 70년대 제품과 같습니다. 와이셔츠가 보이고 나니까 드디어 그 어른의 양복이 보이는데 바지는 줄 하나 없고 얼마나 옛날 것인지 양말 신으신 발목이 다 보이도록 짧은, 달랑 올라붙은 바지였습니다. 바지가 보이고 나니까 구두가 보입니다. 구두 뒷꿈치가 조금 과장하면 완전히 다 닳았습니다. 그러니 걸으시는 모습이 오리걸음입니다. 거기다 지팡이를 짚고 계시면서 저를 바라보시는데 마치 '이 인간아' 하는 것 같았습니다.

제가 목회를 하면서 그렇게 제 스스로 부끄럽고 일종의 자괴지심을 느끼는 것은 처음이었습니다. 제 모습을 돌아보니까 30대 후반의 팔팔함에다가 넥타이고 와이셔츠고 최신형에 바지 주름은 마구 종이라도 자를 것같이 서 있고, 구두는 반짝반짝하니 그 어른과 제 모습은 극과 극입니다. 그 어른의 모습이 며칠 내내 머리에서 떠나질 않았습니다.

'내가 도대체 무엇을 하는 사람인가?'

그 어른은 그런 허름한 모양으로도 우리 한국 교단을 좌지우지 할 수 있는 분이었습니다. 요즘같이 투표한다고 말썽 많은 총회장이 아니라 온 총회원들이 추대해서 총회장이 되신 유일한 분이었습니다.

'그 덕은 어디에서 나오며, 그 목회의 힘은 어디에서 나오는가?' 하고 생각하니까 정말이지 머리가 빙빙 도는 것 같은 신선한 충격을 받게 된 것이었습니다.

그때부터 제 목회의 목적이, 삶의 목적이 달라졌습니다. 달라질 수 밖에 없었습니다. 나의 번지르르한 겉치장을 벗어버리고 섬기는 삶, 섬기는 목회에 헌신하기로 한 것입니다.

그때부터 제 설교 제목이 하나 늘었습니다.
"겉푸름으로 살지 말고 속푸름에 살자."

무엇이 되고자 하는고 하니

제가 목회를 출발할 때 제일 먼저 영적 눈을 번쩍 뜨게 한 성경 말씀은 창세기 12:1-3 말씀이었습니다. 왜냐하면 그 때 저는 지지리도 못나고 가난했었고, 배우지도 못한 시골뜨기 청년이면서 신학 수업을 하면서 목회라는 상황에 부딪히게 되었기 때문입니다.

그런데 놀라운 것은 하나님이 아브라함을 부르신 상황과 나를 부르신 상황이 너무나 비슷한 것이었다는 것입니다.

아브라함의 아버지 데라는 우상을 만들어 파는 사람이었고 저의 아버지는 당시에 불교와 유교와 기독교를 종합한 사교의 신봉자로서 마을에서 아주 철저한 사람으로 이름나 있었습니다.

그런데 창세기에 주인공으로 등장하는 아브라함을 보니 비슷한 데가 있음을 알게 되었습니다. 물론 아브라함은 믿음의 조상이 되어 위대한 신앙의 조상이 되었지만 아브라함이 하나님의 부르심을 받은 때의 모습과 내가 하나님의 부르심을 받은 때를 비교해 보면 너무도 비슷한데가 있었습니다.

그리고 도대체 아브라함이란 사람은 어떤 사람이길래 하나님께서 "누가 너를 축복하면 내가 그에게 복을 내리고 누가 너를 저주하면 내가 그를 저주한다" 라는 이런 말씀을 하셨는지 궁금했습니다. 그래서 아브라함을 두고 집중적으로 연구를 하게 되었습니다.

아브라함에게 이런 복을 주신 하나님이라면 나에게도 이런 복을 주실 것이라는 게 제 마음이었습니다. "너를 복의 근원 삼겠다. 믿음의 조상을 삼겠다. 땅에 축복을 주겠다. 후손에게 복을 주겠다." 이런 말씀들이 얼마나 좋게 여겨졌는지 모릅니다.

그런데 갈라디아서 3:9 말씀을 읽다가 무릎을 치면서 흥분했던 때가 있었습니다. 거기에는 "아브라함의 믿음을 가진 사람은 아브라함과 함께 복받는다"는 말씀이 있었고 그 말씀을 읽는 순간 나도 아브라함의 믿음을 가져야겠다는 결단이 생겼습니다. 아브라함의 믿음을 소유하고 살다 보면 아브라함이 받은 복을 나도 받을 것이란 확신이 있었습니다.

말라기 3:10의 말씀에 "땅에 쌓을 곳이 없도록 복을 붓는다"고 하셨듯이 말입니다. 가난하게 자란 저에게는 세상에 이런 말씀도 있나 싶은 생각에 눈이 번쩍 뜨이는 것입니다.

그리고 이제 여러 모양으로 부족하지만 아브라함이 받은 복을 나는 받고 있다고 감히 고백할 수 있고, 말로 표현할 수 없는 놀라운 축복을 누리고 있기에 이 기쁨을 고백하는 것입니다.

그러기에 저희 교회에서는 철저하게 이 두 가지를 교인에게 주입시킵니다. 아브라함의 믿음 갖기와 아브라함의 복을 받는 것입니다.

목적이 없고 목표가 없는 교회는 어떤 교회로 전락하는지 요즘 교회의 현실을 보면 잘 알 수 있습니다. 무분별한 교인 쟁탈전, 굳게 닫혀 있는 교회당, 이름뿐인 강단교류, 무분별한 해외 선교, 교회의 과소비, 목사라는 호칭보다 더 좋아하는 박사 칭호, 편의주의의 전형적인 예배, 간증 공해 현상 등 이런 것들입니다. 이것이 지금 일반 바깥 세상에서 교회를 거울처럼 들여다보고 짚어내는 문제들이라는 사실은 우리를 더욱 두렵게 합니다.

은혜로 충만한 교회, 생명이 풍성한 교회, 언제나 푸른 초장 같은 교회가 되기 위하여 세속적 논리에 의하여 목회를 하는 것이 아니라 성서적 가르침에 의하여 목회를 할 때 교회는 성장하고 평안하게 되는 것입니다. 야단스럽게 전도를 하지 않아도 지역 주민들이 오고 싶은 교회로 만들어야 됩니다. 교회가 시골교회든 도시 교회든 오고 싶은 교회로 만들어야 됩니다. 와라 와라 해서 아무리 갖다가 끌어 앉혀 놓아도 다시 가 버리면 그것은 참으로 슬픈 일입니다.

굳게 닫혀 있는 교회당이 있습니다.

주일 한번만 예배를 드리고 일주일 내내 문이 굳게 닫혀 있습니다. 교회에 무슨 보화라도 감추어 놓은 것인지, 기도하고 싶은 교인들이 왔다가는 돌아가야 하는 사례도 있습니다.

이름뿐인 강단교류는 어떻습니까? 모 교단 장로님이 저를 보면서 눈물을 글썽이면서 호소를 하십니다.

"서 목사님을 우리 교회의 부흥 강사로 모시고 싶어서 당회에 건의를 한번 했더니만 교단이 다르기 때문에 안된답니다."

지금이 어느 시대인데 우리가 한 하나님 안에서, 이단이 아닌 다 정통 신앙을 갖고도 교단이 다르기 때문에 함께할 수 없다는 말이 나오는지 모르겠습니다. 여기서 우리가 기도하는 남북 통일이 있을 수 있을까 하는 자괴지심에 빠지게 됩니다.

어떤 예식서를 보면 목사 이름은 다 빼버리고 아무개 박사, 박사라고만 되어 있습니다. 교회 예식에 무슨 박사가 필요한지 모를 일입니다.

목적과 목표가 분명하지 않으면 이런 일들이 일어날 수밖에 없다는 말입니다.

잊지 못할 여름 휴가

지금부터 5, 6년 전 여름 휴가 때입니다.

안동에서 출발해서 포항으로 내려갔습니다. 포항제철을 돌아보고 박태준 씨를 생각했습니다. 바로 울산으로 내려가서 현대조선소와 현대 자동차 공장을 돌아보고 정주영 씨를 생각했습니다.

부산에서 하룻밤 자면서 부산 앞바다에 크고 작은 배들이 수출상품들을 선적하는 것을 보고 그날 밤에 호텔로 돌아와서 세계지도를 펴놓고 내 목회의 선교적 비전을 수출상품들과 연관을 지어보면서 기도했습니다.

충무로 내려가서 이순신을 생각했습니다. 옥포 조선소에서 김우중이라는 사람을 생각해봤습니다. 고속도로를 타고 다시 안동으로 올라오면서 박정희를 생각했습니다. 안동에 돌아와서 바로 집으로 들어가지 않고 도산서원에 들러서 퇴계 이황을 생각해 보았습니다. 거기서 내친김에 바로 강릉으로 다섯 시간을 달려 오죽헌에 들러서 율곡 이이를 생각하고 신사임당을 생각했습니다.

돌아와서 제가 본 것들, 제가 만난 사람들을 하나씩 정리했습니다.

포항제철이 어떻게 형성됐는가, 도대체 현대자동차 공장의 신화 같은, 꿈 같은 이 이야기가 어떻게 이루어졌는가, 이순신은 누구이며, 김우중은 누구인가, 한참 연구했습니다.

그러다가 한국교회사를 훑게 되었는데 굵직굵직하게 민족을 위해 횃불을 든 인물들이 툭툭 튀어 나왔습니다. 그렇게 튀어 나온 인물들의 뒷배경을 연구해 들어가다가 저절로 무릎을 탁 치게 하는 질문을 하게 되었습니다.

"하나님, 나는 누구이고 나는 무엇입니까?"라는 질문이었습니다.

"이 작은 중소도시 교회에, 이제 4, 5백 명의 교인들을 데리고 있는 나는 무엇입니까? 내가 70세에 은퇴를 하고 난 후, 내 후손들이나 나에게 말씀을 들은 수많은 이땅의 성도들이 서임중 목사를 평가할 때 어떻게 저를 평가하겠습니까? 가르쳐주십시오."

이 생각을 떠올리고나니 밥맛이 없을 정도였습니다. 자꾸만 내가 작게 느껴졌습니다. 자연히 금식기도에 들어갈 수밖에 없었고 혼자 고민하고 갈등하고 서재에 있는 책상 유리에 머리를 박아서 터지고 그걸 붙들고 엉엉 울었습니다. 혼자 고민하고 혼자 갈등하고 혼자 소리지르면서 어떻게 살아야 될 것인가, 어떻게 목회를 해야 될 것인가, 무엇 때문에 목회를 하는가를 함께 묻는 시간이었습니다. 하나님께서 말씀으로 일으켜주시고 나의 모습과 나의 위치와 내가 갈 길을 깨닫게 하시기까지 그랬습니다.

그러나 잊지 못할, 소중한 휴가였음은 물론입니다.

부끄러운 나, 부끄럽지 않은 삶으로

엥스트롬(Ted W. Engstrom)의 저서 "The Making of a Christian Leader"에서 예수님이 지적하신 참 지도력이 아닌 것 3가지를 소개합니다.

첫째는 정치적 권력 놀음(Political Power-play)으로서 교회 지도자가 주인 노릇하고 주인 행세하는 것은 참된 지도자가 못된다는 것입니다. 지도자의 이름을 갖고 약한 자를 괴롭히며 자기 자신의 힘 앞에 절대 복종을 강요하는 것은 참된 지도자 될 수 없는 것입니다.

둘째는 권위주의적 태도(Authoritarian Attitude)로서 권력과 권세를 소유한 자를 집권자라 합니다. 즉 남보다 많은 것을 소유했기 때문에 함부로 없는 자들을 얕보는 것이 소위 권위주의자의 특성입니다. 이런 사람들은 다른 사람을 자신의 종으로 만들려 하고 지배하려 하고 부리려 하는 것입니다. 이런 사람은 참된 영적 지도자가 될 수 없는 것입니다.

셋째는 허황된 자화자찬(Empty Self - praise)으로서 보편적으로 참된 지도자가 될 수 없는 사람들이 자신의 공덕비를 세우기도 한다는 것입니다. 백성들을 무자비하게 학대하고 억누르면서 자신의 공덕비를 세워 자칭 은인이라 칭함을 받게 되는 것이 성경에 나타난 거짓 지도자들입니다.

오늘날도 사이비 종교 지도자들이 이와 같은 행태(行態)에 몰두하게 됨을 봅니다. 자신의 영적 권위를 과시하면서 순수한 백성들을 현혹하고 짓밟는 자들이 어찌 참된 지도자가 될 수 있습니까?

진정한 지도자는 자신의 본분을 압니다. "책임을 자각하는 것이 인간의 시작이며, 책임을 다하는 것이 인간의 끝"이라 갈파한 양계초(梁啓超)의 말은 참된 지도자의 모습을 보게 해 줍니다. 인격은 책임 능력입니다.

히브리어의 '지도자' 라는 말에는 3가지가 있습니다..
첫째는 '나기드' 로서 "인도자, 안내자, 혹은 명령자"의 뜻을 갖고 있습니다.
둘째는 '메아쉘' 로서 "남을 행복하게 하는 자"의 뜻을 가졌는데 이는 공익을 위해 헌신하는 자가 참된 지도자임을 나타내는 것입니다.

셋째는 '로쉬'로서 문자적으로는 "사람의 머리"를 뜻하는데 이 단어가 지도자로 사용되는 것입니다(신1:15).

케넷 겡글(Kenneth O. Gangel)의 저서 "Competent to Lead"에서 예수께서 교훈하신 영적 지도력을 4가지로 소개하고 있는데 그것을 참고하여 다음과 같이 참된 영적 지도력을 정리해 봅니다.

첫째는 개개인의 삶 속에 지도력을 심어 주는 것입니다.
참된 지도자는 제자의 천분을 발견하고 육성하는 지혜가 있어야 합니다. 순자의 교육학 가운데 청출어람 청어람(青出於藍 青於藍)이 그래서 중요한 내용이 되는 것입니다.

둘째는 오직 하나님의 말씀에 초점을 맞추는 것입니다.
영적 지도력은 하나님의 말씀에 초점을 맞추는 것입니다. 세상 이야기나 세속적 학문은 하나님의 말씀을 풀어 가는데 사용될 도구일 뿐입니다. 가장 좋은 교재는 성경입니다.

셋째는 불신자를 구원하려는 데 초점을 맞추는 것입니다.
예수님의 궁극적인 가르침의 목적은 인류 구원입니다. 구역 지도자의 궁극적 지도력은 구역원은 물론 지역 주민의 구원에 초점을 맞추는 것입니다. 세상적인 즐거움의 모임으로 유도되어서는 안되는 것입니다.

넷째는 말씀과 삶의 일치된 내용에 초점을 맞추는 것입니다.
言行一致, 學行一致, 信行一致의 삶이 신앙인의 삶의 내용이어야 합니다. 말씀과 행위의 일치를 위한 지도력이 발휘되어야 참된 영적 지도력을 갖춘 지도자입니다. 현대의 위기는 진정한 예배, 교육, 봉사, 선교의 의미가 사라지고 있는 것입니다.

예수님 당시의 지도자들은 자신을 위해 사는 자들이었습니다. 강도 만나 죽어 가는 사람도 못본 체해야 했던 사람들, 그러면서도 그들은 자칭 지도자라 했습니다. 참된 영적 지도력은 예수님에게서 배울 수 있는 것입니다.

빌립보서 1: 20 -21 말씀을 보십시다.
"나의 간절한 기대와 소망을 따라 아무 일에든지 부끄럽지 아니하고 오직 전과 같이 이제도 온전히 담대하여 살든지 죽든지 내 몸에서 그리스도가 존귀히 되게 하려 하나니 이는 내게 사는 것이 그리스도니 죽는 것도 유익함이니라"
여기서 우리가 주목할 것은 주님을 의식하는 삶이라는 것입니다. 살든지 죽든지 오직 주님만을 위한 삶이라는 것입니다.
"내게 사는 것이 그리스도니."
이 말은 참으로 감격스런 말입니다.
찬송가 93장의 작사 작곡자 '윌 라마틴 톰슨' (W. L. Thompson) 은 이 사실을 찬송시로 잘 나타내었습니다.

예수는 나의 힘이요 내 생명 되시니
구주 예수 떠나가면 죄중에 빠지리
눈물이 앞을 가리고 내 맘에 근심 쌓일 때
위로하고 힘주실 이 주 예수 !
예수는 나의 힘이요 내 소망 되시니
이 세상을 떠나갈 때 곧 영생 얻으리
한없는 복을 주시고 영원한 기쁨 주시니
나의 생명 나의 기쁨 주 예수!

그렇습니다. 주님 중심의 삶이어야 합니다. 그리할 때 부끄럼 없는 삶을 살아갈 수 있습니다.
주님 중심으로 산다는 것은 어떤 삶입니까?
나에게서 그리스도가 주인이 되어 산다는 말은 무엇입니까?
이 말을 바로 이해하기 위하여 바울이 말한 여러 곳의 말씀을 정확하게 살펴야 할 것이라 생각됩니다.
그리스도로부터 자신의 능력이 나옵니다(빌4:13).
그리스도의 겸손한 성품을 마음에 가집니다(빌2:5-11).
체험에서 얻은 지식으로 그리스도를 압니다(빌3:8).
그리스도의 의를 덧입습니다(빌3:9).
그리스도 안에서 기뻐합니다(빌3:1, 4:4).
그리스도를 위하여 삽니다(고후5:15).
신앙 자체를 그리스도에게 두고 사랑에 보답하는 삶을 삽니다(갈2:20).

이렇게 될 때 죽는 것조차 유익하다고 생각하고 실제로 그렇게 살아갑니다.
이런 삶을 위하여 우리는 끊임없이 기도해야 합니다.
그리고 성령의 충만함을 입어야 합니다.
내 힘으로 그리스도를 위하여 살기 어렵기 때문입니다
성령 충만으로 성령님의 도우심을 입을 때 우리는 부끄럽지 않는 생활을 할 수 있습니다.
그렇다면 실제로 우리가 살아가면서 부끄럽지 않는 삶을 위하여 어떻게 해야 합니까?

첫째는 물질 관계에 깨끗해야 합니다.
재물이란 인격을 저울질하게 됩니다.

가룟 유다가 본래 귀한 그릇이었지만 물질 때문에 더러워졌습니다.

발람도 훌륭한 사람이었지만 물질 때문에 삯꾼의 대명사가 되었습니다.

아간도 훌륭한 사람이었지만 물질 때문에 더러워지고 돌무덤의 주인공이 되었습니다. 게하시도 좋은 사람이었는데 물질 때문에 눈이 어두워 나아만의 문둥병을 옮겨 받았습니다. 아나니아와 삽비라도 좋은 사람이었는데 물질 때문에 베드로 앞에서 영혼이 떠났습니다.

탈무드에 나오는 이야기입니다.

한 유대인이 머리를 갸웃거리면서 랍비를 찾았습니다

"랍비님, 도저히 이해가 안되는 어려운 문제가 있어서 찾아왔습니다."

"그것이 무엇인가?"

"가난한 사람들은 그들의 힘이 있는 한 어려운 사람들을 도와주려고 하는데, 왜 부자들은 여유가 있으면서도 어려운 사람들을 도와주려고 하지 않을까요?"

그러자 랍비는 난데없이 말을 했습니다.

"자 한 번 창밖을 내다보십시오. 밖에 무엇이 보입니까?"

"한 여인이 어린아이 손을 잡고 가는 것이 보입니다."

"흠, 그래요. 그러면 자 이번에는 이리로 와서 거울을 들여다보십시오. 무엇이 보입니까?"

"그야 물론 제 얼굴이 보이지요."

그제야 랍비는 설명을 했습니다.

"그렇습니다. 창도 거울도 똑 같은 유리로 되어 있습니다. 그런데 유리 한쪽에 은칠을 조금만 입혀도 제 모습밖에는 보이지 않습니다."
그제서야 그 사람은 고개를 끄떡이면서 돌아갔습니다.

오늘도 우리의 삶의 거울에 세상적인 것들로 조금만 칠하여도 제 모습밖에 보이지 않습니다.
그 은칠이 물질이든, 권력이든, 학식이든, 직분이든 그렇습니다. 그러나 그리스도인은 믿음 생활을 하면 할수록 더욱 투명한 거울 같은 삶을 살아가는 사람들입니다.
있다고 교만하지 않으며, 많이 배웠다고 남을 무시하지 않으며, 힘 있다고 타인을 억누르지 않는 것이 투명한 그리스도인의 축복된 삶의 모습입니다.

둘째는 이성에 깨끗해야 합니다.
말세는 노아 때와 비슷합니다. 소돔과 고모라 시대와 비슷합니다.
음란한 바람이 온 천지를 휘몰아치고 있습니다. 이럴 때 이성에 깨끗해야 부끄럽지 않는 삶을 살게 됩니다.
말세가 되어서인가 목사가 혼자 심방만 해도 문제를 삼게 되는 희한한 세상이 되었습니다. 특히 젊은 부목사님들이 불가피하게 혼자 심방할 수밖에 없는 상황이 흔히 있을 수 있는데 이런 경우도 특히 여성도 가정이면 목사를 목사로 보는 것이 아니라 남자로 보는 음란 귀신이 교회 안에 활개를 치고 있습니다. 그래서 목회 활동을 점점 무력하게 만드는 것이 마귀의 작전입니다. 그런데도 교인들은 이 마귀의 작전에 쉽게 넘어갑니다. 온 교회가 시끄럽고 풍비박산 나는 것을 보면 근거없는, 확인되지 않는, 사실과 너무도 거리먼 것들이 기정사실화 되는 데서 출발하고 있음을 볼 수 있습니다. 그 모든 사건의 진원지는 바로 교인이라는 어처구니없는 사실입니다.

동역자들의 이야기를 들어보면 기막힐 일이 어디 한두 가지가 아닙니다.

저도 혼쭐난 경험이 있습니다.
저는 버릇이 악수를 잘합니다. 남자고 여자고 악수를 잘합니다.
수많은 여자와 악수를 다 했는데 나와 악수한 여집사가 악수한 것을 가지고 과대망상증에 걸려서 '우리 목사님은 나를 사랑하신다' 고 하는 겁니다. 혼자 그러고 마는 것이 아니라 가장 친한 자기 친구와 마주 앉아서 '우리 목사님은 나를 보는 눈이 달라' 그렇게 말을 하는 겁니다. 더욱 기가 막히는 것은 영적으로 바로 잡히지 못한 그런 사람의 이야기를 듣고 난 사람이 더 문제입니다. 그 얘기를 듣고 여기저기 가서 마구잡이로 이야기를 하는 겁니다. 하나님의 교회에서 목사를 두고 그렇게 바라보고 대하는 영적으로 병든 상황을 치료하기란 매우 어렵습니다. 마귀는 계속 그런 일들로 목회자의 신바람 나는 목회의 발목을 잡는 것입니다. 기도 이외에는 이와 같은 문제는 해결되지 않습니다.

그러나 분명한 한 가지는 그런 소리에 귀 기울이면 목회는 무너지기 십상이지만 오직 주님이라는 마음으로 나아갈 때 그런 잡음은 잡음인 채로 남는 것입니다

그래서 목회 방법론이지만 목회에 이성문제가 발생하지 않도록 여러방면으로 예방 목회를 하는 경우가 많습니다.

저희 교회 구역지도자는 500명이 넘습니다. 금요일마다 교회에 나오는 자매들을 보면 양귀비가 어떻게 생긴지는 모르지만 양귀비 이상입니다. 전부 30대, 40대 여성들이며 60대 권사님은 몇 분뿐이십니다.

제가 눈동자를 보면 금방 압니다. 어떤 눈으로 목사를 보는 줄 압

니다. 저는 이미 분명한 선을 그었기 때문에 눈동자가 흐릿한 사람을 보고 그냥 넘어갈 수 없습니다.

"목사를 바라보는 눈이 풀리면 그건 귀신이야, 마음에 목사를 하나님의 종으로 보지않고 남자로 보면 그건 음란 귀신이요. 여러분 심령에 이런 귀신 있으면 안돼요."

그렇게 농담반, 진담반으로 혼쭐을 냅니다. 그러면 구역 지도자들은 폭소를 터뜨리면서 목사의 가혹한 표현방법의 언어구사에도 동의를 표합니다. 종종 듣기에 아름답지는 않지만 이것을 계속했습니다. 그래도 목사를 두고 이러니 저러니 말이 많습니다. 그것을 다 듣고 대처하려면 하루도 목회를 할 수 없습니다. 목회 선배님들의 공통된 말씀이지만 속된 표현으로 "개는 짖어도 기차는 간다"는 말 때문에 그래도 오늘의 목회가 유지될 수 있습니다.

그렇기 때문에 목회자는 더욱 이성에 깨끗하도록 힘써야 합니다.

쓸데없는 오해를 불러올 일을 조심하지 않으면 순간에 목회도 교회도 하나님의 거룩한 사역도 무너지게 됨을 명심해야 합니다.

셋째는 명예나 권력에 깨끗해야 합니다.

사람에게서 얻는 칭찬보다 하나님에게 칭찬받는 일을 중시해야 합니다. 세상의 권력보다 세상의 명예보다 교회에서 받는 직분을 더욱 영광스럽게 생각할 수 있어야 합니다.

진정한 그리스도인이 어떤 사람입니까?

"무명한 자 같으나 유명한 자요, 죽는 자 같으나 보라 우리가 살고, 징계를 받는 자 같으나 죽임을 당하지 아니하고, 근심하는 자 같으나 항상 기뻐하고, 가난한 자 같으나 많은 사람을 부요하게 하고, 아무 것도 없는 자 같으나 모든 것을 가진 자"(고후 6:9-10).

이것이 그리스도인입니다. 그러므로 세상 명예나 권력에 깨끗해야 합니다.

넷째는 생각이 깨끗해야 합니다.

입으로 들어가는 것은 사람을 더럽게 하지 못하고 속에서 나오는 것이 사람을 더럽게 한다고 주님은 말씀하셨습니다. 그러면 속에서 나오는 것이 무엇입니까?

악한 생각, 탐심, 음심, 이런 것들이 다 자기를 더럽히고 그리고 남을 더럽힌다고 하였습니다.

이런 것들이 어디서 생산됩니까? 생각입니다.

그러므로 생각을 깨끗하게 하지 않으면 탐심, 음심, 악한 말이 밖으로 쏟아져 나옵니다. 그런 것이 결국 부끄러운 삶을 만들어 버립니다.

어느 가난한 마을에 앞 못보는 거지가 있었습니다. 살아가는 것이 참으로 힘들었습니다. 같은 마을에 앉은뱅이 거지가 살았습니다. 그 또한 얼마나 힘든 생활인지 모릅니다. 어느 날 둘이서 만나 의논을 하고 난 후 소경 거지가 앉은뱅이를 업고 앉은뱅이가 소경의 길을 가르치면서 함께 더불어 거지 생활이 시작되었습니다.

그렇게 구걸하여 얻은 밥으로 두 사람은 사이좋게 나누어 먹고 서로의 어려움을 도우면서 생활하게 되었습니다.

그러던 어느 날 앉은뱅이는 욕심이 생겼습니다. 구걸하여 얻은 밥 중에 자기는 좋은 것을 더 많이 먹고 소경 거지에게는 적은 양의 음식을 주기 시작했습니다. 날이 지나면서 소경 거지는 쇠약해지고 앉은뱅이는 점점 살이 쪘습니다.

그런데 그 마을에 겨울이 왔습니다. 그 마을 사람들도 가난해서 이 두사람의 거지에게 많은 음식을 주지 못하게 되었습니다. 두 사람의 거지는 하는 수 없이 이웃마을로 옮겨가면서 구걸해야 했습니다. 추운 겨울 쇠약한 소경 거지가 앉은뱅이를 업고 산등성이를 넘었습니다. 그런데 반도 올라가지 못하고 소경 거지는 쓰러지고 말았습니다. 앉은뱅이는 내동댕이쳐졌습니다. 그때서야 앉은뱅이는 지난날의 자신의 욕심을 후회했지만 이미 때는 늦었습니다. 다음날 아침에 그 산등성이에는 두 불구자의 동사체가 동그라니 놓여 있었습니다.

이 슬픈 이야기는 오늘을 살아가는 우리들의 삶을 되돌아보게 합니다. 인간의 이기심은 끝이 없지만 그것은 결국 자기 스스로의 몰락에 이른다는 교훈적인 메시지를 한 귀로 들어 넘길 수 없는 이야기입니다.
생각이 깨끗지 못한 결과가 주는 아픔이 어떤 것인가를 가르치는 메시지입니다.
함께 공존할 수 있는 축복을 이기심 때문에 공멸하는 교훈적인 이야기에서 우리의 실존을 볼 수 있었으면 합니다.

그리스도를 높이는 삶

바울의 일생은 그리스도를 존귀하게 하는 생활이었습니다. 오죽하였으면 살아도 주를 위하여, 죽어도 주를 위하여라 했겠습니까?
바울의 일생의 최대 관심은 오직 주님이었습니다. 오직 주님만 영화롭게 하는 삶이었습니다. 그리고 그리스도를 영화롭게 하되 "내 몸에서" 였습니다.
다시 말하면 나의 삶을 통하여 예수가 영광받기를 원하는 삶이었습니다.
그런데 오늘 우리의 관심은 무엇입니까?
우리의 삶의 관심거리가 오직 주님이십니까?

일생의 중심이 주님입니까?
바울에게 있어서 존재의 의미는 그리스도였습니다. 살고 있음도 그리스도 때문이었습니다. 그리스도 없는 삶은 바울에게 있어서 아무런 의미도 없었습니다. 그렇기 때문에 바울에게 있어서는 죽는 것도 그리스도를 위함이었습니다.

오늘날 많은 그리스도인은 관심이 예수가 되지를 못한다고 합니다. 슬픈 일입니다. 정치나, 돈이나, 향락이나, 부동산투기나, 오락이나, 취미활동이나, 증권이나, 스포츠가 관심거리가 된다고 말들을 합니다. 이것이 정말 그리스도인이 관심 갖고 살아야 할 내용입니까?

우리는 그리스도 중심으로 살아야 합니다. 오늘을 살아가는 그리스도인의 삶의 중심은 그리스도가 되어야 합니다.
돈 벌고, 아들 딸 장래를 준비하고, 건강 관리하고, 취직하고, 결혼하는 일 등이 모두 중요한 것임은 틀림없지만 그리스도보다 앞세워서는 안될 내용들입니다.
우리의 삶의 내용의 관심은 그리스도가 되어야 합니다. 그러면 하나님이 나머지 모든 일들을 이루어 주십니다.
그것이 성경의 가르침입니다. 성경의 가르침을 받아들이는 것이 믿음입니다. 믿음있는 자가 하나님을 기쁘시게 하고 하나님을 기쁘시게 하는 사람이 하나님의 사랑과 은혜와 복을 받습니다.

바울에게는 개인적인 소망이 있었습니다. 그것은 어서 이 세상을 떠나서 주님께 가고자 함이었습니다. 그것이 바울에게 있어서는 훨씬 더 영광스러운 소망이었습니다.
그런데 바울은 다음과 같은 말을 했습니다.

빌립보서 1장 22-26절의 요약입니다.

"나의 개인적인 소망은 빨리 주님에게 가고 싶지만 여러분의 유익을 위하여서 나는 아직도 육신의 생활을 더 할 수밖에 없습니다."

이것은 놀라운 고백입니다. 그리고 이것이 진정 그리스도인의 삶의 내용입니다.

그리스도인의 삶은 나만을 위한 것이 아니라 너를 위한 삶이어야 합니다. 자기의 욕구를 충족시킴이 아니라 다른 사람의 기쁨을 위하여 살아가는 것입니다.

손양원 목사님은 애양원의 나병 환자들을 위하여 자기를 버리고 그들의 유익을 위하여 살다가 죽었습니다.

주기철 목사님은 민족의 유익을 위하여 가정도 가족도 버리고 다른 사람의 유익을 위하여 살다가 죽었습니다.

마더 테레사 수녀님은 일생을 다른 사람의 유익을 위하여 살다가 죽었습니다.

예수님의 삶의 내용이 바로 그런 것이었습니다. 예수를 닮은 진정한 그리스도인의 삶이 바로 그런 것입니다.

바울도 일생동안 장가가지 아니하고 오직 주님의 영광을 위하여 그리고 다른 사람의 유익을 위하여 80여생을 진정한 그리스도인의 삶을 살았습니다.

교육의 성자 페스탈로치의 묘비에는 다음과 같은 글이 새겨져 있습니다.

"모든 것은 남을 위하여, 자기를 위해서는 아무것도 아니했다."

위대한 교육자 페스탈로치의 생애를 다시 한 번 깊이 새기면서 우리들의 삶도 그렇게 기록되기를 기도합니다.

나만을 생각하면 다른 사람의 입장을 이해 못합니다. 그래서 항상 생각을 할 때는 입장을 바꾸어 놓고 생각하라는 말이 있습니다.

지나치게 형제를 저울질 하고 돌이나 던지는 그런 악담을 하는 것, 혹은 비판이나 하는 그런 생활이 아니라 허물을 덮어 주고 상대방의 입장에서 생각하고 그들의 유익을 위하여 오늘 내가 살아간다면 우리의 교회는 우리의 가정은, 우리의 사회는 훨씬 더 아름답고 가치 있는 삶의 장이 될 것입니다.
어떻게 살아가야 합니까?
항상 부끄럼 없는 삶을 살아갑시다.
항상 그리스도를 높이는 삶을 살아갑시다.
항상 다른 사람의 유익을 위한 삶을 살아갑시다.

일본 경도 동지사 대학 구내에는 조그마한 벽돌 창고 같은 집이 하나 있습니다. 기념일이 되면 그것이 개방됩니다. 그곳은 학교 창설자인 '니히지마' 선생의 기념품이 전시되어 있는 기념관입니다. 거기에는 나무로 만든 상자 속에 토막난 회초리가 담겨져 있습니다. '니히지마' 선생이 해외 여행에서 돌아오니 학교는 기강이 무너지고 데모로 혼란했습니다.

학생과 교수를 집합시킨 교정에서 그는 책임자를 처벌하는데 곧 자기의 오른팔로 회초리를 잡고 왼팔을 걷어 붙이고 피가 나도록, 회초리가 부러지도록 스스로 매질을 했습니다. 교수들과 학생들은 모두 울었고 그후 그의 기념관에는 그 회초리가 전시되었습니다.

오늘의 한국 정치인들이 배워야 할 교훈입니다.

한국 교회가 배워야 할 교훈입니다.

오늘 우리가정, 우리교회, 우리국가, 우리가 살아가는 삶의 현장에 일어나는 모든 문제들이 "내 탓이라"고 말할 수 있는 사람은 어디에 있습니까?

니히지마 선생의 정신과 신앙을 오늘을 살아가는 이땅의 그리스도인들이 실천한다면 오늘을 살아가는 우리들의 삶의 장이 얼마나 아름답고 질서있고 훈훈하겠는가를 생각해 봅니다.

어떻게 그런 삶이 가능합니까?

그것은 그리스도인들이 십자가의 도를 생활화할 때 이것은 얼마든지 가능합니다.

노회에 다녀오신 저희 장로님이 한번은 제게 와서 약간은 짜증스럽게 화가 난듯이 이야기합니다.

"목사님예, 노회에 가시면 좀 당당하이소."

"근데 나만치 당당한 사람이 누가 있는데 그런 말씀을 하십니까?"

"그럼 와 나이 어린 목사님들에게도 먼저 인사를 하십니까?"

저는 노회에 가서 저보다도 후배거나, 시골 교회 전도사님이거나, 나이가 적거나 많거나 할 것 없이 먼저 인사를 합니다. 그 장로님이 보실 때는 저희 교회가 포항에서는 제일 큰 교회인데, 저 사람은 분명히 우리 목사님 후배인데, 우리 목사님은 이만큼 더 숙이고 하니 자존심 상해서 못 살겠다는 얘기입니다.

저는 제 양심에 잘못됐다고 생각해 본 적이 한번도 없습니다. 제 삶이 그렇습니다. 우리들의 교회는 왜 이래야 하는지 모르겠습니다. 우리가 그 바울의 마음을 가지고 살려고 할 때 나도 모르는 사이에 내 안에 주의 성품이 들어오는 것입니다.

예수님은 겸손하셨습니다. 예수님은 언제나 타인과의 관계에서 낮은 데 처하시려 했습니다. 당신을 하나 아래 두셨습니다. 그럼에도 누구든지 예수님과 이야기하는 사람은 예수님 앞에 꼼짝할 수가 없었습니다.

그러나 바리새인은 인간관계에 있어서 언제나 자기를 위에 두었습니다. 바리새인 서기관들의 인간관계는 100% 실패했습니다. 이것이 성경이 우리에게 주는 메시지이고 가르침입니다.

그런데 정작 그리스도인인 우리가 이런 면을 보지 못하고 세속적인 논리를 교회를 채색하며 세속적 논리를 교회에 끌어들여 놓기 일쑤입니다. 겸손의 성품을 가지고 허리 좀 굽힌다고 그게 뭐가 문제입니까? 그런다고 그 사람이 높아지는 것도 아니며 자기를 낮추는 것도 아닙니다. 또 그런다고 서임중이가 박임중이 되는 것도 아닙니다.

겸손이 부끄러운 것이 아니라 세상의 논리대로 사는 것이 부끄러운 것입니다.

주님은 어지럼증도 없으시다

우리는 누구를 높여야 되겠습니까?
오직 그리스도만을 높여야 됩니다. 그리스도를 높이는 목적을 갖고 출발해야 합니다.

저는 공부도 제대로 못했습니다. 제 지난 과거는 아름답지 않습니다. 자랑할 것이 아무것도 없습니다. 그런 저를 주님은 새벽에 눈을 떴을 때라도 생각하면 "주여 감사합니다. 이게 웬 은혜입니까? 내가 나를 돌아보니 날마다 감사하고 자다 깨다 감사합니다"라고 기도할 수 있게 하셨습니다.

목사 가운데 나만큼 불쌍하고 나만큼 더러운 존재가 없습니다. 시편 49:20에 "존귀에 처하나 깨닫지 못하는 사람은 멸망하는 짐승 같도다" 하셨습니다. 제가 기억해야 할 말입니다.

그러나 이제는 성경, 찬송만 들고 무슨 차든지 비행기를 올라 타고 광주, 부산, 서울, 미국, 영국, 일본, 멕시코 어디든 가면 공항에 마중 나오시는 분들이 진짜 운전대 한번 안 잡아보고 기사를 한둘씩 두고 있는 그룹의 회장님들입니다. 저보다 연세가 다 높으신 분들이고 명함을 비교해보면 저는 조족지혈(鳥足之血)입니다. 그런데 그분들은 이 촌 목사 한 사람을 귀빈처럼 대우해주십니다.

제가 한 일은 없습니다. 그것은 내가 전국을 다니면서 세계를 다니면서 그리스도를 높여 놓으니까 주님이 그 사람들을 통해서 나를 높이시는 것입니다. 그리고 그분들도 나를 높이시는 것이 아니라 제 안에 계신 그리스도를 높이시는 겁니다. 주님은 아무리 높여도 부족하신 분입니다. 아무도 닿을 수 없는 저 높은 곳이 주님의 본래 자리이기 때문입니다.

예수만 높이면 나머지는 주님이 나를 높여 주시는 이 원리, 그래서 "높아지고 싶으냐, 그럼 낮아져라" 하신 것입니다.

그러면 하나님이 은혜를 베푸십니다. 하나님이 은혜를 베풀어 주셔야 우리가 복을 받습니다. 하나님이 은혜를 주시지 않는데 우리가 몸부림을 한다고 해서 되지 않습니다.

이것을 깨닫는 것이 겸손입니다.

고구려 을지문덕 장군이 살수 대첩에서 중국 수나라 백만 대군을 물리치고 돌아왔을 때 영양 왕은 성밖 들까지 나가 마중하면서 꽃을 투구에 꽂고 은금의 선물을 하사했을 때 환호하는 백성들을 향하여 눈물을 흘리면서 사과의 말을 했습니다.

"상감마마의 귀중한 백성이요, 여러분의 소중한 아들이요 남편인 고구려의 젊은이들을 많이 전사시키고 승리를 얻고 돌아온 나는 이 상을 받을 자격이 없습니다. 나라의 진정한 영웅은 여기 살아서 돌아온 을지문덕이 아니라 어딘지 모를 산과 들의 풀숲 밑에 쓰러진 이름 없는 젊은 용사들입니다."

을지문덕은 전쟁에서 승리하여도 환호하는 백성들과 하사품을 내리는 왕 앞에서 자기를 높이지 않았고 죽어간 군사들을 높였습니다. 그 때 그는 더욱 백성들에게 높임받았습니다.

후에 을지문덕은 백성들이 입는 누런 베옷을 입고 고향인 평양 근처 산중에 들어가 은둔생활로 여생을 보냈습니다.

오늘의 대형 교회의 원로목사와 담임 목사의 갈등 이야기는 일반화된 현상입니다. 모두가 사랑하고 섬기는 아름다움이 없는 "내가"라는 것 때문에 주님이 높여지지 않는 것입니다. 교회의 시끄러움은 자기가 높아지려는 인간 본성에서 이루어지는 행태의 결과입니다.

오늘날 교회의 시끄러운 모든 문제들의 원인은 "내가"라는 것 때문입니다.

많은 사람들은 하나님 앞에서 조그마한 일을 하고도 왜 그리 교만한지 모릅니다. 겸손할 줄 모릅니다. 모든 것이 주님으로부터인데 모든 것이 자기로부터인 줄 착각을 합니다. 교회에서 감당하는 직분 하나를 가지고도 온갖 인간적 오만에 빠지는 경우를 흔히 볼 수 있습니다. 이것이 슬픈 현실입니다.

이것은 은혜받은 자의 모습이 아닙니다.

은혜받은 자의 모습은 오직 주님입니다.

모든 것을 주님의 은혜로 돌리는 것입니다.

마틴 루터의 희한한 꿈이야기가 있습니다.

사탄의 기독교인 전멸 작전 상황이었습니다.
부하 1. 수령님! 저는 사막을 걸어가는 예수쟁이들에게 사자를 보내었습니다. 그런데 예수쟁이들은 사자 앞에서도 기도를 하더군요.
부하2. 저는 바다를 항해하는 예수쟁이들을 죽이려고 폭풍을 일으켰습니다. 그런데 그들은 암초에 올라서서도 찬송을 했습니다.
부하3. 수령님. 저는 잘 믿는 예수쟁이들이 많은 한 교회를 찾아가 10년 동안 모든 일이 잘되고 평안하게 만들어 주었더니 그들의 육과 영혼이 완전히 썩어버렸습니다.

이 꿈은 종교개혁을 하려는 그에게 큰 힘을 주었던 것입니다.
하나님의 은혜는 평화로운 것만은 아닙니다.
때때로 사탄은 평안이라는 무기를 써서 우리의 영을 죽입니다. 내가 높아지고 주님이 낮아지면 현재는 좋아보이고 평안해 보이지만 그것이 사탄이 사용하는 전략임을 알아야 합니다. 힘들어도 내가 힘들고 주님이 높아지기를 원하는 삶은 항상 감사와 기쁨으로 충만합니다.
그러기에 우리는 때때로 다투면서도 우리는 하나님의 영광을 위해 힘써야 합니다.

지금 좋다고 날마다 좋은 것은 아닙니다.
지금 나쁘다고 내일도 나쁜 것은 아닙니다.
하나님이 은혜를 주시면 됩니다.
은혜받는 성도가 되시기를 축복합니다.

광주 지방에 집회를 인도했을 때 이야기입니다. K 집사님의 고백이었는데 자기는 글 모르는 것이 수치인 줄 알고 목사의 설교가 차원이 높을 때마다 불평을 했다는 것입니다. 그런데 말씀듣고 은혜받고 깨달으니 그것보다 더 못난 것이 없고 수치스러운 일이 없다는 것입니다. 진정한 은혜는 주님을 높이는 것이지 자기 기준으로 모든 것을 해결하려는 것이 아니라는 고백이었습니다.

부산지방에 집회를 인도했을 때 이야기입니다. 담임목사의 설교 내용이 수준 이하로 불평하다가 은혜받고 난 후 '아하 우리 교회 700명 교인 앞에 내 기준에 맞추어 설교를 하신다면 얼마나 많은 사람들이 불평을 했을까' 하고 깨달은 고백이었습니다.

은혜를 받으면 모든 것이 아름답습니다.
은혜를 받으면 모든 것이 즐겁습니다. 기쁩니다. 감사합니다. 사랑스럽습니다.

은혜를 받은 사람은 모든 기준이 자기가 아닙니다.
주님입니다. 주님은 이럴 때 어떻게 하셨을까? 입니다. 그러나 은혜를 받지 않은 사람의 기준은 항상 자기 자신입니다. 모든 것이 자기 기준입니다.
남들이 볼 때는 자기가 훨씬 나쁜데 자기는 자기의 나쁜 것이 보이지 않고 오히려 자기가 좋은 것의 중심인 줄 착각하는 것입니다.
그렇게 말하고 그렇게 행동하는 것입니다.

하나님의 은혜는 정직히 행하는 자에게 임하십니다.
주님은 어지럼증이 없으십니다.
아무리 높여도 괜찮을 우리 주님이십니다.

욥의 고백처럼 "주신 자도 여호와시오 거두시는 자도 여호와"이심을 나는 믿습니다.

그러기에 저는 당당합니다. 제 목숨 끊어지는 날까지 그리스도를 높이는 일만 할 것입니다. 왜냐하면 주님은 어지럼증이 없으시기 때문에 주님을 높이는 생활만 하면 그 삶 자체가 축복이 되기 때문입니다.

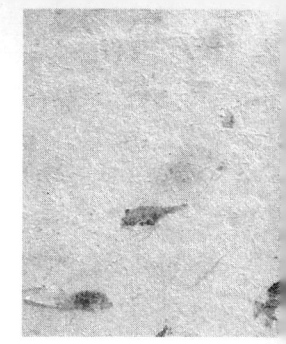

제 8장
인생은 지우개가 없습니다

노트에 필기를 하다가 잘못 쓰면 지울 수 있는 지우개가 있습니다. 그러나 인생은 지울 수 있는 지우개가 없습니다. 그래서 인생을 일생이라 하고 이생이라 하지 않습니다. 인생이 이생이면 다음 생애에서 다시 한번 잘 살아볼 수 있는 기회가 있겠지만 인생은 일생이기 때문에 그렇지를 못합니다.

인생은 지우개가 없습니다

무릎으로 올라가는 강대상

제가 몇년 전에 부산 감람산기도원에서 있었던 영성 훈련에 3박4일 참석하고 돌아온 일이 있습니다.

그 훈련 과정은 저에게 있어서 신선한 감동과 영적 깨달음을 가진 은혜의 기회였습니다. 기도원에서 진행된 영성 세미나 기간중 L 원장님의 말씀은 목사로서 이전에 한 그리스도인으로서 자신을 돌아보게 하심으로, 저의 생애에서 또 한번 크신 주님을 사랑을 체험할 수 있었고 넉넉한 은혜를 입었습니다. 제 영안(靈眼)이 열려지는 그런 경험을 했었습니다.

3박 4일의 은혜의 시간을 마치고 돌아와 교회 마당 정문을 들어서면서 이상할 정도로 감정이 복받쳐 올랐습니다. 매일처럼 출입했던 교회 정문인데 그날따라 교회 마당에 들어서는 가슴은 형언할 수 없는 사랑과 감동으로 출렁거렸습니다. 바로 목사관으로 들어갈 수 없었고 예배당에 올라가게 되었습니다. 예배당은 2층 건물인데, 2층으로 들어가려고 하다가 갑작스럽게 저도 모르는 사이에 1층에서 2층으로 올라가는 계단 앞에서 무릎을 꿇었습니다. 그리고 그 계단 2층 본당까지 무릎 꿇은 그대로 한 계단 한 계단 올라갔습니다.

이 교회에서 5년 동안 목회했는데, 5년 동안 목회한 자신의 모습을 돌아볼 기회도 없이 정신없이 여기까지 달려왔는데 그 영성훈련은 저의 목회를 돌아보게 하는 기회였습니다.
 지금까지의 나의 목회는 정말 목회라 할 수 있는가?
 하나님이 맡겨주신 거룩한 사명, 곧 하나님이 맡기신 양무리를 푸른 초장으로 인도하고 있는 거짓없는 목사라 할 수 있는가?
 먹는 목사가 아니라 먹이는 목사인가?
 돌아보니 부끄럽지만 내 목회는 목회가 아니라 삶의 수단의 한 부분이었다는 슬프고 추한 현실적 자아성찰의 기회였기에 목회자로서 자괴지심에 빠지게 된 것입니다. 그래서 다시 저 강단에 오르기 전에 저 스스로를 좀 다듬질하고 싶었습니다.
 그 계단을 무릎으로 기어올라갈 때 양쪽 무릎이 다 터졌습니다. 왜 그렇게 눈물이 비오듯 쏟아 졌던지, 왜 그렇게 가슴이 터질 것 같았던지, 왜 그렇게 주님의 사랑이 크고 놀라우셨던지 지금도 그 때를 생각하면 저절로 눈시울이 젖어 듭니다.
 그렇게 하염없이, 소리없이 울면서 본당 복도를 기어서 올라 강대상에 섰을 때 참으로 놀라운 상황이 전개되었습니다. 아무도 없는 예배당 본당, 그 강단에 섰을 때 사람은 아무도 없었지만 저는 그때 처음으로 교인들의 영혼을 보았습니다.
 그리고 얄팍한 인간적 방법으로 목회해왔던 제 모습도 보았습니다.

어찌된 일인지 전도사 시절부터 설교 잘한다고 주변 사람들이 입만 열면 "서 전도사 설교 잘한다, 서 목사 설교 잘한다" 했던 일이 생각났습니다. 그래서 제가 진짜 설교를 잘하는 줄 알고 스스로 포만감에 취해서 이 강단 이 자리가 얼마나 무서운 자리인가 하는 것을 그 때까지 한 번도 생각하지 아니하고 쉽게 쉽게 이 강단을 오르내렸던 것을 떠올렸습니다.

그 날 그 경험은 저의 목회를 새롭게 해주는 기회가 되었습니다.

당연히 설교가 달라질 수밖에 없었고 교인 한 사람 한 사람을 보는 눈이 달라질 수 있었습니다. 항상 감사와 기쁨이 충만했습니다.

현실에 안주하는 목회가 아니라 고난 가운데서도 사명을 감당할 수 있는 능력을 체험할 수 있었습니다.

저는 목사가 되기 전까지 누구보다도 고생을 많이 한 사람입니다. 해외, 국내 집회를 인도하면서 많은 사람들로부터 많은 말을 듣습니다.

"강사 목사님은 고생 한번 안한 사람 같습니다."

외모를 보고 귀공자 같다느니, 그믐달 밤에 만져보아도 양반 같다느니 하면서 내가 겪은 삶의 고난과 슬픔과 아픔을 알지 못하고 고생하지 않은 목사로 이해하는 경우가 많습니다.

그러나 내가 석 달이 넘도록 집집 문전을 다니면서 걸식을 했다고 말하면 믿을 사람 아무도 없습니다. 겨우 한 끼 얻어 먹으려고 이 집 저 집 다니면서 발길에 채이기도 하고 모진 말을 듣기도 하며 석 달 넘게 다니기도 했는데 그 날들은 눈물이었고 아픔이었고 서러움이었습니다.

그때는 고통스럽고, 그때는 서럽고, 그때는 억울하고, 그때는 눈물 흘렸지만, 나를 목사 되게 하시려는 하나님의 시간표가 거기도 있었다는 사실을 늦게 늦게 알게 된 것입니다.

그리고 지금도 항상 겸허한 마음을 잃지 않으려고, 지난날의 아픔과 서러움과 고통을 거울로 삼아 목회를 합니다. 때문에 영성 훈련은 나 자신을 돌아보게 하는 참으로 아름다운 하나님의 사랑의 방법이었던 것입니다.

오! 주님을 사랑합니다.

인생은 지우개가 없습니다.

어느 도시 어귀에 동상이 하나 세워졌습니다. 사람들은 그 동상을 일컬어 행복한 왕자로 명명했습니다. 어느 날 제비 한마리가 그 행복한 왕자 동상 어깨 위에 앉았습니다. 그런데 제비가 동상을 올려다 본 순간 동상은 울고 있음을 발견합니다. 그리고 제비는 묻습니다.

"왕자님! 사람들은 왕자님을 행복한 왕자라고 하는데 왜 울고 있어요?"

"내가 왕궁에 살아있을 때는 굶주린 자, 헐벗은 자, 병든 자, 고난받는 자들의 아픔을 몰랐는데 이제 내가 죽어 동상이 되어 여기서 살펴보니 너무 많은 사람들이 고통하고 있음을 본단다. 그런데도 나는 그들을 위해 아무것도 할 수 없는 것이 슬프구나."

그러면서 왕자는 제비에게 부탁을 합니다.

"제비야. 여기서 얼마쯤 가면 가난한 가정에 산모가 냉방에서 고생하고 있는데 나의 한쪽 눈 사파이어를 뽑아 그에게 전해 줄 수 있겠니?"

제비는 그렇게 심부름을 했습니다. 돌아온 제비에게 왕자는 다시 부탁을 합니다.

"나의 한쪽 눈 사파이어를 뽑아 어느 지점쯤 가면 길거리에서 추위 떨고 있는 성냥팔이 소녀가 있는데 그에게 전해 주고 오렴."

그렇게 제비는 행복한 왕자의 말대로 동상 여러 곳에 박혀 있는 보석들을 뽑아 가난하고 고난받는 사람들에게 전해 주면서 지내다가 따뜻한 남쪽 나라로 날아갈 기회를 잃고 지쳐서 어느 날 행복한 왕자 동상 앞에 떨어져 얼어죽습니다. 제비가 숨이 끊어지는 순간 무엇인가 와르르 무너지는 소리가 났는데 그것은 보석이 다 뽑혀진 납으로 만든 행복한 왕자의 심장이 떨어지는 소리였습니다.

이것은 "행복한 왕자"라는 제목의 오스카 와일드의 글을 요약한 것입니다.

이 이야기 속에서 저자는 오늘을 살아가고 있는 사람들의 양심에 질문을 던지는 메시지가 있습니다.

"왜 사는가? 무엇 때문에 사는가? 어떻게 사는가?"

노트에 필기를 하다가 잘못 쓰면 지울 수 있는 지우개가 있습니다. 그러나 인생은 지울 수 있는 지우개가 없습니다. 그래서 인생을 일생이라 하고 이생이라 하지 않습니다. 인생이 이생이면 다음 생애에서 다시 한번 잘 살아볼 수 있는 기회가 있겠지만 인생은 일생이기 때문에 그렇지를 못합니다.

그렇기 때문에 내가 살아가는 하루하루는 지워지지 않고 하나님의 심판대 앞에서 낱낱이 드러나 심판의 대상이 된다는 사실을 깨닫는 것이 지혜로운 삶입니다.

잘 살면 잘 산 대로 못 살면 못 산 대로 기록이 되고 있음을 알아야 합니다.

요한계시록 22:12 말씀입니다

"보라 내가 속히 오리니 내게 줄 상이 있어 각 사람에게 행한 대로 갚아 주리라."

어떤 행함입니까? 계시록 22:11 말씀입니다.

"불의를 하는 자는 그대로 불의를 하고 더러운 자는 그대로 더럽고, 의로운 자는 그대로 의롭고, 거룩한 자는 그대로 거룩되게 하라."

참으로 의미심장한 말이 아닐 수 없습니다.

가인의 행위, 웃시야의 행위, 삼손의 행위, 사울왕의 행위, 유다의 행위, 발람의 행위, 고라의 행위, 아합의 행위….

누가 이들의 더럽고 추한 행위를 지울 수 있습니까?

아무도 지울 수 없습니다. 인생은 지우개가 없기 때문입니다. 오늘을 살아가는 우리 모두에게 주는 메시지입니다.

사람이란 다 실수를 합니다. 죄를 범합니다. 세상을 살아가는 누구도 의인은 없습니다. 허물이 많습니다.

그러나 우리가 분명히 알아야 할 한 가지는 세상 모든 사람들이 죄를 짓고 살아갈지라도 자기의 잘못을 뉘우치고 회개하는 깨달음을 가진 사람이 되어야 한다는 것입니다. 깨달음은 곧 은혜이기 때문입니다.

모든 인간의 축복된 생활은 여기서 시작되는 것입니다. 그러나 깨닫지 못하는 사람의 삶은 어떻습니까?

시편 49:20 말씀입니다.

"존귀에 처하나 깨닫지 못하는 사람은 멸망하는 짐승같도다."

그렇습니다. 존귀에 처할지라도 깨닫지 못하는 사람은 멸망하는 짐승 같다는 것입니다. 어떤 존귀입니까?

가난에서 부요에 이른 존귀입니다(고후 8: 9).
질병에서 건강에 이른 존귀입니다(벧전 2:24).
멸망에서 영생에 이른 존귀입니다(롬 1:1-9).
저주에서 축복에 이른 존귀입니다(갈 3:13).

이와 같은 사실을 깨닫지 못하는 사람은 멸망하는 짐승보다 못하다는 교훈입니다.
그렇기 때문에 우리는 인생을 바르고 아름답게 진리 안에서 살아야 하는 것입니다. 그것을 깨닫는 것이 축복입니다. 은혜입니다.

모세를 보십시오.
"바로의 공주의 아들이라 칭함을 거절하고 도리어 하나님의 백성과 함께 고난받는 것을 잠시 죄악의 낙을 누리는 것보다 더 좋아하고 그리스도를 위하여 받는 능욕을 애굽의 모든 보화보다 더 큰 재물로 여겼으니 이는 상주심을 바라봄"이라고 히브리서 기자는 증언했습니다(히 11:24-26).

다윗을 보십시오.
우리야의 아내 밧세바를 통하여 하나님 앞에 범죄했지만 자신의 허물과 죄를 뉘우치고 침상이 썩도록 회개함으로 성군이 되고 위대한 이스라엘의 등불이 되었을 뿐 아니라 그 후손으로 통하여 메시아가 탄생하게 되었고 하나님의 마음에 합한 자라는 축복을 받았습니다.

바울을 보십시오.
히브리인이요, 베냐민의 지파요, 가말리엘의 문하생이요, 율법으로 흠이 없는 바리새인 중의 바리새인이요, 로마의 시민권까지 갖고 있으면서 당시의 기독교인들을 잡아 죽이는 일에 앞장섰던 그가 예수님을 만나고 지난날의 자신의 모든 행위가 죄악된 것임을 깨달았습니다. 다메섹도상의 회심 이후 일평생을 오직 주님만을 위하여 살았기에 역사 이래 바울 같은 신앙인도 신학자도 없을 정도로 위대한 하나님의 사도가 되었던 것입니다.

그렇다면 우리는 어떻게 오늘을 살아야 합니까?
죄악의 유혹을 거절하는 결단의 삶을 살아야 합니다.

솔로몬이 말년에 이방 여인을 거절하는 결단이 없어 그의 말년을 가슴 아프게 마무리하고 말았습니다.

삼손이 나실인으로 사명을 잘하다가 말년에 들릴라의 유혹을 거절하는 결단을 하지 못해 두 눈을 뽑히고 소처럼 맷돌을 돌리다가 다곤 신상과 함께 죽임을 당하는 비참한 생애를 마무리했습니다.

발람은 이스라엘을 축복하는 선지자로서 모압왕의 재물로 범죄케 하는 유혹을 거절하는 결단을 하지 못하여 유다서에 기록되는 저주 받은 세 사람 중의 하나로 기록되었습니다.

웃시야도 왕으로서 훌륭한 통치를 하다가 제사장만이 할 수 있는 분향의 유혹을 거절하는 결단을 하지 못해서 그의 말년을 문둥병자로 별궁에 거하면서 비참한 생애를 마무리했습니다.

그렇습니다. 우리가 오늘을 살아가는 데 있어서 가장 주의해야 할 것은 죄의 유혹을 거절하는 결단의 힘을 가져야 하는 것입니다. 그것은 우리의 의지로 되어지는 것이 아니라 성령의 도우심을 입어 믿음의 생활을 하면서 인생은 지우개가 없음을 바르게 인지(認知)하고 확신할 때 가능한 것입니다.

새 생활을 위한 어제의 누더기적 삶을 벗어버리는 결단의 삶을 살아야 합니다.
고린도후서 5:17 말씀입니다.
"누구든지 그리스도 안에 있으면 새로운 피조물이라 이전 것은 지나갔으니 보라 새것이 되었도다."

그렇습니다. 더 좋은 것을 위하여 어제의 옳지 못한 것들을 벗어버리는 결단이 필요합니다. 그리할 때 인생을 아름답게 기록할 수 있습니다.
바울은 세상 사람들이 그처럼 귀히 여기고 추구했던 온갖 부귀와 학문과 영광과 명예도 그리스도를 알고 난 후에는 그 모든 것을 버릴 수 있었습니다.

무엇이든지 자기에게 유익하던 것을 그리스도를 위하여 다 해로 여겼다고 고백한 바울에게서 인생의 지우개 없음을 깨달아 아름다운 삶을 살아간 의미와 가치를 발견할 수 있습니다.
바울에게 있어서 그 가문과 명예와 학문과 권력과 재물과 같은 모든 것들은 한갓 누더기에 불과한 것으로 깨닫게 된 것은 예수를 알고 난 후입니다. 이제 그 무엇도 예수보다 좋은 것이 없음을 깨달았기에 그는 모든 것을 분토처럼 버릴 수 있었다고 고백을 한 것입니다.
그렇다면 오늘을 살아가는 우리들에게 있어서 어제의 누더기는 무엇입니까? 보다 더 나은 것을 얻는 일에 방해되는 것은 누더기입니다. 그것을 과감히 벗어버릴 수 있는 믿음의 사람이 되어야 하는 것입니다.

진실한 말이 더 좋은 것이면 거짓말은 분명 누더기입니다.
사랑함이 좋다면 미움은 누더기입니다.
성실함이 좋다면 게으름은 누더기입니다.
감사함이 좋다면 불평은 누더기입니다.
효도함이 좋다면 불효는 누더기입니다.
이타적인 것이 좋다면 이기적인 것은 누더기입니다.

그렇다면 교회 생활을 하면서 예배 생활을 방해하는 누더기는 무엇입니까?
헌금 생활을 하는 누더기는 무엇입니까?
전도 생활을 방해하는 누더기는 무엇입니까?
봉사 생활을 방해하는 누더기는 무엇입니까?
그런 것들을 깨달아 과감히 벗어버리는 삶을 살아갈 때 그의 인생은 아름답게 기록될 것이며 그 아름다운 삶을 지울 수 있는 지우개 또한 없을 것입니다.

섬기는 삶이 인생의 최고의 가치 있는 축복이며 행복된 삶임을 깨닫고 생활하는 결단의 삶을 살아야 합니다.

섬긴다는 것은 비굴이 아닙니다. 성공적인 삶을 위한 가장 좋은 기회가 섬김의 생활입니다. 하나님의 복을 받는 첩경의 삶이 섬기는 삶입니다.
예수님이 무엇이라 교훈하셨습니까?

"인자의 온 것은 섬김을 받으려 함이 아니라 섬기려 하고 도리어 자기 목숨을 많은 사람의 대속물로 주려함이니라"(막 10:45).

이 한 말씀 안에 예수님의 섬김의 교훈이 가득 차 있음을 봅니다. 그리고 예수님은 직접 잡히시기 전날밤 다락방에서 제자들의 발을 씻기시면서 섬김의 도를 실천하시고 본을 보이셨습니다.

모든 것은 원인과 결과가 있듯이 인생도 마지막 날이 있음을 깨닫고 살아가는 삶이어야 합니다.

술을 많이 마신 사람은 간 경화로 생명을 잃기 쉽고, 담배를 많이 피운 사람은 폐암에 걸리기 쉽고, 고스톱을 좋아하는 사람은 결국 돈의 노예가 되고 게으른 자가 되어 멸망하게 되며, 쾌락을 좋아하는 사람은 육신도 정신도 병든 자가 됩니다.

그러나 절약을 좋아하는 사람은 그만큼의 풍요함을 누게 되며, 땀을 많이 흘린 사람은 그만큼의 행복이 있으며, 성실로 음식을 삼은 사람은 행복의 날을 노래합니다.

인간사에는 원인이 있으면 결과 또한 있습니다.

그처럼 세상을 혼란케 했던 다미선교회는 당연한 결과를 맞아야 했습니다. 그렇다면 오늘을 살아가는 우리는 어떤 원인을 만들어야 합니까?

미국의 법률학자 잉거솔이 말했습니다.

"현재는 필연적인 과거의 산물이며, 현재는 필연적인 미래의 원인이다."

그렇습니다. 현재는 필연적인 미래의 원인입니다. 내일의 행복한 날을 위하여, 하나님의 심판대 앞에서 칭찬받는 내일을 위하여 오늘 우리는 어떤 원인을 만들어 가는 삶인가를 돌아보아야 합니다.

수가성 우물가의 여인은 남편 다섯을 두었던 원인으로 사람들의 낯을 피하여 정오에 물을 길으러 왔지만, 거기서 예수를 만나는 두 번째 원인 때문에 물동이를 던지고 메시아를 만났다고 외치면서 복음 전도자가 되었을 뿐 아니라 남은 생애를 당당하고 감사함으로 살았습니다.

김익두 목사님은 주먹을 쓰는 원인으로 평양의 깡패가 되었지만 예수를 믿는 제2의 원인 때문에 위대한 한국의 목사가 되었습니다.
고재봉 씨는 도끼로 일가족을 죽인 원인으로 살인마가 되어 사형 선고를 받았지만, 옥중에서 예수를 믿는 제2의 원인으로 옥중에서 전도를 1,800명이나 하는 아름다운 생애를 마무리했습니다.

그리고 그것은 오늘 우리도 마찬가지입니다.
좋은 원인을 만들면 좋은 결과가 있습니다.
아름답지 못한 원인을 만들면 슬프고 실패할 수밖에 없는 결과가 있을 뿐입니다.
우리의 남은 생애를 축복과 생명의 길로 만드는 것은 예수를 믿는 것입니다. 예수를 구주로 믿는 것입니다. 그분이 나의 죄를 대속한 구주라는 사실을 믿는 것입니다.
이와 같은 삶의 원인을 만들어 가는 사람이 내일의 삶을 축복과 영생으로 결과를 맞게 됩니다.

우리는 앞으로 어떻게 살아야 하는가?

인생의 지우개 없음을 깨달아 아름다운 오늘을 살아갈 수 있을 때 우리의 내일은 주님 안에서 날마다 감사함으로 기쁨을 노래할 수 있을 것입니다.

하루를 살아도 '왜 살고 있는가?'에 대한 질문에 대답을 할 수만 있다면 그 사람은 하루만 살고 죽어도 괜찮습니다. 그러나 백년을 살고도 왜 살고 있는지에 대해서 아무것도 모르고 살다가 일생을 마친 사람이라면 그것은 얼마나 서글픈 일생인지 모릅니다.

우리가 잘 알고 있거니와 F. J. 크로스비 여사는 태어난 지 6주만에 이웃의 잘못으로 자기의 눈을 실명하고 소경이 됩니다. 그리고 95세를 살았습니다. 95년을 살았던 크로스비 여사는 9,000여 편의 찬송시를 썼습니다. 전세계 기독교회의 찬송가에 그녀의 작사 작품이 기록되지 않은 찬송가가 거의 없습니다.

우리나라 찬송가도 그녀의 작품이 22편이 기록되어 있습니다. 그 가운데 446장 같은 경우는 크로스비 자신의 생애를 잘 묘사해 준 내용으로, 시편을 읽다가 무릎을 꿇고 그 가사를 쓴 것이었습니다. 95년 동안 앞을 보진 못한, 진정 앞이 보이지 않아 캄캄한 밤 같은 세월을 살던 크로스비의 그 작시된 노래 모음집을 보면 늘 하나님의 은혜를 감사하는 것뿐입니다.

그녀가 95세를 일기로 생애를 마칠 때 남긴 유명한 말이 있습니다.

"믿음이 있는 사람, 하나님을 사랑하는 자는 절대 불행한 환경에 대해 원망하거나 불평하지 아니하고, 그 불행한 환경을 행복으로 바꾸어 갈 수 있는 사람입니다."

생애를 그렇게 결론 지은 그분은 진정 행복한 사람이었습니다.

찬송가 446장입니다.

"오, 놀라운 구세주 예수 내 주. 참 능력의 주시로다. 큰 바위 밑 샘 솟는 그곳으로 내 영혼을 숨기시네. 메마른 땅을 종일 걸어가도 나 피곤치 아니하며, 저 위험한 곳 내가 이를 때면 큰 바위에 숨기시고, 주 손으로 덮으시네."

"메마른 땅을 종일 걸어가도…" 95년 동안 사막 같은 삶의 날들을 종일 걸어가도, "…피곤치 아니하며 저 위험한 곳 내가 이를 때면 큰 바위에 숨기시고 주 손으로 덮으"신다는 이런 찬송시가 있기에 우리는 고난 가운데서, 어려움 가운데서 힘을 얻고 사는 것입니다.

안개가 짙은 섬은 에메랄드가 형성되기에 참 좋은 섬인 것을 우리는 알고 있습니다. 먹장 구름이 하늘을 덮었다고 해서 태양이 사라졌다고 말하는 사람은 아무도 없습니다. 구름이 걷히면 태양은 또 대지 위에 햇빛을 쏟아 붓습니다.

겨울에 제비가 보이지 않는다고 해서 제비가 다 죽었다고 말하는 사람은 아무도 없습니다. 겨울 지나 봄이 되면 또 제비는 오게 되어 있습니다.

겨울에 앙상한 나뭇가지가 있다고 해서 그 나무가 죽었다고 말하는 사람은 아무도 없습니다. 봄이 오면 다시 거기서 움이 돋고 싹이 나서 푸른 숲을 이루게 되기 때문입니다.

인생은 지우개가 없습니다.

보다 아름다운 삶을 위하여 우리는 오늘도 신앙인으로 살아갑니다.

일생을 마치고 난 후 나의 인생이 더럽고 추하고 많은 사람들에게 손가락질받지 않는 보람있고 아름다운 삶을 위하여 우리는 오늘도 성실한 삶을 살아야 하는 것입니다.

종의 道

구약에서 '종' 이란 말은 '에베드' 라는 단어입니다. 이 말은 '노예' 라고도 번역되고 있습니다. 이 말은 하나님의 종인 목회자가 어떻게 목회를 할 것이냐에 대해 잘 말해주고 있습니다. 말할 것도 없이, 노예의 방법을 쓰는 게 성공적으로 된다는 말입니다.

종은 대가 없이 주인의 일을 합니다. 종은 대가를 바라지 않습니다. 종은 자기 자신의 권한이 아무것도 없습니다. 그런데 우리 목회자들은 어찌 그리 모든 것이 내 것인 양 여기며 스스로 몰락할 수밖에 없는 착각에 빠져 목회를 하는지 모릅니다. 물론 사람의 종과 하나님의 종은 구분이 되지만 '종' 이라는 단어의 본질은 변질되지 않습니다. 변함이 없습니다. 이것을 우리가 알아야 됩니다.

하나님께서 왜 이스라엘 백성을 애굽의 종살이를 시키셨습니까? 하나님이 이스라엘 백성을 내 백성이라고 선택하시면서도 애굽의 종살이를 시키신 이유가 있습니다.

이스라엘 백성들을 그렇게 긴긴 날 동안 종살이시킨 이유에는, 주인에 대한 인식을 갖게 하기 위한 중요한 메시지가 있습니다. 종으로서 누가 주인인지 모른다면 곤란합니다. 이스라엘 백성들로 하여금 긴 세월 동안 종살이를 하면서 주인과 종의 개념을 골수까지 새기게 만든 것이 하나님의 역사였습니다.

하나님께서 요셉을 그렇게 종살이를 시키면서 예수님의 모델로 성경 가운데 등장을 시키신 데는 이유가 있습니다.

빌립보서 2:7에서 예수님께서 자기 자신이 "종의 형체를 가졌다"

고 고백을 하시는 데도 이유가 있습니다.

바울 사도가 서신 첫머리에다 "하나님의 종된 바울"이라고 자기를 종으로 묘사하고 있는 것도 이유가 있습니다.

"너희 중에 뉘게 밭을 갈거나 양을 치거나 하는 종이 있어 밭에서 돌아오면 저더러 곧 와 앉아서 먹으라 할 자가 있느냐 도리어 저더러 내 먹을 것을 예비하고 띠를 띠고 나는 먹고 마시는 동안에 시종들고 너는 그 후에 먹고 마시라 하지 않겠느냐"(눅 17:7,8).

우리가 종이라면 주인되신 하나님 앞에서 과연 어떻게 해야하는가 살펴봅시다.

첫째, 모든 것은 주인의 영광이요 찌꺼기가 종의 것입니다.

그런데 우리는 흔히 모든 것이 주인 되시는 주님의 것이 아니라 내 것인 양 통째로 삼키려 합니다.

제가 목회하는 교회도 대형 교회입니다만 우리 한국의 큰 대형 교회들 경우가 그렇습니다. 그러나 정신을 차리지 않으면 하나님의 심판을 받을 것입니다. 교회는 우리의 것이 아닙니다.

누가복음 17장 9절을 보면 "명한 대로 하였다고 주인이 사례를 하겠느냐"고 하십니다. 주인이 시키는 일을 했다고 주인이 종에게 사례하겠느냐는 것입니다. 우리의 고백은 종의 고백인 누가복음 17:10과 같아야 합니다.

"이와 같이 너희도 명령받은 것을 다 행한 후에 이르기를 우리는 무익한 종이라 우리의 하여야 한 할 일을 한 것뿐이라 할지니라."

그 다음에 주님이 혹시 보너스를 주시면 감사할 뿐입니다.

둘째, 종의 삶의 태도와 방법은 절대 복종입니다.

순종입니다. 절대 희생입니다. 종은 이유없이 봉사해야 됩니다. 종의 태도는 절대 충성입니다. 즉 헌신입니다.

지금 하나님이 우리에게 물으십니다.

"너는 나에게 절대 충성하느냐, 절대 헌신하느냐, 절대 순종하느냐, 절대 감사하느냐?"

우리의 대답은 무엇입니까?

이 본질적인 문제를 우리 스스로 검증도 하지 않고 삶을 살아가며 하나님의 사역에 들어간다면 잘못된 주인 의식을 갖고 잘못된 삶을 살 것입니다. 종의 방법으로 세상에 들어가지 아니하면 살아 남을 자가 없습니다.

이것은 유일한 방법입니다. 그러나 성공하는 방법입니다.

좋은 목자

양을 치는데 양치기로서의 방법을 터득하지 못하면 양들을 이리에게도 빼앗기고 병들게도 만들고 잃어버리기도 합니다. 목자가 해야 할 일은 말할 것도 없이, 먹이는 것, 양육하는 것, 보호하는 것 이 세 가지입니다.

베드로전서 5:1-4에 목자들을 위한 중요한 교훈이 있습니다.

첫째, 장로들에게 양무리의 본이 되라는 말씀을 하고 계십니다.

이 말씀처럼 각 목동에게 맡겨진 양은 내 양이 아니라는 사실을 머리속에 꼭 기억해야 합니다. 주님의 양이지 내 양이 아닙니다. 하나님의 양을 목동인 내게 맡겨주셨을 뿐입니다. 만약 그 가운데 하나를 병들게 하면 내 주인 된 하나님에게 내가 문책을 당하게 됩니다. 그 가운데 하나를 잃어버리면 내가 배상을 해야 된다는 얘기입니다.

종종 개척교회를 하시는 목회자들에게서 들을 수 있는 어처구니 없는 말이 있습니다. 교회 성도들을 보고 "내 양"이라는 표현을 사용한다는 것입니다. 이것은 하나님 앞에서 잘못 되어도 한참 잘못된 사역자의 자세입니다.

둘째, 억지로 그 일을 해서는 안된다는 말씀입니다.
심방처럼 영혼들을 만나는 일이 때로는 피곤을 주기도 합니다. 그러나 생각해보십시오. 얼마나 즐거운 일인지 모릅니다.

셋째, 전심으로 돌봐야 합니다.
의무적으로 하는 것이 아니라 전심으로 내 양을 살피는 것이 바로 목자의 태도입니다.

넷째, 지배하려고 하면 안됩니다.
목자는 몽둥이를 들고 양들을 지배하려고 하면 안됩니다. 한국 정치론의 줄기를 잡아보면, 앞서 이야기한 것처럼 정암의 정치론, 방촌의 정치론, 퇴계의 정치론이 있습니다. 저는 그 가운데 방촌의 정치론을 개인적으로 좋다고 생각되어 목회 사역에 적용하고 있습니다.
그러나 실제로 방촌의 정치론만 쓰면 목회는 실패합니다. 정암의 정치론과 퇴계의 정치론과 방촌의 정치론을 모두 사용할 수 있어야 합니다. 어떤 때는 정암의 정치론을, 어떤 때는 퇴계의 것을 써야 합니다. 보편적으로 방촌의 정치를 적용을 하게 되더라도 말입니다.

양은 아이큐가 2 정도라 합니다. 물고기의 아이큐가 3입니다. 지능지수가 한참 낮은 양입니다. 하나님이 우리에게 맡겨준 어린 양들은 영적 지능지수가 그만큼 어리다는 것을 기억하고 대해야 됩니다.

잘 먹여야 되고 잘 처리해야 되고 잘 다스려야 되고 병든 데를 잘 보아야 되고 지능지수가 모자라니까 구렁텅이로 빠지지 않는지 보아야 합니다.

그런데 하나님은 이 양한테 기가막힌 특징을 하나 주셨습니다. 양의 지능지수가 낮지만 기가막힌 점이 하나 있습니다. 양이 지능지수가 낮아도 주인의 음성은 안다는 사실입니다. 주인의 음성을 아는 데는 어느 짐승보다도 뛰어나다는 것입니다.

이런 분은 곤란합니다. '내가 개척했으니 내 목회방침에 맞지 않으면 교회를 떠나면 돼!' 라고 생각하는 경우입니다. 큰일날 말입니다. 내 목회 울타리 안으로 들어왔다면 하나님이 맡긴 양으로 받아들여야 됩니다. 설령 어떤 교인이 마음에 들지 않고 속상하게 할지라도 끝까지 돌보고 사랑해야 합니다. 그래도 안될 경우, 그 교인 때문에 견딜 수 없는 상황에 이르게 된다면 마지막으로 이렇게 하나님께 기도해야 합니다.

"하나님, 이 양을 제게 왜 맡겼습니까? 나는 도저히 자신이 없사오니 능력 있는 목자에게 보내주십시옵소서."

실제로 제 친구가 도저히 감당할 수 없는 권사님이 있노라고 상담을 해오길래 "이 사람아, 기도하세. 자네가 할 수 있겠나 내가 할 수 있겠나?" 했습니다.

"하나님, 하나님의 양 그 권사님은 내 울타리에서는 도저히 힘이 부쳐 잘 먹이지도 입히지도 못하며 감당할 수가 없습니다. 주여, 저보다 더 좋은 목자에게로 보내주셔서 그의 영적 건강을 회복하게 하옵소서."

그런데 놀라운 일이 일어났습니다.

하나님은 참 얼마나 정확하신지 모릅니다. 불과 기도한 지 한 달도 안 되어서 그 권사님이 제 친구 목사님에게 왔습니다.
"목사님, 섭섭해서 어떡합니까?"
"왜요?"
"제가 이사를 가게 되었습니다. 이사가게 되면 이 교회 못 나와요. 가까운 교회에 가야되겠네요. 이명을 해 주셔야 할 것 같아요."
제 친구 목사님이 속으로 '섭섭한 거 하나도 없습니다' 하면서 겉으로는 마음이 아프지만 "정말 섭섭하네요" 하면서 이명을 해 주었다는 것입니다.
그 권사님이 이사를 갔는데 새롭게 등록한 그 교회에서는 말썽 부리지 않고 겸손하게 은혜받고 신앙생활을 잘 하신다는 이야기였습니다.

그렇습니다.
어느 목회자에게도 힘든 교인은 있습니다.
속상하게 하고 억울하게 하고 정말 이유없이 목회자를 괴롭히는 교인이 있습니다. 그럴 때마다 저는 목회자 세미나에서 이렇게 강조합니다.
"예수님에게도 가룟 유다가 있었습니다.
그처럼 위대한 목회자 바울에게도 후메내오와 빌레도, 그리고 구리장색 알렉산더가 있었습니다.
이스라엘의 위대한 지도자 모세에게도 얀네와 얌브레가 있었습니다.
그러나 그처럼 훌륭한 지도자들에게 괴로운 대상만 있었던 게 아닙니다.
예수님에게는 베드로가 있었고 마리아가 있었습니다.

모세에게는 아론과 훌이 있었습니다.

바울에게는 디모데와 에바브로디도, 그리고 브리스길라와 아굴라 같은 부부가 있었습니다.

우리에게도 마찬가지입니다.

목회자를 괴롭히는 사람이 있는가 하면 목회자를 사랑하고 위해 수고하는 사람도 있습니다. 그러기에 우리는 우리를 향하신 하나님의 말씀에 귀를 기울여야 합니다.

잠언 27:23에 "네 마음을 소떼에 두고 부지런히 양떼를 살피라"고 말씀하셨습니다. 목회자는 그저 목동으로서 부지런히 양떼를 살필 뿐입니다.

우리는 청지기

청지기는 주인의 소유를 맡은 자입니다. 디도서 1:7에 청지기란 어떤 사람이어야 하는지 나와 있습니다. 종과는 다른 개념입니다. 청지기에게 내 것은 하나도 없습니다. 주인의 소유를 맡은 것뿐입니다. 요셉을 연상하시면 제일 쉽습니다.

그러나 많은 경우 그런 청지기의식을 상실할 때가 있습니다.

예를 들어 봅시다. 어떤 목회자가 3층에 들어가 전세를 얻어 개척을 했습니다. 그런데 교회의 명의를 노회에 등록시키지 못했습니다. 노회에 등록시켜 놓으면 문공부에도 다녀와야 하고, 교회 건물을 팔기도 어렵고 사기도 어렵습니다. 그래서 일단 개인 이름으로 등록을 합니다.

그 다음에 더 좋은 터가 있어서 옮겼습니다. 여기 영원히 정착할 형편이 못 되어서 이것도 목사 개인 이름으로 등록을 하고 목회를 합니다. 그러다가 정착할 수 있는 곳으로 갑니다.

이러다 개념 정리가 잘못되면 교회가 정착한 후에도 교회 땅과 재산을 노회에 등록하기 어렵게 되는 유혹이 오게 됩니다. 지금 한국 대형 교회가 많이 걸려 있는 문제입니다.

실명제가 되고 난 이후에 터져 나오는 일련의 부끄러운 일들이 얼마나 많은지 모릅니다. 얼굴을 들지 못할 일이 많습니다. 교회 성도들이 헌금한 것이 버젓이 목사 이름으로 등록이 되어 있습니다. 만약에 그 목사님이 내일 당장 죽는다고 가정합시다. 실명제에 따라 교회의 모든 재산은 죽은 목사님의 것이지 교회의 것이 아닙니다.

하나님 앞에서 잘못된 것들은 언젠가는 여실히 다 드러나게 됩니다. 감출 수가 없습니다.

목회자만이 청지기가 아닙니다. 우리 모두 언젠가는 하나님 앞에 서서 그분이 맡기신 것들을 얼마나 잘 관리했는가 평가받아야 할 청지기입니다.

악의로 한 것이 아닌 선의로 시행된 교회 경영일지라도 그것이 관리론 측면에서 바르게 관리가 안되면 결과론으로 엄청난 잘못이 될 수 있다는 것입니다.

이와같은 것은 교회재산 관리뿐 아닙니다.

개인적으로 재능도, 물질도, 건강도 모든 것도 하나님의 것을 잠깐 맡아서 관리하는 청지기 개념이 분명해야 그리스도인의 삶이 더욱 아름답고 많은 사람들에게 은혜를 끼치게 되는 것입니다.

은혜를 맡은 관리인

목회자는 하나님의 관리인입니다. 바로 하나님의 은혜를 관리하는 사람입니다. 베드로전서 4:10에 그렇게 말씀하고 있습니다.

"각양 은사를 받은 대로 하나님의 각양 은혜를 맡은 선한 청지기 같이 서로 봉사하라."

제가 저희 교회에 부임을 하고 보니까 이상한 소문이 귀에 들어오기 시작했습니다. 교인들이 기도를 받으러 다니는데 그 당시에 일곱 분 계셨던 부목사님한테 가는 것도 아니고, 당회장한테 기도받으러 오는 것도 아닙니다. 어느 권사님한테 기도를 받으러 다니고 있었습니다.

저는 하나님께서 '나에게 은혜를 맡은 관리인으로서 명령을 주셨기에 우리 교회의 은혜와 은사를 내가 관리해야 되고 내가 잘 운영해서 하나님의 뜻을 이루어 나가야 된다. 교회의 은혜의 관리자가 내가 아니고, 부목사도 아니고, 모 권사님에게 기울었다는 것은 옳지 않다'는 생각이 들었습니다.

그 권사님이 기도하면 응답이 빠르답니다. 그래서 응답을 받았다는 은혜에 빠진 사람들을 알아보았습니다. 알아보니까 90%는 가짜입니다. 그렇다면 이 문제를 정리할 수밖에 없습니다. 그러나 정리할 때에 그 권사님을 하루 아침에 몰락시킬 수는 없었습니다. 그러면 당장 시험이 오기 마련입니다.

그래서 강단에서 조심스럽게 언급하기로 했습니다. 하나님의 교회가 무질서로 말미암아서 곤두박질하게 되는 근본적인 씨앗이 모든 성도가 담임목사에게 기도받지 않는 데서 시작한다고 이야기한 것입니다. 그러니까 교인들이 자기도 모르게 들으면서 '아하, 우리 목사님에게 기도 받아야 되는구나' 하고 깨달았습니다.

그러는 가운데 중요한 한 가지를 발견하고 깨닫게 되었습니다. 교회가 기도의 통로가 열려지지 않아서 기도하기를 좋아하는 성도들이 갈급한 상태로 기도의 출구를 찾고 있었다는 사실이었습니다. 다시 말하면 기도할 수 있는 환경을 만들어 주지를 못하고 있었다는 것입니다.

그래서 시작한 것이 금요 기도회의 활성화였던 것입니다.

금요일 집회는 마음껏 부르짖고 기도하고 찬양하는 시간으로 정착시켰던 것입니다. 금요 기도회 시간을 통하여 육신이 병든 교인, 사업의 실패로 고민하는 교인, 자녀 문제로 아파하는 교인, 직장생활에서 시험받은 교인 등 무수한 사람들이 자연스럽게 담임목사의 기도를 받을 수 있게 되었고 놀라운 것은 기도를 하면 문제가 해결되고 응답받는 기쁨을 교인들이 체험을 하게 되었던 것입니다.

기도받는 교인들이 많아지면서 자연스럽게 교인들로 하여금 준비기도를 하게 하였고 교인들은 더욱 기도의 행복을 경험하게 되었던 것입니다.

금요 기도회 시간 같은 경우는 자연스럽게 다음과 같은 사항이 진행되었습니다.

"담임목사의 기도를 받기를 원하시는 분들은 한 주일 동안 기도하고, 예배 전에 강단에다가 기도제목을 올려놓은 다음에 끝나고 강단으로 나오라"고 했습니다. 예배가 끝나고 온 교회 앞에 통성으로 기도를 했습니다.

하나님은 주무시는 분이 아닙니다. 담임목사가 은사도 없어 보이고, 능력도 없어 보이지만 소명과 사명에 똑바로 서서 하나님이 맡기신 은사와 은혜를 잘 관리할 때 하나님의 백성들은 은혜로운 신앙생활을 할 수 있게 되는 것입니다.

목회자는 하나님의 도구일 뿐이지 결코 주관자가 아닙니다. 이것을 깨달으면 하나님이 역사하시는 것입니다.

그러다 보니 저희 교회 같은 경우는 금요 집회를 통해서 놀라운 일이 계속 일어났습니다. 육신적 고통에 시달리던 사람들이 고침받는 역사가 일어났습니다.

포항의료원에, 성모병원에, 기독병원에, 경북대병원에까지 가서도 진단을 받은 결과 자궁암이었던 집사님이 있었습니다. 다시 또 진단하고 수술받으러 서울을 가겠다고 기도해달라는 기도제목이 올라왔습니다. 기도 내용 가운데 나도 모르는 사이에 "하나님, 그까짓 암이 뭡니까? 사람에게는 암과 감기가 하늘과 땅 같지만 하나님 앞에서는 암이나 감기나 똑같습니다. 하나님 수술대 위에 올라가서 칼대기 전에 말라기 4:2 말씀처럼 치료의 광선을 쏟아부어서 암 세포를 죽이소서" 하고 기도했습니다.

우리는 이것을 알아야 합니다. 성도들에게 기도해 줄 때 '암은 안 될거야' 하는 마음으로 기도하니까 안되는 것입니다. 제가 기도를 하니까 그 집사님이 "아멘" 하고 대답습니다. 그 후에 재진단을 해보니 암이 온데간데 없는 것입니다. 의사가 "왜 왔느냐?"고 하더랍니다.

또 당뇨 치수가 200으로 올라간 사람이 한꺼번에 죽죽 떨어집니다. 그밖에도 많은 치유의 역사가 그 금요일에 있었습니다.

질서에는 위치질서, 역할질서, 관계질서가 있습니다. 말하자면 목회자가 어느 위치에 있느냐, 무엇을 하느냐, 그리고 교인들과 어떤 관계를 형성하고 있는가 하는 것이 결국 하나의 질서라는 것입니다.

교인들은 권사님이 기도 잘하신다는 것은 들어서 압니다. 어떤 성도들은 가서 기도도 받아봅니다. 별 신통한 것이 없기도 하고 신통할 때도 있습니다. 그런데 예배 시간에 만인 앞에서 교인들이 낫는 모습이 증거되니 성도들이 목사에게 오게 되어 있는 것입니다. 하나님의 은혜를 맡은 관리인의 자리를 찾은 것입니다.

얼핏 생각하면 신유의 은사를 받으신 권사님의 기도가 뭐 그리 나쁠것이 있느냐 라고 반문 할지 모르지만 목회란 하루만 하고 끝내는 것이 아니라 주님 오실 때까지 교회가 은혜로 나아가야 합니다. 목사는 이를 관리하는 직무를 받은 자이기 때문에 하나님의 교회가 무질서 한 가운데서 하나님의 은혜를 기대할 수 없다는 목회론이 정착되어야 할 것을 오늘도 끊임없이 강조하고 있는 것입니다.

저희 교회 같은 경우는 권사님이 분수를 알고 몫을 잘 감당하고 정말 하나님의 사랑과 은혜를 경험하시고 그것을 나누는 사역을 잘 해 오셨기에 문제가 없었지 그렇지 못하고 사단이 잠깐 시험해 버리면 결코 장담할 수 없는 것이 하나님의 교회의 영적 사역인 것입니다.

가룟 유다가 예수님을 처음부터 팔려고 생각한 것이 아니라는 것을 우리는 너무나 잘 알고 있습니다. 마귀가 유다의 마음에 예수를 팔려는 생각을 넣었을 때 유다는 예수를 팔게 되었던 것입니다. 그러므로 지금 문제 없다고 문제가 없는 것이 아니라 하나님의 은혜를 맡은 관리자로서 목회자는 항상 관리의 직무를 잘 감당할 수 있어야 하는 것입니다.

한번은 이웃 교회의 교인이 상담을 왔습니다. 상담 내용이 뭐냐 하면, 눈만 감으면 아무개 권사 등 뒤에 뱀 한 마리가 붙어있는 것이 보인다는 것입니다. 눈만 감으면, 기도만 하면 아무개 권사가 딱 떠오르고 그 권사 등 뒤에 뱀이 붙었다는 말입니다. 그런데 그 다음 말이 웃깁니다. 지하 기도실에 있는 강대상 뒤에 구렁이 한 마리가 365일 꽈배기를 틀고 앉아 있다는 말입니다. 거기 앉는 사람은 다른 사람이 아니라 자기 교회 담임목사의 자리입니다. 그렇다면 담임목사가 구렁이란 말입니까? 큰일날 이야기입니다. 이건 성령께서 하신 일이 아닙니다. 귀신이 하는 짓입니다.

그 권사님이나 집사님이 저보다도 귀신 쫓는 힘도 더 있고, 환상도 보고, 능력이 있을 수 있다고 인정합니다. 그러나 저는 제 입으로 한 번도 "내가 권사님보다도 모자란다"고 말한 적이 없습니다. 주님이 말씀하시기를, '은혜를 맡은 관리인'이라고 하셨는데, 하나님께서 맡기신 수많은 당신의 양떼들의 은혜를 다른 사람에게 넘겨줄 수는 없습니다.

하나님은 하나님의 은혜를 맡아서 관리하는 이 능력을, 은혜와 은사를 당신의 목자들에게 다 주셨습니다. 그런데 마치 자기는 그런 은사가 없는 것같이 생각하는 사람이 많습니다.

하나님은 우리에게 책임만을 주시는 분이 아니라 그 책임을 수행할 수 있는 힘도 주시는 분이십니다.

목회자 세미나에서 한 번도 빠뜨리지 않고 강조하는 말이 하나 있습니다.

"하나님으로부터 목회자로서 받은 영적 관리자로서의 권한은 위임할 수 있지만 책임은 위임될 수 없다."

예컨대 담임목사가 목회 사역의 다양한 부분을 부목사님들에게 어느 한계까지는 영적 권한까지도 위임할 수 있지만 그렇다고 책임까지 위임되는 것은 아닙니다. 부목사님이 부여받은 영적 권한으로 열심히 충성스럽게 그 직무를 감당하다가 설령 실수로 교회가 혼란하고 문제가 발생 되었을 때 그 책임은 담임 목사가 지는 것이지 부목사에게 있는 것이 아니라는 사실입니다.

하나님의 은혜를 관리하는 목회자로서 목회를 할 때 마음에 새겨둘 말이라고 생각합니다.

나중까지 남는 것

공자와 그의 제자 자공이 만났습니다. 자공이 공자에게 이런 말을 합니다.

"선생님, 정치에 있어 없어선 안될 것은 무엇입니까?"
공자가 말했습니다.
"군(軍)이다."
"그럼, 정치에 있어 뺄 수 없는 것이 또 있다면 무엇이겠습니까?"
"두 번째는 경제(經濟)다."
"세 번째는 뭡니까?"
"신의(信義)다."
정치를 하려면 군이 있어야 되고, 경제가 있어야 되고, 신의가 있어야 된다는 것입니다. 이게 공자의 정치론입니다.
자공이 또 묻습니다.
"선생님, 셋 가운데 하나만 빼버리고 둘을 가지고 정치를 한다면 어느 것을 빼야겠습니까? 우리가 볼 때는 이 가운데 무엇을 빼버려야 되겠습니까?"
"군이다."
그러자 자공이 또 물었습니다.
"남은 둘 가운데 하나를 더 빼라면 무엇을 빼야겠습니까?"
"경제를 빼라."
신의만 남았습니다.
중요한 일입니다. 군사력, 즉 힘이 없으면 어떻게 정치를 하겠습니까? 그런데도 공자는 군을 제일 먼저 빼버립니다.

교회에도 군대 같은 파워 있는 당회나 파워 있는 교인들이 둘러 싸고 있다고 해서 전부가 아닙니다. 그것이 성장을 의미하지도 않습니다.
그러면 돈이 많다고 좋은 교회이며 성공한 인생입니까? 칼빈의 말처럼 교회는 믿음 없는 부자보다 믿음 있는 가난한 자가 많아야 합니다.

그럼 신의만 남았습니다. "신의가 밥 먹여 주냐?"고 하는 사람도 있습니다. 그러나 신의는 밥을 먹여 줍니다.

하나님은 이걸 원하십니다. 과연 하나님이 종으로 부르셔서 그 종한테 내 것을 맡길 수 있겠나를 보시고 맡기십니다. 맡겨놓았다고 다 없애버릴 것 같으면 맡기지 않습니다.

신뢰성과 진실성, 이런 것을 가져야 하나님이 그 은혜를 맡기십니다.

누구 책임입니까?

제가 우리 교회에 부임을 하니까 당회장이 모든 재정에 관여하지 않고 있었습니다. 그건 성서적으로나 신학적으로 틀린 일입니다. 교회 모든 책임자는 목사입니다.

그런데 한국교회는 언제부턴가 "목사님은 설교만 하십시오. 돈 문제는 우리 장로가 알아서 하겠습니다" 라고 하면서 목사는 돈과 거리가 멀고 돈에 관여를 안 하는 목사라야 은혜 있는 목사로 도장을 찍어줍니다. 미주알 고주알 돈에 관여하는 목사는 세속적이고 타락한 목사로 간주해 버리는 게 실은 문제라는 겁니다.

제가 당회를 소집하고 물었습니다.

"이 교회에 교회 헌금과 연관된 어떤 문제가 발생되었을때 재정부장 장로님이 모든 걸 책임지실 수 있습니까?"

"내가 왜 책임을 집니까?"

"그러면 누가 책임집니까? 이유 없이 목사가 집니다. 그러면 목사는 교회 재정에 미주알 고주알 관여해야 합니다. 그러나 내가 언제 이 수십억 재산을 하나하나 결재하겠습니까? 재정부장에게 전결권을 넘겨줄 것입니다."
바로 그겁니다.
재정의 모든 권한을 재정부장에게 위임하지만 그렇다고 책임까지 재정부장에게 위임하는 것이 아니란 말입니다. 교회가 재정적으로 문제가 발생하면 궁극적으로 책임은 담임목사가 지는 것입니다.
제가 모든 걸 관리하는데 바빠서 일일이 손을 못 대니까 재정부장에게 전결권을 넘겨줄테니 제가 도장 찍듯이 재정부장이 도장을 찍으라는 것입니다. 재정부장이 잘못 찍으면 제가 잘못 찍은 것과 같은 것입니다. 이제 재정부장은 당회장을 대신하여 권한을 위임받아 성실하게 교회 재정을 잘 관리하는 것입니다. 즉 심부름꾼의 사명을 잘 감당해야 하는 것입니다.
그러나 이 문제에 있어 본질은 같지만 상황이 다른 교회도 있을 수 있습니다. 그러므로 무조건 저처럼 적용하려고 하면 잘 안되는 경우도 흔히 있을 수 있습니다.
실제로 나와 함께 목회를 하면서 저를 도왔던 부목사로 있던 분이 다른 교회의 담임목사로 떠났습니다. 제가 강단에 서서 말씀을 쏟아붓는 모습이나 당회를 인도해 가는 내용을 객관적으로만 배워서 실제적인 면을 검증하지 못하고 부임한 교회에서 그대로 적용하다가 두 달을 못 넘기고 시행착오로 교회가 시끄럽게 되어 결국 그 교회를 떠났습니다. 그럴 수밖에 없습니다.

저는 교회 재정의 모든 것을 항상 후결합니다.
하루는 당회에서 지출 결의서에 대한 말이 나왔습니다.
"목사님, 지출결의서에 당회장의 난이 필요합니까?"
내가 말했습니다.
"필요하죠."

"왜 필요합니까?"

"왜 필요하다니, 내가 책임자니 필요하지요."

"다른 교회에는 다 이 난이 없습니다."

"그 교회 행정 사항이 꼭 맞다고 말할 수 있습니까? 중요한 것은 어느 교회가 하고 있기 때문이 아니고 성서적으로 바른 방법이냐 하는 점이지요. 외람되지만 우리 교회는 성서적으로 그리고 교단에서 가르친 본래적 행정과 경영의 원리대로 시행하는 것이 좋습니다. 그리고 옳은 일입니다. 그것이 뭐 불편한 게 있습니까?"

"불편한 건 없지만 목사님 고생스러우실까봐 그렇습니다."

"장로님, 주의 일을 하면서 고생이라는 명제 아래 바른 방법이 시행되지 않으면 수천명 교인을 어떻게 우리가 당회원으로서 치리하고 관리해 갈 수 있겠습니까? 저는 고생스러운 거 하나도 없습니다."

그러자 옆에 있는 장로님이 "목사님, 지금 후결이라고 했는데 후결이 아니고 후열이 아닙니까?" 묻습니다.

제가 일반 회계에 대해서는 자격증도 있을 뿐만 아니라 경영학을 전공했으니까 경영 일반 관리론, 회계론에 대해서는 어느 정도 터득한 편이었습니다.

"장로님, 후열과 후결은 하늘과 땅 같은 차이입니다."

그렇게 되니 후열이니, 후결이니 하면서 왈가 왈부 하는 시간이 진행되었습니다. 후열은 뒤에 열람해서 보는 것으로 끝나지만, 후결은 내가 비록 뒤에 결재하더라도 내가 날인을 끝냄과 동시에 모든 책임은 내 것이라는 말입니다.

후열과 후결의 정의를 명쾌하게 정리해 드리고 바른 예산 집행에 관해서 정의를 내리고 마무리가 되었던 것입니다.

목사가 돈에 관심을 갖지 않는 것이 은혜스럽다고 해서 하나님의 교회의 예산에 대해서도 무관심하고 설교만 하면 다 되는 것으로 이해되는 한국교회 목회 행정과 경영의 잘못된 관행은 교회를 더욱 암울하게 만들어가는 또 하나의 원인이 되고 있음을 우리는 깨달아야 합니다.

각 부서에 돈 쓰는 것을 목사님이 마지막에 반드시 확인한다니까 모든 부서 기관의 예산 집행이 신중해질 수밖에 없습니다. 어느 교회 어느 기관 부서가 그러겠습니까만 마구잡이로 사용하는 게 없습니다. 마구잡이로 사용했다가는 당회장의 결재를 통해 지적받게 되니까 말입니다. 물론 교회 일반 회계 감사가 있어서 일년 동안의 예산 집행에 관해서는 상세하게 감사가 시행되지만, 그러나 그때 그때 집행되는 예산은 보다 더 책임성과 효율성이 있어야 합니다.

눈 앞에 있는 일에 대한, 영혼에 대한 책임을 누구의 책임이라고 하시겠습니까? 관리인은 분명히 하나님의 양무리와 하나님의 것들 전체를 모두 관리하는 책임이 있습니다.

예수님의 방법: 겸손과 섬김

예수님은 우리를 무한한 긍휼로써 대하십니다. '긍휼'이란 말의 히브리어는 '라하임'입니다. 이 말의 어원을 찾아보면 '모태', '어머니의 태중'이라는 의미를 갖고 있습니다. 유연함과 부드러움, 그리고 사랑스러움, 이런 것을 뜻하는 말입니다. 이 말의 어원처럼 그렇게 부드럽고 사랑스럽고 유연한 것, 이것이 긍휼입니다.

내 태 안에 있는 생명이 얼마나 소중합니까? 예수님은 이것을 생활 속에 나타내셨습니다. 그래서 바리새인들이 죄인이라고 했던 사람의 집으로도 들어가신 것입니다. 창기라고 돌팔매질을 당하던 그 여자를 붙들고 용서와 사랑을 깨우치셨던 것입니다. 어느 누구도 돌아보지 않은 세리 삭개오의 집에 들어가 먹고 마신 것입니다.

예수님이 몰라서 그러신 것이 아닙니다. 긍휼히 여기셨기 때문입니다. 긍휼의 눈으로 모든 사람의 상황을 돌아보니 자기 태 안에 있는 애기와 같은 것입니다. 긍휼로 대하시는 그분의 마음을 알 때, 누구라도 그런 마음으로 대할 때, 사랑하게 되어 있습니다.

예수님은 겸손하십니다. 이 겸손은 '낮은 곳에 놓는다' 라는 말입니다. 인간관계에서 예수님은 언제나 한 단계 낮은 곳에 계십니다. 우리도 그렇게 살아야 합니다. 어떤 관계에서도 마찬가지입니다. 동역하는 관계에서는 말할 것도 없습니다.

제가 안동에서 목회할 때 안수집사님이 장로님으로 안수를 받기 전에 초빙을 했습니다.

"집사님, 제가 부탁 하나 드릴께요. 들으시겠습니까? 집사님이 집사님으로 계실 때 얼마나 잘하셨는지 모릅니다. 그런데 한국교회의 슬픈 이야기 하나 가운데 전도사 때는 겸손하다가 목사 되면 교만하고 집사때는 열심히 봉사하고 겸손히 주의 일 하다가 장로 되면 영적 생활에 오히려 게을러지고 목에 기브스를 한다는 말이 통용되고 있는 것을 잘 알고 계실 겁니다. 부탁은 장로로 안수를 받으면 3년 동안 당회에서 소경되고 귀머거리 되고 벙어리 될 자신이 있습니까?"

"그거야 간단하죠."

그래서 저는 '이 집사님, 말씀이 참 시원시원하기도 하다' 생각했습니다. 평상시에 하시는 행동이 너무나도 그 말씀하신 것과 같이 살아오셨기 때문에 저도 100% 믿고 축복기도를 했습니다.

5월달에 장로 안수를 받고 난 뒤, 9월 교회 창립 주일을 앞두고 교회에 여러 가지 행사가 있게 됐습니다. 그 가운데 당회가 이루어졌는데 그 장로님과 같은 집안에 70이 가까운 어른이 장로님으로 계셨었습니다. 교회 창립 주일을 앞두고 이런저런 얘기 가운데, 입을 그만큼 떼지 말라고 한 이 젊은 장로님이 드디어 떼면서 "나도 말좀 합시다" 하는 것입니다.

제가 속으로 '이제 나오는구나' 했습니다. 한참 뭐라고 이야기를 하시니 집안 어른 되시는 장로님이 "됐다 그만해라" 합니다. 당회석 상이지만 집안 사람이고 하니까, 됐다고 하는 겁니다. 그러니까 젊은 장로님 하시는 말씀이 "장로님은 내게 됐다 소리하지 마십시오. 나도 당회원입니다" 합니다.

제가 현기증이 났습니다. 나중에 정리를 하고서, "장로님, 어떻게 그리 급하십니까? 5월에 안수를 받았으니 아직 3년이 아니라 석달도 안됐네요" 했습니다. 그 장로님 말씀인즉, 도저히 참고 듣다 보니 못 참겠더랍니다.

"당회가 어디 분풀이하는 데입니까? 20년, 30년째 이 교회의 구석구석을 살펴온 어른들 앞에서 어디 함부로 그러십니까?" 하고 제가 나이로는 나보다는 어른이었지만 꾸지람을 하면서 깨우쳤던 일이 있었습니다.

한 단계 낮아지는 것은 그리 쉬운 일이 아닙니다.

그런 일이 있은 뒤, 11월에 정책 당회가 있었습니다. 앞서의 그 장로님은 그 전에는 사택 문지방이 닳도록 출입했던 사람입니다. 주보에서 제가 어느 세미나 간다고 써 있으면 다음날 아침에 와서 교통비라도 봉투에 넣어 가지고 와서 "목사님, 기도해주십시오" 하던 사람입니다. 그모습이 제가 4년 동안 겪은 모습이었습니다. 그것은 누구에게 보여주기 위한 것이 아니었습니다. 얼마나 좋은 사람인지 모릅니다. 정말 성실한 그러면서 넉넉한 마음을 가지고 계신 분이었습니다.

그런데 이 분이 장로로 임직하고 나니까 사람이 확 달라진 겁니다.

재정부장을 통해 들은 바로는, 당회에서 내년도 사례비를 정하는 문제에서 그 장로님이 나서서 많이 올리지 말자고 주장했다는 것입니다. 이 분은 예전에 "장로님들 들어 보십시오. 우리 목사님 사례비 좀 많이 드리소. 저희 교회가 이만큼 된 게 다 목사님이 목회 잘하셔서 교회가 부흥하고 성장해서 잘 되었으니 목사님 덕분 아닙니까?"라고 했던 분입니다.

그런데 그분의 입에서 "내년에 공무원 봉급 몇 % 인상이니 목사님 사례비도 거기에 맞추어야 한다"고 강조를 하셨다는 말을 듣고 고소를 금치 못했습니다. 사례비로 말한다면 몇 년째 내 스스로 동결하고 먹는 목사가 되지 않으려고 가히 몸부림을 하는 것을 온 교인이 다 알고 있었던 터인데 그렇게까지 표현을 해야 했는가 하는 마음이 들어서 슬펐던 것입니다.

낮은 곳에 마음을 두어야 됩니다. 조금 높아진 듯이 보이는 그때가 낮아져야 할 때입니다. 집안에서도 마찬가지입니다. 화장실을 혼자 못 가는 노인이라도 아버님이 안방에 앉아계실 때와 안방에 안 계실 때 하고는 집안 분위기가 다르기 마련입니다.

부산에 내가 존경하는 목사님 한 분의 이야기입니다. 그 교회 장로님들이 사택에 '보리쌀을 두 말 드릴까, 세 말 드릴까?' 이것 때문에 제직회에서 큰 싸움이 되었습니다. 그러자 고등학교 3학년 다니던 목사님 아들이 그 장면을 보고 그때부터 교회출석도 안하고 신앙생활을 버렸습니다. 그리고 나이 마흔이 넘도록 예수님을 안 믿다가 교통사고로 죽었습니다.

이것을 누가 책임지겠습니까? 돌아보면 참 슬픈 일이 많이 있습니다.

저는 저희 교회 장로님들과 식당에 가면 언제나 어른들을 존중하려고 애를 씁니다. 식당에 갑니다. 으레 어른들은 저를 가장 좋은 자리에 앉히려고 야단이십니다.

"무슨 말씀하십니까, 장로님? 여기가 어디 예배당입니까? 여기 식당 아닙니까. 식당에선 어른이 당연히 여기 앉아야 될 게 아닙니까. 그러지 말고 빨리 앉으소."

그 다음에 제가 그 어른 맞은편에 가 앉습니다. 제가 이렇게 하는 것이 나머지 장로님에게 자연스럽게 교육이 됩니다. 젊은 부목사님들 전도사님들에게도 좋은 귀감이 되고 교육이 됩니다. 아무리 목사라 할지라도, 대형교회 당회장이라 할지라도 새파란 젊은이가 좋은 자리에 앉고 연로하신 어르신들이 그 주위에 앉아보십시오. 얼마나 이상한 광경입니까?

예수님은 얼마나 지혜로운 분인지 모릅니다. 아예 신경 쓸 일 없이 누구를 만나도 먼저 자신을 낮춰버리시니까 말입니다. 우리들도 그렇게만 살아갈 수 있다면 날마다 평안하고 불편할 일이 없는데 왠지 우리는 그렇게 살아가지를 못합니다. 조금만 있으면 거드름을 부리려 하고 조금만 높아지면 교만해지고 조금만 넉넉하면 안하무인이 되는 졸부의 근성을 버리지 못합니다. 바울 사도의 고백처럼 남을 나보다 낫게 여기고 나를 낮추는 삶의 자리에는 언제나 감사함이 무르익어가는 것인데 말입니다.

한 번 생각해 보십시오. 처음부터 높이 올랐다가 자꾸 내려가게 되면 얼마나 부끄럽습니까? 그래서 이 예수님의 방법, 겸손의 방법이 좋은 것입니다.

또 한 가지 예수님의 삶의 방법, 사역의 방법, 관계의 방법은 '섬김' 입니다.

　섬김은 '식탁의 기다리는 자, 혹은 봉사하는 자, 돌보며 시중드는 자' 라는 뜻입니다. 더 가까운 뜻은 '누군가를 보조하면서 도와주는 자' 입니다.

　예수님의 섬김은 이방 집권자처럼 하는 것이 아니었고, 언제나 도와주는, 보조해 주는, 내가 아니면 안 되는 그런 상황에서 상대방과의 관계를 맺어가는 것이었습니다.

넥타이와 이중축복

　교회에서 크로스웨이 성서대학을 했습니다. 그동안 이런 교육프로그램들은 워낙 등록금이 비싸고 또 거리의 문제도 있어서 농촌교회 계시는 교역자들이 교육을 받으실 수 있는 기회가 별로 없었습니다. 그래서 저희 교회의 교인들에게 농촌교회 교역자들이 이 교육을 받을 수 있도록 일대일 관계로 등록금을 대신 납입하게 했습니다. 그리고 장로님들에게는 장로님 열네 분이 돌아가면서 한 주일에 십만 원씩 내어서 점심 식사비로 내게 했습니다. 그리고 여전도회 회원들이 돌아가면서 음식을 준비했습니다. 물론 강사는 제가 되었습니다.

　그때 목요일 낮에는 교역자들이 60여 명, 저녁에는 일반 교인들이 200여 명 공부를 하게 되었습니다.

　그런데 참 눈물겨운 일이 있었습니다. 한여름인데 겨울 양복을 그대로 입고 계시는 목사님, 전도사님들이 많습니다. 넥타이는 앞의 꼭대기 부분이 손때로 까맣게 된 것을 그대로 매고 오신 분들도 계십니다. 빨아서 매면 좋겠는데, 세탁기에 넣고 빨아서 맬 시간도 없으실 것 같았습니다.

　그래서 커피타임이 되면 넥타이가 안 좋은 분들, 혹은 몸치수를 보아서 내 옷과 맞다 싶은 분들의 손을 잡고 나갑니다. 그리고 사택에 모시고 가서 장농문을 열고 말합니다.

"목사님, 이 가운데 넥타이 두 개만 골라 가지고 가십시오."

그러면 목사님은 체면도 없는 듯 이게 왠일인가 하는 눈치로 말씀하십니다.

"정말입니까?" 하면서 좋아하시는 것입니다.

"그럼요. 필요하신 대로 2개만 고르십시오."

그러면 목사님은 넥타이를 손수 골라서 가지게 되는데 재미있는 것은 며칠 전에 선물받은 아직 새 것을 손에 잡고 빼는 경우가 있습니다.

나도 사람인지라 아무것이나 두 개를 고르라 하고서 새 것을 고르면 마음속으로 혼자 중얼거립니다.

"아하, 저건 좀 더 매야 되는 건데…." 그러면서도 목사님이 고르신 넥타이를 잘 고르셨다 하면서 가방에 넣어 드립니다.

"목사님, 키가 얼마입니까?"

"예, 000입니다."

"나보다 조금 적은데… 그래도 크면 안 되지만 나보다 목사님 몸이 작아서 줄이면 되니까 이것 입으소."

그러면 목사님은 그렇게 좋아하실 수가 없습니다.

한 번은 이런 일도 있었습니다.

P 목사님을 모시고 비록 새 것은 아닐지언정 아직도 새 것과 다를 바 없는 내가 입던 양복을 드리려고 입게 했더니 작아서 안 맞는 것이었습니다. 그래서 내가 난색을 표하면서 안타까워 하니까 목사님은 그 작은 옷을 입고서도 "꼭 맞네, 꼭 맞아" 하시는 것입니다. 몸에 맞지 않는 작은 옷을 입고도 꼭 맞다고 그것을 입고 싶어하시는 농촌

교회 목사님, 웃을 수도 없고 울 수도 없는 일이 있었습니다. 결국 반강제로 그 옷을 벗게 하고 새옷을 사 드렸습니다만 아직도 이 땅의 목회자들의 생활은 이처럼 힘들고 어렵다는 생각을 하면서 눈시울을 적셨습니다.

저는 1년에 양복을 아무리 못 해도 몇 벌은 선물받습니다. 그러니까 옷을 혼자서 입는다면 그야말로 감당을 못합니다. 그래서 늘 나누어 주는 편입니다. 물론 허물없이 입을 수 있는 친구, 후배, 동역자들입니다. 저는 또 그렇게 주어버린 덕분에 1년 내내, 죽는 날까지 새 옷만 입고 새 넥타이만 맵니다. 저는 1년에 넥타이 선물만 아무리 못 받아도 50개는 됩니다. 넥타이 세 개만 있으면 되는데 혼자서 그 많은 넥타이를 뭣하러 맵니까? 새 것도 사용하던 것도 필요로 하는 동역자들에게 끊임없이 나눕니다. 장례식용 넥타이 한 개, 그리고 몇 개만 있으면 족합니다. 그래서 특히 넥타이들을 많이 나누어 매는 편입니다.

그런데 문제가 발생했습니다. 친구 B 목사님이 저희 교회 크로스웨이를 공부하러 오셨습니다. 저희 교회에 올 때는 전에 나한테 가져간 넥타이는 매지 않고 와야 됩니다. 왜냐하면 서울은 모르겠는데 지방은 좋은 상표의 넥타이는 많지 않기에 다 눈에 띄기 때문입니다. "원수는 외나무 다리에서 만난다"는 말이 있지 않습니까?

저희 교회에 Y 집사님이라고 성격이 아주 급하면서도 상냥하고 착한 집사님이 하필이면 그날 따라 식당의 봉사담당이 되어서 식당에서 국그릇을 들고 그 B 목사님에게 드리다가 "목사님, 안녕하세요?" 하고 보니 B 목사님이 눈에 익은 넥타이를 매고 계신 겁니다. 집사님은 곧바로 내 방에 쫓아 들어왔습니다.

"목사님, 목사님요."

"어허, 여자가 어디 걸음을 그리 호들갑스럽게 걷습니까? 교회에서나 가정에서나 치맛바람은 안 좋은 겁니다. 다시 들어오세요!"라면서 농담반 진담반 건넸더니 집사님은 정말 밖으로 나가시더니만 조용히 방문을 노크하고 목양실로 들어오신 후 다짜고짜 말씀을 건네는 것입니다.

"목사님!"

"예."

"내 넥타이 어딨습니까?"

"아, 여자도 넥타이 맵니까?"

"내가 목사님 선물 드린 거 말입니다."

"집에 있죠."

"아, 집에 있기는 뭐 있어요? J 교회 B 목사님이 매고 오셨는데요."

아차 싶어서 식당에 나가보니 B 목사님은 남의 속도 모르고 점심을 잡숫고 계십니다.

'아하. 이거 큰일났다. Y 집사님 성격이 보통이 아닌데.'

그러고 다시 목양실로 들어와 집사님을 들어오시라 하고 말씀을 드렸습니다.

"집사님, 제가 지금 집사님한테 말씀 드릴테니까 맞으면 예, 틀리면 아니오, 다른 건 하지 말고 그것만 하십시오. 알았습니까?"

"예."

"1년에 내가 50개 이상 넥타이 선물 받는 게 좋은 것이다 싶으면 네, 아니면 아니오."

"예."

"그거 혼자 매는 것보다는 나누어 매는 것이 참 좋다 싶으면 네, 아니면 아니오."

이렇게 묻는데 '아니오' 그럴 수 없지 않습니까?

"네."

"집사님이 저한테 넥타이 선물한 거 내가 축복 기도하고 잘 매고, 그것을 J 교회 목사님께 드렸더니 너무 고마워하면서 축복기도를 하신 후에 요즈음 잘 매고 다니시니 집사님은 결국 이중으로 축복받았으니까 집사님은 복 중의 복을 더 얹어 받은 것이므로 이거 참 즐거운 일이다 싶거들랑 예, 아니면 아니오."

여기까지 가면 Y 집사님도 눈치를 채게 됩니다. 아니요 할 수 없어서 웃으면서 "네"라고 대답을 하신 것입니다.

"자, 그럼 됐지요. 가셔서 열심히 수고하셔요."

그러자 집사님은 아무말 없이 나가시다 말고 문고리 딱 잡고 돌아서서 말씀을 하시는 것입니다.

"목사님 저도 한 마디만 말씀드릴께요."

"예, 말씀해 보세요."

"왜 하필 많고 많은 넥타이 가운데 내가 목사님께 선물한 것을 다른 분에게 주셨습니까?"

그러면서 우리는 웃고 말았습니다.

그렇습니다. 교인들 심정이 이렇습니다.

그런데 더욱 재미있게 된 것은 그 다음부터 이 성질 급한 집사님, 동네방네 다니면서 "목사님 넥타이 선물하지 마라, 해 봐야 남 다 준다" 하고 농담삼아 이야기를 하게 되었는데 이로써 그 이후로는 정말 넥타이 선물이 끊어졌습니다.

그러나 시골교회 전도사님이 어찌 4만 원, 5만 원짜리 넥타이 쉽게 맬 수가 있으며, 시골교회 성도님들이 어찌 그리 선물을 쉽게 할 수 있겠습니까? 그래서 금요 집회 때 이 사건의 이야기를 했습니다. 온 교인들이 박장대소를 하였습니다. 그 다음부터 넥타이가 더 많이 들어왔습니다. 그래서 예전보다 더 많이 선물할 수 있었습니다.

지금도 넥타이 선물은 얼마든지 받습니다.

목회를 윤택하게 하려면

제 개인적으로 목회 현장에서 어떻게 하면 목회를 윤택하게 만들 수 있을까 생각하다가 발견하게 된 다섯 가지 방법을 적용해 보았고 그로써 많은 효율성을 발견하게 된 이야기입니다.

'현미경 방법'

현미경은 가까이 있는 것을 확대해서 보여줍니다. 제가 단언하지는 못하지만 목회에서 실패하게 되는 원인을 조사해 보면 약 70-80%가 이 현미경 방법을 쓰지 못해서입니다.

아주 가까이 있는 사람의 허물과 잘못, 그 본질과 내용은 정말로 보기가 힘듭니다. 그걸 현미경으로 들여다 봐야 합니다. 우리에게 물질적으로 잘해주는 사람, 말로 잘해주는 사람, 가까이에서 너무너무 잘해주는 사람은 다 좋아 보입니다. 그들에게서 좋지 않은 것을 발견하기 어려운 게 우리 현실입니다. 그런데 희한한 건 거의 모든 사람이 걸려 넘어진다는 것입니다.

저도 목회 초년 시절에 그런 일을 경험했습니다.

A 집사님이라고 계셨습니다. 제가 신학교 재학 시절에 매주 편지를 보내주셨는데 나보다 나이가 열 살 더 많은 집사님입니다. 그 집사님은 월요일날 편지를 써 보냈기에 수요일날 학교에서 제가 받습니다. 어려웠던 신학교 재학시절에 우리 가족들은 그분의 편지 한 통으로 많은 격려와 힘을 얻었습니다. 그 편지들은 아직도 제가 보관하고 있습니다. 착하고 인격적이며 모든 분야에서 좋은 분이었습니다.

그분이 보내온 편지 내용은 오직 한 가지입니다.

"나는 전도사님의 단점도 사랑합니다. 앉고 서는 것, 걸으시는 것, 설교하시는 것, 설교 내용, 웃으시는 것, 그 어느 것 한 가지라도 아름답지 않은 것이 없습니다. 아무리 전도사님을 미워할래야 할 수 없는, 그러면 그럴수록 더욱 전도사님이 훌륭해 보입니다. 대한민국 목회자 가운데 우리 전도사님 같은 분은 없다고 생각합니다. 전도사님, 사모님 사랑합니다."

매주 편지를 보냅니다. 말로 했으면 녹음 안 하면 그만이지만 편지로 보내서 지금까지 남아 있습니다. 그렇게 목사를 사랑했고, 목사에 대해 무조건 좋았고, 누가 만약 목사에 대해서 나쁜 비평을 하다가 그 집사한테 걸렸다 하면 그날은 큰일나는 날이었습니다. 완전히 목사의 일등 팬이요, 백그라운도 그런 든든한 백그라운드가 없었습니다. 그러니 그분이 나쁜 게 뭔지, 뭐가 단점인지 내 눈엔 안 들어 왔습니다. 우리 가족들의 눈에도 그분의 모든 것은 좋아만 보였습니다. 무조건 좋은 겁니다.

목사에게도 사모에게도 그와 같은 성도는 정말이지 만나기 어려운 분이었습니다.

그런데 어느 날 이 집사님이 눈동자가 달라진 것입니다.

'왜 그런가? 시험든 모양이다.'

들려오는 소리가, '두루 다니면서 전도사 욕을 한다' 는 겁니다. 왜 욕을 하는지를 알아 보았습니다.

A 집사가 있고 B 집사가 있는데 모두들 전도사를 사랑하고 교회를 사랑하는 성실한 분들이었습니다. 교인이 교역자 사랑하지 않는 사람 누가 있겠습니까만 그런데 문제는 아무것도 아닌곳에서 발생했습니다.

A 집사가 B 집사를 만났습니다. A집사가 전도사를 사랑하는 마음이 너무 지나치다 보니까 B집사가 시샘이 나서 한마디 건넸습니다.

"아이구, 이 바보야 전도사님하고 사모님하고는 집사님을 슬쩍슬쩍 욕을 하고 다니는데 집사님은 뭐가 좋다고 그리 목사 자랑만 하고 다니노?" 했습니다.

그러면 이 사람은 전도사한테 와서 확인을 하면 제일 좋은데, 사람 심리가 확인하기 전에 시험에 들어버립니다. '나는 죽도록 전도사님, 사모님을 사랑했는데 목사님은 내 욕을 한다'고 생각이 든 겁니다. 확인도 안 해보고 혼자 앉아 끙끙 앓다가 시험이 든 겁니다.

그 이후로 A 집사와 B 집사 둘이는 찰떡같이 붙어다닙니다. 그러면서 전도사로 시무했던 나를 그처럼 여러 모양으로 애를 먹이는 것이었습니다. 열길 물 속은 알아도 사람의 마음은 모르겠다는 말이 옳은지도 모릅니다.

제가 그분 때문에 한 2년 간을 얼마나 애를 먹었는지 모릅니다.

그때 터득한 게 현미경 방법입니다. 가까이 있는 사람일수록 자세히 들여다봐야 합니다. 들여다보고 다 보인 다음엔 치료가 쉽습니다. 못 보면 번번이 실패할 수밖에 없습니다.

통속적인 이야기이지만 많은 목회 선배들의 이야기, 목회기간중 가장 가까운 사람에게서 배척을 당하고 시련을 겪는 법이라는 말씀이 생각 났습니다.

'망원경 방법'

교회는 A, B, C, D, E, F 로 교인 급수를 나눈다고 가정할 때의 이야기 입니다. 이런 경우 목회자들이 까딱 잘못하면 A급 교인쪽으로 목회 채널을 맞추게 돼있습니다. 그러니까 멀리 있는 사람을 당겨 볼 수 있는 혜안이 모자랍니다.

제가 전임 교회를 사임하고 떠날 때 목사님 떠난다고 그처럼 울면서 소망없는 자처럼 야단 법석을 떨던 교인들이 있었습니다. 평소에도 목회자 곁에서 목회를 잘 할 수 있도록 도왔던 사람들임에는 틀림 없습니다. 그런데 그럴 때 교인들 저 뒤에서 가만히 팔짱 끼고 눈에 눈물만 글썽글썽하는 교인이 있습니다. 그런 사람은 평소에는 야단스럽게 목사를 향한 사랑의 표현을 잘 하지 않은 성도님들입니다.

한 교회를 10년 동안 목회를 하는 동안 언제나 목사의 목회 현장 먼 발치에서 기도해 주고 묵묵히 자기의 일을 해 왔던 사람들입니다.

그런데 중요한 것은 평소의 목회 현장에서는 그와 같은 분들이 눈에 잘 들어오지를 않는다는 사실입니다. 목사 곁에서 야단스럽게 목회를 돕는 가까이 있는 분들은 눈에 잘 들어오지만 먼발치에서 자기 몫을 감당하는 사람은 목사의 목회 현장 가까이에 보이지 않는다는 말입니다.

중요한 것은 이것을 못 보면 실패합니다. 망원경 방법이란 그들을 당겨서 볼 수 있는 목회가 되어야 한다는 것입니다.

제가 전임 목회지를 떠나고 난 후 놀라운 일들이 일어났습니다.

제가 떠나면 죽는 줄 알고 울면서 야단을 하던 사람들은 역시 교회 생활을 잘 하고 있었습니다. 그런데 전혀 생각도 안한 사람들이 떠난 목사를 위해 사려깊은 배려를 아끼지 않는 사건들이 있었습니다.

둘째 아이가 고등학교 2학년 때여서 학교를 쉽게 전학을 하지 못하고 그대로 남아 있게 되어 1년 반 동안 전임 목회지에서 생활을 하고 있었습니다. 아버지 어머니 없이 외롭게 대학 진학을 바라보면서 힘들게 공부하고 있었습니다.

그때 남아 있던 우리 아이에게 수시로 소고기를 사서 갖다 놓고 과일을 사서 갖다 주면서 용기를 북돋우어 준 사람들이 있었는데 그들은 놀랍게도 10년 가까운 목회 생활에서 항상 아웃 사이드에서 목사를 돕고 교회 생활을 하시던 분들이었습니다. 목사가 없으면 죽는다고 아우성을 하던 사람들은 들으면 섭섭할지 모르지만 1년반 동안 우리 아이가 그곳에 남아 고생하고 있었는데 한 번도 돌아보아 주지를 않았다는 사실입니다.

그런데 처음에는 누가 갖다 놓고 간지도 모르게 이름도 없이 그렇게 우리 아이를 돌보아 주었던 집사님은 놀랍게도 4개월 지나서야 그가 H 집사, J 집사 라는 사실을 알게 되었습니다.

그들은 평소에도 목사를 사랑하며 기도하고 지내왔는데 목사는 그 아름다운 신앙을 갖고 있는 사람을 보지 못하고 가까이 있는 사람들하고 신나게 잘 지냈으니 부끄러울 뿐입니다.

망원경은 멀리 있는 것을 크게 앞당겨 보는 것입니다.

목회도 그렇습니다. 멀리 있는 성도는 앞당겨 볼 수 있어야 하고 가까이 있는 성도일수록 현미경처럼 세심하게 들여 볼 수 있어야 합니다.

'파수꾼 방법'

목사는 절대 교회를 지킬 수밖에 없습니다. 교회를 지킬 수 있는 일은 무엇이든 할 수 있어야 합니다. 교회는 건물을 의미하는 것이 아닙니다.

종종 교인들이 장로님들로 인한 신앙생활의 갈등과 고뇌를 호소하시는 경우가 있습니다. 그런데 목회자들이 한 가지 깨달아야 하는 것은 아무리 다른 교인들에게 고통을 주고 있는 장로님일지라도 교회를 사랑하고 지키고자 하는 일리(一理)가 있다는 사실입니다.

목회 상담을 통해서 내가 종종 들려주는 말이 있습니다.

"교인들이 상담을 해 올 때 인간관계에는 반드시 상대성이 있게 되는데 이럴 경우 목사는 속된 말로 구렁이는 되지 말라. 그러나 구렁이 담 넘듯 해야 한다" 는 말입니다.

무슨 말인가 하면 때때로 교회 항존직분자들도 성서적으로도 정말 잘못된 죄를 짓는 것이 발견될 때가 있습니다. 혹은 교인들이 그와 같은 상황을 알고 목사에게 고자질 아닌 갈등을 호소해 오는 경우도 있는 것입니다. 그럴 때 담임목사에게 상담을 해 오는 피 상담자 앞에서 그 대상자에 대하여 율법적으로 심판을 해버리고 죄인으로 정의를 해 버리면 모든 것이 깨끗이 정리되는 것이 아니라는 것입니다. 구렁이 잡으려고 돌팔매질 하다가 구렁이는 잡지도 못하고 기와장만 깨집니다. 그 옛날 시골에서 누구나 한 번쯤은 경험해 본 일들이지만 이것을 목회와 신앙생활의 현장에 적용할 수 있다면 괜찮은 것을 분명 경험할 수 있다는 말입니다. 결국 죄를 지은 사람을 난도질 하면 모든 것이 잘 될 것 같지만 실상은 그렇지 못합니다.

그래서 "구렁이는 되지 말고 구렁이 담 넘어가듯 하라"고 하는 것입니다. 불의한 것을, 죄를 눈감아 주고 지나라는 말이 아닙니다. 그러나 좀더 본질적인 데에 눈을 돌리고 보라는 것입니다. 그러면 모든 일에는 '일리' (一理)가 있음을 깨닫게 됩니다. 그 일리(一理)를 붙들어야 합니다.

때로는 못본 척하는 것이 우유부단도 아니고, 못본 척하는 것이 죄를 덮어주는 것도 아닙니다. 못본 척하는 것이 그 당사자에게는 회개의 기회를 주기도 하고 모든 이를 유익하게 해 줄 수 있는 시간들이 있다는 것입니다.

그것은 인간적인 방법론이 아니라 성경에 그 교훈적인 깨우침이 있기 때문입니다.

창세기 4장 15절에 가인이 하나님 앞에 지은 죄가 너무 중해서 저주를 받았습니다. 가인이 하나님 앞에 외칩니다.

"내 벌이 너무 중해서 못 견디겠습니다. 사람들이 나를 만나면 나를 죽일 겁니다."

하나님은 "누가 너를 죽이면 내가 너에게 내린 벌의 일곱 배를 내리리라" 하십니다.
이 말씀은 그냥 하신 말씀이 아닙니다. 가인은 마땅히 받을 벌을 받습니다. 돌로 때려도 항변할 수 없는 죄를 짓고 벌을 받습니다. 그런 그를 향해 정죄하고 심판한다면 가인이 받은 벌의 일곱 배의 죄를 그 사람에게 준다고 했습니다. 하나님 이외에는 심판자가 없다는 말씀입니다.
신앙생활 하면서 마음에 새겨둘 말입니다.

'중매자 방법'

중매쟁이를 보십시오. 이쪽 처녀집, 저쪽 총각집이 있습니다. 중매쟁이가 이쪽 집에 이야기할 때 나쁜 이야기를 합니까? 안 합니다. 어쨌든 속여서라도 양쪽 편에 다 좋은 얘기를 많이 해가지고 혼사를 성사시키려고 애를 씁니다.
이와같이 목회 현장에서도 신앙생활에서도 중매쟁이의 방법을 써야 합니다. 이 말 듣고 "그래 그래," 저 말 듣고 "그래 그래" 하면서 양쪽의 관계를 오히려 점점 멀어지게 하면 어떻게 무슨 일을 할 수 있겠습니까? 물론 사람이란 한쪽 말을 먼저 듣고 간 후에 그 관계된 사람의 말을 들으면 신뢰감이 가지 않은 경우가 있습니다. 그러나 A란 사람이 같은 동료 B란 사람의 얘기를 해올 때에 B의 이야기를 듣기 전에는 절대로 쉽게 A의 말에 동의하면 안됩니다. 그저 들어주면서 긍정적인 반응을 보이되 동의하는 듯해서는 안됩니다.

목회 초년 시절 전도사때 겪은 이야기입니다.
상담을 오신 집사님이 자기 남편의 이야기를 좋지 않게 하면서 못 살겠다는 시늉을 하는 것입니다. 이야기를 들어보면서 나도 남자지만 해도 너무한 남자로구나 하는 생각을 하게 되었습니다. 그러다 보니 그 여집사님의 남편 잘잘못을 시시비비 가리면서 이야기를 하는데 그저 옳구나 하면서 동의를 했습니다. 그리고 몇 주일이 지났습니다. 그런데 희한한 소문이 나도는 것입니다. 상담와서 남편 흉을 보던 그 집사님이 이제는 전도사의 흉을 보면서 다닌다는 것입니다. 내용인즉 "어찌 전도사가 그럴 수 있느냐"는 것입니다. 내용인즉 상담하는 자신이 남편 흉을 보더라도 전도사는 안된다고 꾸지람을 해야 할 것인데 자기 말에 동의해서 남편을 같이 나쁜 사람으로 이해한 전도사가 미웠다는 것입니다. 너무도 어처구니 없는 일이라서 그냥 웃고 지나버렸지만 목회 초년에 경험한 이 사건은 나의 목회에 엄청난 도움이 되었던 것도 사실입니다.

그래서 옛 어르신들은 부부 싸움은 칼로 물베기라 했던가 ….

중매자 방법을 씀으로써 교인들과 교인, 집사와 집사, 장로와 장로 사이를 이간질시키는 것이 아니라 오히려 화해를 시키는 원리를 가지면 목회는 성공하게 되어 있습니다.

실제로 목회현장에 들어가 보면 거의 중매자의 방법을 쓰기가 어렵습니다. 그래도 이것을 목회 방법의 하나로 사용할 때 매우 도움이 됩니다.

"목사님, 속상해서 못 하겠습니다."
"또 왜?"
"아, 이 인간이 말이지…."
"그래, 그 인간이 어이 됐노?"

K 장로님 이야기가 막 나옵니다. 듣기는 듣습니다. 안 들으면 안됩니다. 그러나 다 듣고 난 다음에 동의는 절대하면 안됩니다. 동의

하면 넘어집니다. K 장로를 그렇게 나쁘게 말하는 P 장로도 언젠가는 K 장로와 친하게 되어 그 때는 또 옛 이야기를 하면서 목사를 도마 위에 올리는 날이 있기 때문입니다. 목회를 하다 보면 이런 일들이 얼마나 많이 있는지 모릅니다. 그래서 저는 목회 현장에서 목사에게 와서 누가 누구를 이렇게 저렇게 나쁘게 말하든 좋게 말하든 상대방의 상황을 확인하기 전에는 절대 동의하지를 않습니다. 그렇게 상대방에 대하여 좋지 않게 말해 오는 경우라면 저는 이렇게 처리합니다.

"P 장로님, 참 이상합니다. 내가 K 장로님을 만나보면 절대 P 장로님에 대한 나쁜 말하는 것을 들어본 적이 없습니다(사실은 많이 듣기도 하지만). K 장로님은 절대 P 장로님 욕은 안 합니다. 그런데 P 장로님은 K 장로님과 무슨 원수졌습니까? 왜 그렇게 K 장로님을 나쁘게 말합니까?"

그럼 그분은 속으로, '아닌데, K 장로가 분명히 나를 욕하고 있는데' 그러면서도 목사의 말을 듣고 그렇게 기분 나빠하지를 않습니다. 그리고 이렇게 말합니다.

"아 … 정말 내 자랑을 합디까?"

"그럼 목사가 거짓말하겠습니까?"

그래서 P 장로님은 목사의 선한 거짓말에 속는 것이고 그렇게 K 장로를 욕하다가 미안해 하면서 다시는 목사 앞에서 K 장로의 나쁜 말을 하지 않습니다.

그렇게 중매쟁이처럼 선한 거짓말을 해서 상대방과의 관계를 아름답게 맺어 주는 것입니다. 화해자가 되어야 합니다.

'패션모델 방법'

패션모델을 보십시오. 자기 옷도 아니지만 자기 옷처럼 입고 온갖 모양을 다 취하지 않습니까? 그러면 많은 사람이 구경하면서 그 옷을 사 입습니다.

저는 이렇게 말합니다.

"목사는 하나님 나라의 패션모델이다."

기도하는 것도 모델이 되어야 하고, 헌금하는 것도 모델이 되어야 하고, 전도하는 것도 모델이 되어야 합니다.

저는 1년에 하나님 앞에 12명을 전도하기로 작정을 했습니다. 한 달에 한 사람입니다. '목사인 내가 한 달에 한 사람도 전도를 못 하면서 어떻게 전도를 강조할 것인가?' 하는 생각 때문입니다. 그래서 주사 맞으러 병원에 갈 때도 전도하러 가는 것입니다. 주사를 엉덩이에 찌르려면 일부러 농담합니다.

"나는 주사 안 맞아봤어."

"이만한 연세에 주사 한 번 안 맞아봐요?"

"한 번도 안 맞아 봤다. 이 사람아, 여자 손은 자네 손이 우리 마누라 다음에 두 번째다."

물론 농담입니다.

"아, 아프다. 아프다."

"뭐 아파요, 하나도 안 아픈데, 목사님도 엄살 부리시네."

"아프다니까."

이렇게 한 다음에 묻습니다.

"교회 나가나?"

"안 나가요."

"세상에. 이렇게 잘난 사람이 교회를 안 나가다니."

자기 좋다는 데 싫을 사람 누가 있겠어요? 이런 식으로 해서 매달 하나씩 물귀신 작전으로 끌어들입니다. 그 다음에 예배 광고 시간에 묻습니다.
"아무개 장로님 누구 인도해오셨습니까?" 하고 다 한 다음에 "서임중 목사가 인도한 아무개 오셨습니까?" 하면 교인들이 "와—" 하고 웃습니다. 그러니까 장로님이 전도 안할 수 없지요. 물론 복음, 말씀 자체가 전도입니다. 설교하면 전도하는 것과 다름이 없습니다. 그러나 그렇게 자기 형편에 따라 억지 춘향격으로 끼워 맞추지 말고 실제로 전도하는 게 안 하는 것보다 낫습니다.

찬양할 때도 마찬가집니다.
저는 항상 경배와 찬양 시간에 제일 앞자리에 앉습니다. 저도 모르는 사이에 손이 올라갑니다. 앞에 담임목사가 손을 높이 들고 찬양하면 뒤에 있는 교인은 자기도 모르게 손이 쑥 올라갑니다.
제가 손 안 들고 점잖빼고 있다고 날 거룩하다 할 교인은 아무도 없습니다. 그러니까 하나님 앞에서 어린아이처럼 손을 들고 싶으면 들고 흔들고 싶으면 흔드는 겁니다.

요즈음 황수관 박사님의 건강학 강의가 인기 절정입니다. 아마도 하나님이 이 민족을 사랑하셔서 그와 같은 분을 사용하시는 것 같습니다.
황 박사님의 말씀을 들어보면 구구절절 옳은 말씀입니다.
여자가 남자보다 더 오래 사는 이유는 여자는 우는 자와 함께 울고 웃는 자와 함께 웃는 것이 남자보다 더 확실하다는 것입니다. 웃고 싶은데 웃지 않으려고 애를 쓰는 사람은 오래 살지 못한다는 것입니다.
설교를 할 때 은혜받는 것도 가만 살펴보면 모든 교인들이 다 웃는데 안 웃으려고 작정이나 한 것처럼 입을 꽉 물고 앉아 있는 사람을 보면 그 사람들의 공통점이 은혜를 받지 못하고 있다는 것입니다.

성공한 인생, 성공한 목회의 삶은 이런 삶입니다.
즉, 인생의 지우개가 없음을 아는 삶입니다. 오늘 기록된 하루는 그대로 하나님 나라에 기록됩니다. 인생을 지울 수 있는 지우개는 없습니다. 이것은 만고 불변의 진리입니다.

클라우디아 쉬퍼를 아십니까?

클라우디아 쉬퍼는 유명한 모델입니다. 클라우디아 쉬퍼는 세계 패션모델계에서 아주 센세이션을 일으키는 사람인데, 90년대 이전까지 수퍼모델, CF모델하면 브리짓드 바르도였습니다. 그런데 90년대 들어서면서 브리짓드 바르도의 코를 납작하게 만든 여자가 클라우디아 쉬퍼입니다.

클라우디아 쉬퍼는 레블롱이라는 화장품 회사의 모델이 되었습니다. 별로 그렇게 유명한 화장품도 아닌데 이 한 여자 때문에 레블롱이란 이름이 한국까지 상륙을 하게 된 것입니다.

그럼 왜 유명하게 됐느냐? 레블롱 화장품 회사에서 CF 모델을 모집하게 됐는데, 거기에 클라우디아 쉬퍼가 채용되었습니다. 모델 계약금이 얼마냐 하면 1,000만 불이었습니다. CF모델 계약금이 80억 원입니다. 일약 세계를 뒤흔들어 놓았습니다. 그러면 왜 레블롱 화장품 회사에서 이 여자를 80억이라고 하는 많은 돈을 들여 계약을 했느냐 이겁니다.

브리짓드 바르도가 CF모델로서 세계를 주름답게 되었던 배경은 그녀가 상당한 미모를 가진 데다 섹시했기 때문입니다. 당시에 CF 모델은 섹시해야만 했습니다. 자기만의 개성이 있어야 되고 독특함을 갖고 있어야 됩니다.

반면에 클라우디아 쉬퍼를 레블롱 화장품 회사에서 계약 관계를 맺게 된 이유는 세 가지였습니다. 첫째가 순수하다는 겁니다. 둘째가 신선하다는 겁니다. 셋째가 건강하다는 겁니다. 이것이 클라우디아 쉬퍼가 갖고 있는 모델로서 갖춘 내용이었습니다.

저는 여기에 관한 글을 90년대 초에 읽었고 클라우디아 쉬퍼란 이름도 처음 들었습니다. 그래서 클라우디아 쉬퍼의 사진을 구해서 보았습니다. 그러나 솔직히 저는 그 여자가 순수한지 신선한지 건강한지 모르는 사람입니다. 그런데 신문에 그렇게 난 글을 읽고 난 다음에 보니까 그녀의 얼굴 사진에서 신선하고 순수하고 건강한 미가 느껴지는 것 같았을 뿐입니다.

그때 제가 무릎을 탁 치고, "그래 이거다" 했습니다.

광고를 통해서 클라우디아 쉬퍼는 순수하고 신선하고 건강미가 넘친다는 사실을 인지(認知)하고 난 다음에 그녀를 보았더니 그렇게 느껴졌다는 사실은 목회에 상당한 영향을 줄 수 있는 깨달음이 되었던 것입니다.

그러면서 클라우디아 쉬퍼가 소유하고 있다는 세 가지의 특징은 바로 오늘 제 자신이 그렇게 추구했던 교회관이었습니다. 저의 교회관은 항상 세 가지였습니다.

교회는 순수해야 하고, 신선함이 충만해야 하고 교회는 영적으로 건강해야 한다는 것이 저의 교회관의 논리였습니다

21세기에 살아남을 수 있는 교회는 이 세 가지와 관련이 있습니다.

첫 번째, 한국 교회는 지금 순수하지 못합니다.

목사 말을 성도가 믿어주지 않습니다. 또한 성도와 성도 사이에서

불신이 얼마나 팽배한지 모릅니다. 순수함이 지금 없습니다. 제가 어렸을 때는 목사님의 그림자도 밟지 않을 정도로 교인들은 순수함을 가지고 신앙생활을 했습니다. 그런데 지금 한국교회는 그렇지 못합니다. 온갖 세속적인 것들로 채색되어 버렸습니다. 아름다운 마음들이 온갖 세상적인 것들로 뒤섞여 버렸습니다. 순수함이 보이지 않습니다.

두 번째 우리 한국교회가 신선함이 없습니다.
강단에는 헌금 얘기만 나오고, 그 시간에 옆에 있는 사람들은 굶어죽어가고 있는 것을 보지 못합니다. 일반 사회 단체는 그쪽으로 채널을 맞춰 구제하고 봉사하고 있는데 교회는 예배당 치장과 내적 사치성 시설과 환경에만 신경을 씁니다. 이해와 관용과 용서와 사랑이 기독교인들의 전문적인 용어 같은데 그 사용성은 전혀 찾아볼 수 없는 탁한 교회생활을 경험합니다. 미워하고 정죄하고 이간질하고 심판하며, 나는 옳고 너는 틀렸다는 자기주의 논리가 어느때보다 강합니다. 그러니 젊은이들이 교회로 발걸음을 옮기는 것이 아니라 세상으로 발걸음을 옮기게 됩니다. 세상살이에서 시달리고 지친 영혼들이 교회에 들어오면 무엇인가 신선함을 느낄 수 있어야 하는데 오늘의 교회는 영적으로 정신적으로 탁합니다.

세 번째, 한국교회는 건강하지 못합니다.
말라기 시대 이후의 역사만 어두운 게 아니고 지금 한국이, 세계가, 기독교계 역사가 어둡습니다.
온갖 사이비 이단 신앙이 들어와서 멀쩡하게 한 노회의 노회장을 지낸 장로가 구원파로 휘청휘청 가는 사람이 있는가 하면, 순수하게 신앙을 공부했고 정통교단 자랑했던 교단의 목사가 이장림 씨를 따라간 사람도 있습니다.

오늘 교회 안에는 기복신앙, 무속신앙, 개인주의, 집단이기주의가 가득 합니다. 한 울타리 안에 있으면서도 우리 교회 너희 교회, 우리 목사 너희 목사, 우리 교단 너희 교단으로 금을 그어놓아 하나님의 일들을 인간의 방법으로 난도질하고 있는 건강치 못한 한국교회가 되어 있습니다.

우리 한국 교회가 살아남기 위해서는, 그리스도인이 살아남기 위해서는, 순수함과 신선함과 건강함을 주님으로 말미암아 회복해야 할 것입니다. 이것이 세상이 교회를 향해 던져주는 메시지입니다.

우리 목사님은 때밀이

1997년 9월 25일 초판 발행
2002년 3월 15일 초판 6쇄 발행

지은이 • 서임중
발행인 • 김수곤
발행처 • 선교횃불
등록일 • 1997년 9월 21일 제54호
등록주소 • 서울시 송파구 삼전동 103번지
전　화 • (02)2203-2739
팩　스 • (02)2203-2738

총　판 • 선교횃불

ⓒ 선교횃불　　　　　　값 8,000원

이 출판물은 저작권법의 보호를 받으므로 무단 복제를 할 수 없습니다.